Terceirização no Direito do Trabalho

O GEN | Grupo Editorial Nacional – maior plataforma editorial brasileira no segmento científico, técnico e profissional – publica conteúdos nas áreas de concursos, ciências jurídicas, humanas, exatas, da saúde e sociais aplicadas, além de prover serviços direcionados à educação continuada.

As editoras que integram o GEN, das mais respeitadas no mercado editorial, construíram catálogos inigualáveis, com obras decisivas para a formação acadêmica e o aperfeiçoamento de várias gerações de profissionais e estudantes, tendo se tornado sinônimo de qualidade e seriedade.

A missão do GEN e dos núcleos de conteúdo que o compõem é prover a melhor informação científica e distribuí-la de maneira flexível e conveniente, a preços justos, gerando benefícios e servindo a autores, docentes, livreiros, funcionários, colaboradores e acionistas.

Nosso comportamento ético incondicional e nossa responsabilidade social e ambiental são reforçados pela natureza educacional de nossa atividade e dão sustentabilidade ao crescimento contínuo e à rentabilidade do grupo.

*Sergio
Pinto
Martins*

Terceirização no
Direito do Trabalho

16ª edição

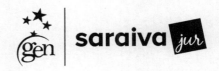

- O autor deste livro e a editora empenharam seus melhores esforços para assegurar que as informações e os procedimentos apresentados no texto estejam em acordo com os padrões aceitos à época da publicação, *e todos os dados foram atualizados pelo autor até a data de fechamento.* Entretanto, tendo em conta a evolução das ciências, as atualizações legislativas, as mudanças regulamentares governamentais e o constante fluxo de novas informações sobre os temas que constam do livro, recomendamos enfaticamente que os leitores consultem sempre outras fontes fidedignas, de modo a se certificarem de que as informações contidas no texto estão corretas e de que não houve alterações nas recomendações ou na legislação regulamentadora.

- Data do fechamento do livro: *16.05.2025*

- O autor e a editora se empenharam para citar adequadamente e dar o devido crédito a todos os detentores de direitos autorais de qualquer material utilizado neste livro, dispondo-se a possíveis acertos posteriores caso, inadvertida e involuntariamente, a identificação de algum deles tenha sido omitida.

- Direitos exclusivos para a língua portuguesa
  Copyright ©2025 by
  Saraiva Jur, um selo da SRV Editora Ltda.
  Uma editora integrante do GEN | Grupo Editorial Nacional
  Travessa do Ouvidor, 11
  Rio de Janeiro – RJ – 20040-040

- **Atendimento ao cliente: https://www.editoradodireito.com.br/contato**

- Reservados todos os direitos. É proibida a duplicação ou reprodução deste volume, no todo ou em parte, em quaisquer formas ou por quaisquer meios (eletrônico, mecânico, gravação, fotocópia, distribuição pela Internet ou outros), sem permissão, por escrito, da **SRV Editora Ltda.**

- Este livro, até a 13ª edição, era publicado pela Editora Atlas com o título *A Terceirização e o Direito do Trabalho.*

- Capa: Tiago Dela Rosa

- **CIP – BRASIL. CATALOGAÇÃO NA FONTE.
  SINDICATO NACIONAL DOS EDITORES DE LIVROS, RJ.**

M346t
16. ed.

    Martins, Sergio Pinto
    Terceirização no direito do trabalho / Sergio Pinto Martins. – 16. ed. – Rio de Janeiro : Saraiva Jur, 2025.
    Inclui bibliografia
    Índice alfabético-remissivo
    ISBN 978-85-5362-381-5

    1. Direito do trabalho – Brasil. 2. Terceirização – Legislação. I. Título.

25-98090.0   CDU: 349.2:005.961:005.914.3(81)

Gabriela Faray Ferreira Lopes – Bibliotecária – CRB-7/6643

À Dra. Mariangela de Campos Argento Muraro,
pela consideração e amizade.

"Nos negócios, a experiência é um ingrato professor: primeiro faz o exame e só depois dá a lição."
George Gilder, consultor norte-americano

Trabalhos do Autor

LIVROS

1. *Imposto sobre serviços* – ISS. São Paulo: Atlas, 1992.
2. *Direito da seguridade social*. 43. ed. São Paulo: Saraiva Jur, 2025.
3. *Direito do trabalho*. 42. ed. São Paulo: Saraiva Jur, 2025.
4. *Terceirização no direito do trabalho*. 16. ed. São Paulo: Saraiva Jur, 2025.
5. *Manual do ISS*. 10. ed. São Paulo: Saraiva, 2017.
6. *Participação dos empregados nos lucros das empresas*. 5. ed. São Paulo: Saraiva, 2021.
7. *Práticas discriminatórias contra a mulher e outros estudos*. São Paulo: LTr, 1996.
8. *Contribuição confederativa*. São Paulo: LTr, 1996.
9. *Medidas cautelares*. São Paulo: Malheiros, 1996.
10. *Manual do trabalho doméstico*. 14. ed. São Paulo: Saraiva, 2018.
11. *Tutela antecipada e tutela específica no processo do trabalho*. 4. ed. São Paulo: Atlas, 2013.
12. *Manual do FGTS*. 5. ed. São Paulo: Saraiva, 2017.
13. *Comentários à CLT*. 23. ed. São Paulo: Saraiva, 2020.
14. *Manual de direito do trabalho*. 15. ed. São Paulo: Saraiva Jur, 2024.
15. *Direito processual do trabalho*. 47. ed. São Paulo: Saraiva Jur, 2025.
16. *Contribuições sindicais*. 7. ed. São Paulo: Saraiva Jur, 2024.
17. *Contrato de trabalho de prazo determinado e banco de horas*. 4. ed. São Paulo: Atlas, 2002.
18. *Estudos de direito*. São Paulo: LTr, 1998.
19. *Legislação previdenciária*. 23. ed. São Paulo: Saraiva, 2020.
20. *Síntese de direito do trabalho*. Curitiba: JM, 1999.
21. *A continuidade do contrato de trabalho*. 2. ed. São Paulo: Saraiva, 2019.
22. *Flexibilização das condições de trabalho*. 6. ed. São Paulo: Saraiva, 2019.
23. *Legislação sindical*. São Paulo: Atlas, 2000.
24. *Comissões de conciliação prévia*. 3. ed. São Paulo: Atlas, 2008.
25. *Direito processual do trabalho*. Coleção Fundamentos. 22. ed. São Paulo: Saraiva, 2020.
26. *Direito do trabalho*. Coleção Fundamentos. 21. ed. São Paulo: Saraiva, 2020.
27. *Direito da seguridade social*. Coleção Fundamentos. 17. ed. São Paulo: Saraiva, 2016.
28. *Instituições de direito público e privado*. 21. ed. São Paulo: Saraiva Jur, 2025.
29. *Pluralismo do direito do trabalho*. 2. ed. São Paulo: Saraiva, 2016.
30. *Greve do servidor público*. 2. ed. São Paulo: Saraiva, 2017.
31. *Execução da contribuição previdenciária na justiça do trabalho*. 5. ed. São Paulo: Saraiva, 2019.
32. *Manual de direito tributário*. 18. ed. São Paulo: Saraiva, 2019.
33. *CLT Universitária*. 26. ed. São Paulo: Saraiva, 2020.
34. *Cooperativas de trabalho*. 7. ed. São Paulo: Saraiva, 2020.
35. *Reforma previdenciária*. 3. ed. São Paulo: Saraiva, 2020.
36. *Manual da justa causa*. 7. ed. São Paulo: Saraiva, 2018.
37. *Comentários às súmulas do TST*. 16. ed. São Paulo: Saraiva, 2016.
38. *Constituição. CLT. Legislação previdenciária e legislação complementar*. 3. ed. São Paulo: Atlas, 2012.
39. *Dano moral decorrente do contrato de trabalho*. 5. ed. São Paulo: Saraiva, 2018.
40. *Profissões regulamentadas*. 2. ed. São Paulo: Atlas, 2013.
41. *Direitos fundamentais trabalhistas*. 4. ed. São Paulo: Saraiva Jur, 2025.
42. *Convenções da OIT*. 3. ed. São Paulo: Saraiva, 2016.
43. *Estágio e relação de emprego*. 5. ed. São Paulo: Saraiva, 2019.
44. *Comentários às Orientações Jurisprudenciais da SBDI-1 e 2 do TST*. 7. ed. São Paulo: Saraiva, 2016.
45. *Direitos trabalhistas do atleta profissional de futebol*. 2. ed. São Paulo: Saraiva, 2016.

46. *Prática trabalhista*. 12. ed. São Paulo: Saraiva Jur, 2025.
47. *Assédio moral no emprego*. 5. ed. São Paulo: Saraiva, 2017.
48. *Comentários à Lei n. 8.212/91. Custeio da Seguridade Social*. 2. ed. São Paulo: Saraiva, 2021.
49. *Comentários à Lei n. 8.213/91. Benefícios da Previdência Social*. 2. ed. São Paulo: Saraiva, 2021.
50. *Prática previdenciária*. 5. ed. São Paulo: Saraiva, 2019.
51. *Teoria geral do processo*. 11. ed. São Paulo: Saraiva Jur, 2025.
52. *Teoria geral do Estado*. 5. ed. São Paulo: Saraiva Jur, 2025.
53. *Introdução ao Estudo do Direito*. 4. ed. São Paulo: Saraiva Jur, 2025.
54. *Reforma trabalhista*. São Paulo: Saraiva, 2018.

ARTIGOS

1. A dupla ilegalidade do IPVA. *Folha de S. Paulo*, São Paulo, 12 mar. 1990. Caderno C, p. 3.
2. Descumprimento da convenção coletiva de trabalho. *LTr*, São Paulo, n. 54-7/854, jul. 1990.
3. *Franchising* ou contrato de trabalho? *Repertório IOB de Jurisprudência*, n. 9, texto 2/4990, p. 161, 1991.
4. A multa do FGTS e o levantamento dos depósitos para aquisição de moradia. *Orientador Trabalhista – Suplemento de Jurisprudência e Pareceres*, n. 7, p. 265, jul. 1991.
5. O precatório e o pagamento da dívida trabalhista da fazenda pública. *Jornal do II Congresso de Direito Processual do Trabalho*, p. 42. jul. 1991. (Promovido pela LTr Editora.)
6. As férias indenizadas e o terço constitucional. *Orientador Trabalhista Mapa Fiscal – Suplemento de Jurisprudência e Pareceres*, n. 8, p. 314, ago. 1991.
7. O guarda de rua contratado por moradores. Há relação de emprego? *Folha Metropolitana*, Guarulhos, 12 set. 1991, p. 3.
8. O trabalhador temporário e os direitos sociais. *Informativo Dinâmico IOB*, n. 76, p. 1.164, set. 1991.
9. O serviço prestado após as cinco horas em sequência ao horário noturno. *Orientador Trabalhista Mapa Fiscal – Suplemento de Jurisprudência e Pareceres*, n. 10, p. 414, out. 1991.
10. Incorporação das cláusulas normativas nos contratos individuais do trabalho. *Jornal do VI Congresso Brasileiro de Direito Coletivo do Trabalho e V Seminário sobre Direito Constitucional do Trabalho*, p. 43. nov. 1991. (Promovido pela LTr Editora.)
11. Adicional de periculosidade no setor de energia elétrica: algumas considerações. *Orientador Trabalhista Mapa Fiscal – Suplemento de Jurisprudência e Pareceres*, n. 12, p. 544, dez. 1991.
12. Salário-maternidade da empregada doméstica. *Folha Metropolitana*, Guarulhos, p. 7. 2-3 fev. 1992.
13. Multa pelo atraso no pagamento de verbas rescisórias. *Repertório IOB de Jurisprudência*, n. 1, texto 2/5839, p. 19, 1992.
14. Base de cálculo dos adicionais. *Orientador Trabalhista Mapa Fiscal – Suplemento de Legislação, Jurisprudência e Doutrina*, n. 2, 130, fev. 1992.
15. Base de cálculo do adicional de insalubridade. *Orientador Trabalhista Mapa Fiscal – Suplemento de Legislação, Jurisprudência e Doutrina*, n. 4, p. 230, abr. 1992.
16. Limitação da multa prevista em norma coletiva. *Repertório IOB de Jurisprudência*, n. 10, texto 2/6320, p. 192, 1992.
17. Estabilidade provisória e aviso-prévio. *Orientador Trabalhista Mapa Fiscal – Suplemento de Legislação, Jurisprudência e Doutrina*, n. 5, p. 279, maio 1992.
18. Contribuição confederativa. *Orientador Trabalhista Mapa Fiscal – Suplemento de Legislação, Jurisprudência e Doutrina*, n. 6, p. 320, jun. 1992.
19. O problema da aplicação da norma coletiva de categoria diferenciada à empresa que dela não participou. *Orientador Trabalhista Mapa Fiscal – Suplemento de Legislação, Jurisprudência e Doutrina*, n. 7, p. 395, jul. 1992.
20. Intervenção de terceiros no processo de trabalho: cabimento. *Jornal do IV Congresso Brasileiro de Direito Processual do Trabalho*, jul. 1992, p. 4. (Promovido pela LTr Editora.)
21. Relação de emprego: dono de obra e prestador de serviços. *Folha Metropolitana*, Guarulhos, 21 jul. 1992, p. 5.
22. Estabilidade provisória do cipeiro. *Orientador Trabalhista Mapa Fiscal – Suplemento de Legislação, Jurisprudência e Doutrina*, n. 8, p. 438, ago. 1992.
23. O ISS e a autonomia municipal. *Suplemento Tributário LTr*, n. 54, p. 337, 1992.
24. Valor da causa no processo do trabalho. *Suplemento Trabalhista LTr*, n. 94, p. 601, 1992.
25. Estabilidade provisória do dirigente sindical. *Orientador Trabalhista Mapa Fiscal – Suplemento de Legislação, Jurisprudência e Doutrina*, n. 9, p. 479, set. 1992.
26. Estabilidade no emprego do aidético. *Folha Metropolitana*, Guarulhos, 20-21 set. 1992, p. 16.
27. Remuneração do engenheiro. *Orientador Trabalhista Mapa Fiscal – Suplemento de Legislação, Jurisprudência e Doutrina*, n. 10, p. 524, out. 1992.
28. Estabilidade do acidentado. *Repertório IOB de Jurisprudência*, n. 22, texto 2/6933, p. 416, 1992.
29. A terceirização e suas implicações no direito do trabalho. *Orientador Trabalhista Mapa Fiscal – Legislação, Jurisprudência e Doutrina*, n. 11, p. 583, nov. 1992.
30. Contribuição assistencial. *Jornal do VII Congresso Brasileiro de Direito Coletivo do Trabalho e VI Seminário sobre Direito Constitucional do Trabalho*, nov. 1992, p. 5.
31. Descontos do salário do empregado. *Orientador Trabalhista Mapa Fiscal – Suplemento de Legislação, Jurisprudência e Doutrina*, n. 12, p. 646, dez. 1992.
32. Transferência de empregados. *Orientador Trabalhista Mapa Fiscal – Suplemento de Legislação, Jurisprudência e Doutrina*, n. 1, p. 57, jan. 1993.
33. A greve e o pagamento dos dias parados. *Orientador Trabalhista Mapa Fiscal – Suplemento de Legislação, Jurisprudência e Doutrina*, n. 2, p. 138, fev. 1993.
34. Auxílio-doença. *Folha Metropolitana*, Guarulhos, 30 jan. 1993, p. 5.
35. Salário-família. *Folha Metropolitana*, Guarulhos, 16 fev. 1993, p. 5.
36. Depósito recursal. *Repertório IOB de Jurisprudência*, n. 4, texto 2/7239, p. 74, fev. 1993.
37. Terceirização. *Jornal Magistratura & Trabalho*, n. 5, p. 12, jan. e fev. 1993.
38. Auxílio-natalidade. *Folha Metropolitana*, Guarulhos, 9 mar. 1993, p. 4.
39. A diarista pode ser considerada empregada doméstica? *Orientador Trabalhista Mapa Fiscal – Suplemento Trabalhista Mapa Fiscal – Suplemento de Legislação, Jurisprudência e Doutrina*, n. 3/93, p. 207.

40. Renda mensal vitalícia. *Folha Metropolitana*, Guarulhos, 17 mar. 1993, p. 6.
41. Aposentadoria espontânea com a continuidade do aposentado na empresa. *Jornal do Primeiro Congresso Brasileiro de Direito Individual do Trabalho*, 29 e 30 mar. 1993, p. 46-47. (Promovido pela LTr Editora.)
42. Relação de emprego e atividades ilícitas. *Orientador Trabalhista Mapa Fiscal – Suplemento de Legislação, Jurisprudência e Doutrina*, n. 5/93, p. 345.
43. Conflito entre norma coletiva do trabalho e legislação salarial superveniente. *Revista do Advogado*, n. 39, p. 69, maio 1993.
44. Condição jurídica do diretor de sociedade em face do direito do trabalho. *Orientador Trabalhista Mapa Fiscal – Suplemento de Legislação, Jurisprudência e Doutrina*, n. 6/93, p. 394.
45. Equiparação salarial. *Orientador Trabalhista Mapa Fiscal – Suplemento de Legislação, Jurisprudência e Doutrina*, n. 7/93, p. 467.
46. Dissídios coletivos de funcionários públicos. *Jornal do V Congresso Brasileiro de Direito Processual do Trabalho*, jul. 1993, p. 15. (Promovido pela LTr Editora.)
47. Contrato coletivo de trabalho. *Orientador Trabalhista Mapa Fiscal – Suplemento de Legislação, Jurisprudência e Doutrina*, n. 8/93, p. 536.
48. Reintegração no emprego do empregado aidético. *Suplemento Trabalhista LTr*, n. 102/93, p. 641.
49. Incidência da contribuição previdenciária nos pagamentos feitos na Justiça do Trabalho. *Orientador Trabalhista Mapa Fiscal – Suplemento de Legislação, Jurisprudência e Doutrina*, n. 9/93, p. 611.
50. Contrato de trabalho por obra certa. *Orientador Trabalhista Mapa Fiscal – Suplemento de Legislação, Jurisprudência e Doutrina*, n. 10/93, p. 674.
51. Autoaplicabilidade das novas prestações previdenciárias da Constituição. *Revista de Previdência Social*, n. 154, p. 697, set. 1993.
52. Substituição processual e o Enunciado 310 do TST. *Orientador Trabalhista Mapa Fiscal – Suplemento de Legislação, Jurisprudência e Doutrina*, n. 11/93, p. 719.
53. Litigância de má-fé no processo do trabalho. *Repertório IOB de Jurisprudência*, n. 22/93, texto 2/8207, p. 398.
54. Constituição e custeio do sistema confederativo. Jornal do VIII Congresso Brasileiro de Direito Coletivo do Trabalho e VII Seminário sobre Direito Constitucional do Trabalho, nov. 1993, p. 68. (Promovido pela LTr Editora.)
55. Participação nos lucros. *Orientador Trabalhista Mapa Fiscal – Suplemento de Legislação, Jurisprudência e Doutrina*, n. 12/93, p. 778.
56. Auxílio-funeral. *Folha Metropolitana*, Guarulhos, 22-12-1993, p. 5.
57. Regulamento de empresa. *Orientador Trabalhista Mapa Fiscal – Suplemento de Legislação, Jurisprudência e Doutrina*, n. 1/94, p. 93.
58. Aviso-prévio. *Orientador Trabalhista Mapa Fiscal – Suplemento de Legislação, Jurisprudência e Doutrina*, n. 2/94, p. 170.
59. Compensação de horários. *Orientador Trabalhista Mapa Fiscal – Suplemento de Legislação, Jurisprudência e Doutrina*, n. 3/94, p. 237.
60. Controle externo do Judiciário. *Folha Metropolitana*, Guarulhos, 10-3-1994, p. 2; *Folha da Tarde*, São Paulo, 26-3-1994, p. A2.
61. Aposentadoria dos juízes. *Folha Metropolitana*, Guarulhos, 11-3-1994, p. 2; *Folha da Tarde*, São Paulo, 23-3-1994, p. A2.
62. Base de cálculo da multa de 40% do FGTS. *Jornal do Segundo Congresso Brasileiro de Direito Individual do Trabalho*, promovido pela LTr, 21 a 23-3-1994, p. 52.
63. Denunciação da lide no processo do trabalho. *Repertório IOB de Jurisprudência*, n. 7/94, abril de 1994, p. 117, texto 2/8702.
64. A quitação trabalhista e o Enunciado n. 330 do TST. *Orientador Trabalhista Mapa Fiscal – Suplemento de Legislação, Jurisprudência e Doutrina*, n. 4/94, p. 294.
65. A indenização de despedida prevista na Medida Provisória n. 457/94. *Repertório IOB de Jurisprudência*, n. 9/94, p. 149, texto 2/8817.
66. A terceirização e o Enunciado n. 331 do TST. *Orientador Trabalhista Mapa Fiscal – Suplemento de Legislação, Jurisprudência e Doutrina*, n. 5/94, p. 353.
67. Superveniência de acordo ou convenção coletiva após sentença normativa – prevalência. *Orientador Trabalhista Mapa Fiscal – Suplemento de Legislação, Jurisprudência e Doutrina*, n. 6/94, p. 386.
68. Licença-maternidade da mãe adotiva. *Orientador Trabalhista Mapa Fiscal – Suplemento de Legislação, Jurisprudência e Doutrina*, n. 7/94, p. 419.
69. Medida cautelar satisfativa. *Jornal do 6º Congresso Brasileiro de Direito Processual do Trabalho*, promovido pela LTr nos dias 25 a 27-7-1994, p. 58.
70. Estabelecimento prestador do ISS. *Suplemento Tributário LTr*, n. 35/94, p. 227.
71. Turnos ininterruptos de revezamento. *Orientador Trabalhista Mapa Fiscal – Suplemento de Legislação, Jurisprudência e Doutrina*, n. 8/94, p. 468.
72. Considerações em torno do novo Estatuto da OAB. *Repertório IOB de Jurisprudência*, n. 17/94, set. 1994, p. 291, texto 2/9269.
73. Diárias e ajudas de custo. *Orientador Trabalhista Mapa Fiscal – Suplemento de Legislação, Jurisprudência e Doutrina*, n. 9/94, p. 519.
74. Reajustes salariais, direito adquirido e irredutibilidade salarial. *Orientador Trabalhista Mapa Fiscal – Suplemento de Legislação, Jurisprudência e Doutrina*, n. 10/94, p. 586.
75. Os serviços de processamento de dados e o Enunciado n. 239 do TST. *Orientador Trabalhista Mapa Fiscal – Suplemento de Legislação, Jurisprudência e Doutrina*, n. 11/94, p. 653.
76. Desnecessidade de depósito administrativo e judicial para discutir o crédito da seguridade social. *Orientador Trabalhista Mapa Fiscal – Suplemento de Legislação, Jurisprudência e Doutrina*, n. 12/94, p. 700.
77. Número máximo de dirigentes sindicais beneficiados com estabilidade. *Repertório IOB de Jurisprudência*, n. 24/94, dezembro de 1994, p. 408, texto 2/9636.
78. Participação nos lucros e incidência da contribuição previdenciária. *Revista de Previdência Social*, n. 168, nov. 1994, p. 853.
79. Proteção do trabalho da criança e do adolescente – considerações gerais. *BTC – Boletim Tributário Contábil – Trabalho e Previdência*, dez. 1994, n. 51, p. 625.
80. Critérios de não discriminação no trabalho. *Orientador Trabalhista Mapa Fiscal – Suplemento de Legislação, Jurisprudência e Doutrina*, n. 1/95, p. 103.
81. Embargos de declaração no processo do trabalho e a Lei n. 8.950/94 que altera o CPC. *Repertório IOB de Jurisprudência*, n. 3/95, fev. 1995, texto 2/9775, p. 41.
82. Empregado doméstico – Questões polêmicas. *Orientador Trabalhista Mapa Fiscal – Suplemento de Legislação, Jurisprudência e Doutrina*, n. 2/95, p. 152.

83. Não concessão de intervalo para refeição e pagamento de hora extra. *Orientador Trabalhista Mapa Fiscal – Suplemento de Legislação, Jurisprudência e Doutrina*, n. 3/95, p. 199.
84. Lei altera artigo da CLT e faz prover conflitos. *Revista Literária de Direito*, mar./abr. 1995, p. 13.
85. Empregados não sujeitos ao regime de duração do trabalho e o art. 62 da CLT. *Orientador Trabalhista Mapa Fiscal – Suplemento de Legislação, Jurisprudência e Doutrina*, n. 4/95, p. 240.
86. A Justiça do Trabalho não pode ser competente para resolver questões entre sindicato de empregados e empregador. *Revista Literária de Direito*, maio/jun. 1995, p. 10.
87. Minutos que antecedem e sucedem a jornada de trabalho. *Orientador Trabalhista Mapa Fiscal – Suplemento de Legislação, Jurisprudência e Doutrina*, n. 5/95, p. 297.
88. Práticas discriminatórias contra a mulher e a Lei n. 9.029/95. *Repertório IOB de Jurisprudência*, n. 11/95, jun. 1995, p. 149, texto 2/10157.
89. Conflito entre a nova legislação salarial e a norma coletiva anterior. *Orientador Trabalhista Mapa Fiscal – Suplemento de Legislação, Jurisprudência e Doutrina*, n. 6/95, p. 362.
90. Imunidade tributária. *Suplemento Tributário LTr*, 34/95, p. 241.
91. Cogestão. *Revista do Tribunal Regional do Trabalho da 8ª Região*, v. 28, n. 54, jan./jun. 1995, p. 101.
92. Licença-paternidade. *Orientador Trabalhista Mapa Fiscal – Suplemento de Legislação, Jurisprudência e Doutrina*, n. 7/95, p. 409.
93. Embargos de declaração. *Jornal do VII Congresso Brasileiro de Direito Processual de Trabalho*, São Paulo: LTr, 24 a 26 jul. 1995, p. 54.
94. Reforma da Constituição e direitos previdenciários. *Jornal do VIII Congresso Brasileiro de Previdência Social*, n. 179, out. 1995, p. 723.
95. Ação declaratória incidental e coisa julgada no processo do trabalho. *Suplemento Trabalhista LTr 099/95*, p. 665 e *Revista do TRT da 8ª Região*, Belém, v. 28, n. 55, jul./dez. 1995, p. 39.

Nota do Autor

Esta obra foi idealizada a partir de alguns artigos que fiz sobre terceirização e sobre *franchising*. Verifiquei que este último também não deixa de ser uma forma de terceirização, mas sob esse ângulo ainda não havia sido estudado.

Não tive por objetivo analisar em capítulo próprio a Lei n. 14.967/2024 (vigilantes), pois, do contrário, teria que fazer um livro para cada tema, comentando, artigo por artigo, a referida norma. Irei apenas estudá-la no decorrer dos capítulos, sem preocupação em cuidar especificamente do tema.

Normalmente, os autores estudam apenas a Súmula 331 do TST, mas há necessidade de se verificar a orientação das Súmulas 239 e 257 da mesma Corte, que também versam sobre o tema. Irei, portanto, fazer um estudo jurídico da terceirização, inclusive sob o aspecto de como a jurisprudência a entende.

É ainda necessário estudar a terceirização comparando-a com seus aspectos administrativos dentro da empresa, que, porém, são objeto de monografias mais bem cuidadas sobre o assunto. Meu objetivo é apenas delinear, principalmente, as vantagens, as desvantagens e a implementação do sistema, para ir adiante na análise de outros assuntos interligados.

Como sempre, o atual estudo vai apresentar uma série de lacunas ou não vai esgotar todo o tema, pois não é essa minha intenção, mas apenas oferecer uma visão geral da terceirização, mormente sob o prisma jurídico. Não irá o presente trabalho resolver todos os possíveis e imagináveis problemas de terceirização, apenas traz minha posição sobre o caso em análise.

Nesta 16ª edição, foram feitas atualizações do texto em razão das alterações decorrentes das decisões do STF sobre o tema.

Sumário

1	**Histórico**	1
2	**Denominação**	7
3	**Conceito**	11
3.1	Conceito	11
3.2	Distinção	12
3.3	Natureza jurídica	13
3.4	Classificação	14
3.5	Divisão	15
4	**Direito Estrangeiro e Internacional**	19
4.1	Direito estrangeiro	19
4.1.1	Introdução	19
4.1.2	Alemanha	19
4.1.3	Argentina	20
4.1.4	Colômbia	21
4.1.5	Espanha	21
4.1.6	França	22
4.1.7	Itália	23
4.1.8	Japão	24

		4.1.9	México	25
		4.1.10	Paraguai	25
		4.1.11	Peru	25
		4.1.12	"Tigres Asiáticos"	26
		4.1.13	Uruguai	26
		4.1.14	Venezuela	27
	4.2	Direito internacional		28

5 Flexibilização das Normas Trabalhistas 29

6 A Terceirização e a Administração de Empresas 35
   6.1 Introdução 35
   6.2 Vantagens e desvantagens 36
   6.3 Áreas terceirizadas 41
   6.4 Implementação da terceirização 43

7 A Terceirização e o Direito Civil 47
   7.1 Introdução 47
   7.2 Empreitada 47
   7.3 Prestação de serviços 49
   7.4 Parceria 50

8 A Terceirização e o Direito Comercial 53
   8.1 Introdução 53
   8.2 Espécies de contratos mercantis 54
      8.2.1 *Engineering* 54
      8.2.2 Contrato de fornecimento 55
      8.2.3 Concessão mercantil 55
      8.2.4 Consórcio 56
      8.2.5 Assistência técnica 56
      8.2.6 Representação comercial autônoma ... 56
   8.3 Responsabilidade na contratação 65
   8.4 Conclusão 67

9 O *Franchising* como Forma de Terceirização 69
   9.1 Introdução 69

9.2	O *franchising*		70
	9.2.1	Significado	70
	9.2.2	Histórico	71
	9.2.3	Conceito e características do contrato	71
	9.2.4	Partes	72
	9.2.5	Natureza jurídica	73
	9.2.6	Objeto	74
	9.2.7	Contrato inominado	75
	9.2.8	Lineamentos básicos	75
	9.2.9	Vantagens	79
	9.2.10	Quem usa	80
	9.2.11	Tipos	80
	9.2.12	Modalidades	80
	9.2.13	A relação do *franchising* com a terceirização	81
9.3	O contrato de trabalho		82
	9.3.1	Definição	82
	9.3.2	Partes	82
	9.3.3	Objeto	82
	9.3.4	Natureza jurídica	83
	9.3.5	Requisitos	83
	9.3.6	Características	84
9.4	Aspectos comuns dos dois contratos		85
9.5	O *franchising* discutido na Justiça do Trabalho		88
9.6	Conclusões		93

10 A Terceirização e as Cooperativas — 95

10.1	Histórico	95
10.2	Conceito	97
10.3	Distinção	97
10.4	Denominação social	98
10.5	Classificação	98
10.6	Responsabilidade	100
10.7	Características	100
10.8	Terceirização	101

11	Trabalho Temporário...	105
12	A Súmula 257 do TST e as Empresas de Vigilância	111
12.1	Introdução...	111
12.2	Desenvolvimento do tema	111
13	A Súmula 239 do TST e as Empresas de Processamento de Dados...	115
13.1	Introdução...	115
13.2	Da análise de cada caso concreto	117
13.3	Enquadramento sindical	119
13.4	O princípio da igualdade	121
13.5	O princípio da legalidade..	124
13.6	Conclusão	125
14	A Súmula 256 do TST e as Empresas Prestadoras de Serviços	127
15	A Súmula 331 do TST	139
15.1	Introdução...	139
15.2	Trabalho temporário..	144
15.3	Atividade-meio	145
15.4	Igualdade salarial entre empregado de empresa terceirizada e da tomadora de serviços	150
15.5	Responsabilidade solidária......................................	152
15.5.1	Conceito	152
15.5.2	Distinção	152
15.5.3	Espécies..	153
15.5.3.1	Solidariedade ativa	153
15.5.3.2	Solidariedade passiva	153
15.5.4	Solidariedade no Direito do Trabalho....................	153
15.5.4.1	Solidariedade ativa	153
15.5.4.2	Solidariedade passiva	153
15.6	Responsabilidade subsidiária...................................	154
15.7	Conclusão	163

16	A Lei de Terceirização	165
17	Contrato de Facção	169
18	A Terceirização na Administração Pública	175
	18.1 Introdução	175
	18.2 O inciso II da Súmula 331 do TST	178
	18.3 Responsabilidade da Administração	182
	18.4 Licitações e contratos	191
	18.5 Contratação temporária de servidores	192
	18.6 Concessão e permissão	192
	18.7 Outras hipóteses de contratação de terceiros	194
	18.8 Conclusão	196
19	Terceirização Lícita e Ilícita	197
	19.1 Introdução	197
	19.2 Distinção	198
	19.3 Hipóteses da terceirização lícita	198
	19.4 Requisitos	200
	19.5 Conclusão	204
20	A Terceirização e a Fiscalização Trabalhista	207
	20.1 Introdução	207
	20.2 A terceirização e a fiscalização trabalhista	208
	20.3 Ministério Público do Trabalho	210
21	Conclusões	213

Referências 219

Índice Alfabético-Remissivo 225

1
Histórico

A terceirização é um fenômeno que se apresenta com maior ou menor intensidade em quase todos os países. Num mundo que tende à especialização em todas as áreas, gera a terceirização novos empregos e novas empresas, desverticalizando-as, para que possam exercer apenas a atividade em que se aprimoram, delegando a terceiros a execução dos serviços em que não se especializaram. Constitui-se a terceirização numa realidade que o Direito do Trabalho tem que analisar. Este é um ramo do Direito bastante dinâmico, que deve verificar os avanços na estrutura da empresa e compatibilizá-los de acordo com a legislação vigente.

Ao examinar a terceirização, há necessidade de lembrar sua gênese e seu desenvolvimento no decorrer do tempo. Trata-se de uma realidade histórico-cultural, que deve ser estudada de acordo com a noção de seu desenvolvimento dinâmico no transcurso do tempo.

Ao se estudar o passado, é possível compreender o desenvolvimento de certo instituto ou tema no decorrer dos anos, o que se mostra uma necessidade premente. Segundo as lições de Waldemar Ferreira: "nenhum jurista pode dispensar o contingente do passado a fim de bem compreender as instituições jurídicas dos dias atuais"[1].

Na Grécia, umas pessoas alugavam escravos para outras, que eram usados no trabalho nas minas.

---
[1] *História do direito brasileiro*. São Paulo: Saraiva, 1962, v. 1, p. 1.

Surge a terceirização a partir do momento em que há desemprego na sociedade. É o que ocorre no nosso país, quando passamos por crises econômicas, em que o empresário procura diminuir seus custos, principalmente com mão de obra.

A CLT, em 1943, já fazia referência à empreitada e à subempreitada. Nos contratos de subempreitada, responderá o subempreiteiro pelas obrigações derivadas do contrato de trabalho que celebrar, cabendo, todavia, aos empregados, o direito de reclamação contra o empreiteiro principal pelo inadimplemento daquelas obrigações por parte do primeiro (art. 455).

Tem-se uma ideia de terceirização no período da Segunda Guerra Mundial, quando as empresas produtoras de armas estavam sobrecarregadas com a demanda. Verificaram que poderiam delegar serviços a terceiros, que seriam contratados para dar suporte ao aumento da produção de armas.

No Brasil, a noção da terceirização foi trazida por multinacionais por volta de 1950, pelo interesse que tinham em se preocupar apenas com a essência do seu negócio. A indústria automobilística é exemplo de terceirização, ao contratar a prestação de serviços de terceiros para a produção de componentes do automóvel, reunindo peças fabricadas por aqueles e fazendo a montagem final do veículo.

O art. 17 da Lei n. 4.594/64 dispunha que a seguradora não pode fazer a venda do seguro diretamente ao segurado, o que tem de ser feito por corretor autônomo ou corretora.

As empresas que têm por atividade a limpeza e conservação também são consideradas pioneiras na terceirização no Brasil, pois existem desde aproximadamente 1967.

Os Decretos-Leis n. 1.212 e 1.216, de 1966, permitiram aos bancos dispor de serviços de segurança prestados por empresas particulares, gerando a prestação de serviços por empresas de segurança bancária.

O Decreto n. 62.756, de 22 de maio de 1968, estabeleceu regras para o funcionamento das agências de colocação ou intermediação de mão de obra, revelando que a partir do referido momento havia licitude na contratação de funcionários por meio das mencionadas agências, atividade rotineira na prática.

O Decreto-Lei n. 1.034, de 21 de outubro de 1969, que tratava de medidas de segurança para instituições bancárias, caixas econômicas e cooperativas de crédito, já dava a entender sobre a possibilidade de se contratarem terceiros para vigilância ostensiva, desde que o serviço de guarda fosse composto de elementos sem antecedentes criminais, mediante aprovação de seus nomes pela Polícia Federal (art. 2º). O art. 4º da referida norma era claro no sentido de que os estabelecimentos de crédito poderiam admitir diretamente ou contratar por intermédio de empresas especializadas os elementos necessários à sua vigilância.

O Decreto-Lei n. 1.034/69 tinha talvez por fundamento os assaltos a bancos por grupos guerrilheiros para sustentar atividades consideradas subversivas.

As empresas de trabalho temporário surgiram nos Estados Unidos, quando o advogado Winters tinha de apresentar um recurso de 120 laudas datilografadas à Suprema Corte, mas sua secretária adoeceu. Um colega indicou Mary, uma antiga secretária. Esta estava casada e dedicando-se exclusivamente ao lar, porém poderia querer ganhar um dinheiro extra. Mary datilografou o recurso, que foi apresentado tempestivamente ao tribunal. Winters começou a pensar sobre quantas pessoas poderiam ter o mesmo problema. Resolveu fundar a Man Power, que possui mais de 500 escritórios por todo o mundo, fornecendo mão de obra temporária, visando a trabalhos inesperados e de curta duração.

Na França, foi editada a Lei n. 72-1, de 3 de janeiro de 1972, que trata do trabalho temporário. Definia a referida lei o *entrepreneur* (o empreiteiro ou o empresário), que era a pessoa física ou jurídica que colocava provisoriamente à disposição dos tomadores de mão de obra, ou clientes, as pessoas assalariadas, que seriam remuneradas para um determinado fim. O trabalho temporário poderia ser usado inclusive no meio rural (arts. 28 a 31).

O Deputado João Alves teve a iniciativa da apresentação do Projeto de Lei n. 1.347, que se transformou na Lei n. 6.019/74. A justificativa do projeto (publicada no *Diário do Congresso Nacional*, de 30 de junho de 1973, p. 3.766) mostra que o:

> contingente de trabalhadores é representado, por exemplo, por estudantes que não dispõem de um tempo integral para um emprego regular; por donas de casa que, apenas em certas horas, ou em dias da semana, podem se dedicar a um trabalho para o qual tenham interesse e qualificação, sem prejuízos para os seus encargos domésticos; para os jovens em idade do serviço militar, que encontram dificuldades de emprego justamente pela iminência de convocação; para os trabalhadores com mais de 35 anos, ou já aposentados mas ainda aptos e que não encontram emprego permanente, ou não o querem em regime regular e rotineiro. Serve, também, àqueles trabalhadores que ainda não se definiram por uma profissão definitiva e que, pela oportunidade de livre-escolha entre várias atividades, podem se interessar por uma delas e, afinal, consolidar um emprego permanente. E, por outro aspecto, não se deixam de atender àqueles que, apesar de já empregados, desejam, com um trabalho suplementar, aumentar seus rendimentos.

Verificava-se em 1973, no Brasil, que a locação de mão de obra vinha se tornando frequente. Havia mais de 50.000 trabalhadores nessas condições na cidade de São Paulo, os quais prestavam serviços a 10.000 empresas[2]. As empresas tinham por objetivo conseguir mão de obra mais barata, não se pretendendo furtar às disposições tutelares da legislação trabalhista, que visava proteger o trabalhador.

Nesse contexto é que surge a primeira norma que efetivamente tratou de terceirização – embora não com esse nome –, a Lei n. 6.019, de 3 de janeiro de 1974, que regulou a prática do trabalho temporário, já utilizado em larga escala no mercado antes da edição daquela regra legal, porém sem qualquer normatização. Parece que o nosso legislador foi buscar subsídios na lei francesa n. 72-1 para a edição da Lei n. 6.019/74, dada a semelhança desta com aquela.

O objetivo da lei era regular o trabalho temporário – e não fazer concorrência com o trabalho permanente –, principalmente porque certos trabalhadores não tinham interesse ou não podiam trabalhar permanentemente, como o estudante, o jovem em idade de prestação de serviço militar, as donas de casa, que não tinham tempo integral para dedicarem ao trabalho, mas apenas parte dele, em razão de seus encargos domésticos, os aposentados, que não queriam ter emprego permanente, e até mesmo aqueles que não decidiram a qual profissão iriam dedicar-se.

Os bancos também passaram a terceirizar suas atividades, inicialmente contratando terceiros com o objetivo de que trabalhassem oito horas diárias e não as seis horas do bancário.

Posteriormente, surge a Lei n. 7.102, de 20 de junho de 1983, tratava da segurança dos estabelecimentos financeiros e permitindo a exploração de serviços de vigilância e de transporte de valores no setor financeiro, revogando o Decreto-Lei n. 1.034. A Lei n. 7.102 (hoje, Lei n. 14.967) foi regulamentada pelo Decreto n. 89.056, de 24 de novembro de 1983.

A partir das Leis n. 6.019/74 e n. 7.102/83, surgiu a relação triangular (empregado, empregador e tomador de serviços) e não bilateral (empregado e empregador).

A terceirização é, portanto, um fenômeno que vem sendo largamente utilizado no mundo moderno, especialmente na Europa. Em nosso país é que passou a ser adotada pelas empresas. Isso mostra que estamos saindo da era industrial para entrar na era dos serviços.

---

[2] ALMEIDA, Isis de. *O regime de trabalho temporário*. São Paulo: Saraiva, 1977, p. 4.

Em países industrializados, surgiu posteriormente o fenômeno de gerenciamento das empresas terceirizadas, a que se deu o nome de quarteirização.

É preciso analisar, porém, a terceirização não apenas num contexto econômico, como na maioria das vezes é feito, mas também sob o seu aspecto jurídico, principalmente trabalhista.

Não se pode esquecer, entretanto, que em razão de todas essas considerações surgem, principalmente, problemas trabalhistas no tocante à existência ou não da relação de emprego entre a pessoa terceirizada e sua ex-empresa. Lembre-se, porém, que o inciso VIII do art. 170 da Constituição estabelece o princípio de que a ordem econômica busca o pleno emprego. Essa é, contudo, uma regra programática que deve ser complementada pela lei ordinária, não querendo dizer, portanto, que a terceirização é proibida quando implica diminuição dos postos de trabalho nas empresas, pois o dispositivo constitucional citado é apenas um princípio a ser buscado.

Os conflitos trabalhistas que decorrem da terceirização são relacionados à existência ou não da relação de emprego, dando ensejo à definição de uma posição da jurisprudência do TST, consubstanciada inicialmente na Súmula 256 daquela Corte e posteriormente na sua revisão pela Súmula 331.

Para o estudo do tema, há que se lembrar as lições de Rafael Caldera, de que:

> o Direito do trabalho não pode ser inimigo do progresso, porque é fonte e instrumento do progresso. Não pode ser inimigo da riqueza, porque sua aspiração é que ela alcance um número cada vez maior de pessoas. Não pode ser hostil aos avanços tecnológicos, pois eles são efeito do trabalho[3].

Há necessidade de conciliação entre os avanços tecnológicos, aptos inclusive a gerar novos empregos[4].

No Estado de São Paulo, eram 110 mil empregados e 1.200 empresas, em 1995, e 700 mil empregados em 5,4 mil empresas, em 2010.

O Dieese afirma que em 2013 havia 12,7 milhões de trabalhadores terceirizados, correspondendo a 26,8% do mercado de trabalho. O sindicato das empresas prestadoras de serviços menciona que havia 790 mil empresas, tendo um faturamento total R$ 536 bilhões.

---

[3] *Derecho del trabajo*. 6. ed. Buenos Aires: El Ateneo, 1972, p. 241-242.
[4] CALDERA, Rafael. Discurso: *Anais do XI Congresso Internacional de Direito do Trabalho e Seguridade Social*. Caracas, 1985, v. 1, p. 18 e 27.

As estatísticas no TST mostram um grande número de processos sobre terceirização:

Ano	Número de Processos
2011	9.296
2012	16.181
2013	16.438
2014	15.082
até 5.4.15	16.323

Com a Lei n. 13.429, de 31 de março de 2017, que alterou a Lei n. 6.019/74, a terceirização passou a ter um diploma legal no Brasil, ainda que inserido dentro da Lei n. 6.019/74, que trata do trabalho temporário. Os arts. A, B etc. passaram a tratar da terceirização na Lei n. 6.019/74.

A Lei n. 14.967/2024 estabeleceu o Estatuto da Segurança Privada e das Instituições Financeiras, revogando a Lei n. 7.102/83.

2
Denominação

Vários nomes são utilizados para denominar a contratação de terceiros pela empresa para prestação de serviços ligados à sua atividade-meio. Fala-se em terceirização, subcontratação, terciarização, filialização, reconcentração, desverticalização, exteriorização do emprego, focalização, parceria etc.

Entende-se que terciarização é vocábulo não contido nos dicionários e que seria um neologismo. *Terciariu* seria originário do latim, proveniente do ordinal *tertiariu*.

Na Geologia, prefere-se a palavra terciário, pois as eras geológicas são divididas em quatro, sendo a última, a cenozóica, dividida em dois períodos: o terciário e o quaternário.

Alguns autores preferem o termo terciarização em razão de que o setor terciário na atividade produtiva seria o setor de serviços, pois o primário corresponderia à agricultura e o secundário à indústria.

Por *terceirização* tem-se entendido o fato de a empresa contratar serviços de terceiros para as suas atividades-meios.

Terceirização deriva do latim *tertius*, que seria o estranho a uma relação entre duas pessoas. Terceiro é o intermediário, o interveniente. No caso, a relação entre duas pessoas poderia ser entendida como a realizada entre o terceirizante e o seu cliente, sendo que o terceirizado ficaria fora dessa relação, daí, portanto, ser terceiro. A terceirização, entretanto, não fica restrita a serviços, podendo ser feita também em relação a bens ou produtos.

Em espanhol, usa-se a expressão *arrendamiento de servicios*. Em italiano, *sucontrattazione*. No Direito português usa-se *subcontratação*.

Ao processo de reconcentração de empresas, nos Estados Unidos, dá-se o nome de *downsizing*, de enxugamento das estruturas, surgindo, recentemente, as técnicas de reengenharia ou redimensionamento da empresa. O descarte da atividade-meio, especialmente do setor de serviços, é denominado *outsourcing*, e vem do inglês *out* (fora) e *source* (fonte).

A *reconcentração* e a *desverticalização* de empresas são processos de terceirização, sendo que na primeira as empresas são concentradas numa espécie de fusão, e a desverticalização é o descarte de atividades não rendosas dentro da empresa, o que está mais próximo da nossa terceirização. Fala-se também em desverticalização no sentido de contratação de serviços de terceiros para aqueles serviços que antes eram executados pela própria empresa, geralmente em empresas de menor porte.

Alguns autores, especialmente de Administração de Empresas, usam o termo *horizontalização* da atividade econômica, em que as empresas transferem para outras parte das funções que exerciam diretamente. A horizontalização ou desverticalização sugere que a estrutura da organização empresarial seja vertical, e o intuito é desverticalizá-la.

Usa-se a palavra *focalização*, também em Administração de Empresas, para evidenciar a empresa que procura a qualidade final de seu produto, dedicando-se apenas ao *foco* de sua atividade, ou seja, à sua atividade-fim, delegando a terceiros suas outras atividades.

A *exteriorização do emprego* seria uma forma de transferência do posto de trabalho para outra empresa, com o empregado perdendo o emprego em relação ao antigo empregador.

No direito francês, adotou-se o termo *subcontratação* (*soustraitance*, que tem o sentido de variedade de empreitada). A empresa tomadora de serviços repassa suas atividades ou parte delas a outra empresa, que irá se incumbir da execução dos serviços para os clientes da primeira.

No Japão também se adota o termo *subcontratação*, por meio dos *dispatched workers*, ou seja, dos trabalhadores subcontratados. Não se pode dizer, porém, que há subcontratação.

O que há, na verdade, é contratação e não subcontratação, pois os trabalhadores são realmente contratados pelo empregador e não subcontratados por outra empresa para prestar serviços para aquele empregador.

Entendo que não se poderia utilizar a expressão contrato de fornecimento para o tema em estudo, pois significaria um contrato de Direito Comercial, e, no caso da terceirização, apesar de existir o referido contrato, temos que o que vai nos interessar é a relação do trabalhador e do terceirizado com a empresa que recebe a prestação de serviços. A isso não pode ser dado o nome de contrato de fornecimento, mas estaria muito mais próximo da subcontratação, da locação de serviços ou da empreitada.

A denominação parceria é usada na Administração de Empresas, mas sob o aspecto de que terceirizante e terceirizado são parceiros na relação desenvolvida por eles, visando colocar um bem ou serviço no mercado. Não se emprega aqui o termo com o mesmo sentido do Direito Civil, em que implica o contrato pelo qual uma pessoa cede a outra um prédio rústico ou animais, com o objetivo de partilhar o resultado da exploração, pois tal contrato seria praticado apenas no meio rural. No caso, o contrato de terceirização pode ser feito tanto no meio urbano como no rural, e o sentido de parceria deve ser entendido como a divisão das responsabilidades e dos direitos dos contratantes, visando a obtenção de lucro ou vantagem econômica no negócio por eles pactuado.

Na Administração Pública, costuma-se empregar o termo *contracting out*, quando são celebrados vários tipos de acordos junto com o setor privado, como os contratos de obras e de prestação de serviços.

No Brasil, o termo terceirização foi adotado inicialmente no âmbito da Administração de Empresas. Posteriormente os tribunais trabalhistas também passaram a utilizá-lo, podendo ser descrito como a contratação de terceiros visando a realização de atividades que não constituam o objeto principal da empresa. Irei empregar o termo *terceirização* por força do costume e de assim estar sendo adotado na prática.

Nos países mais adiantados, surgiu uma nova forma de terceirização denominada quarteirização ou terceirização gerenciada. Quarteirização não é a reunião de vários quarteirões de um bairro. A quarteirização vem a ser a contratação de uma empresa especializada que se encarrega de gerenciar as empresas terceirizadas, as parcerias.

Normalmente, contrata-se uma empresa completamente distinta das terceirizadas e especialista, no mercado, num determinado ramo de serviços ou de administração de serviços. Essa empresa passa a administrar os fornecedores da terceirizante, em razão do grande número deles. Tem-se entendido que há uma economia de recursos na contratação da referida empresa, que cuida desses fornecedores, com altos custos trabalhistas e previdenciários, que é o que se pretende minorar com a utilização da terceirização. Exemplo de quarteirização é o da empresa GR, integrante do grupo Ticket Serviços, que gerencia os fornecedores da IBM.

A quarteirização também vem a ser uma parceria entre a empresa que quer terceirizar e a empresa que vai gerenciar a terceirização, o que acaba por melhorar a eficácia do referido processo. Trata-se, também, de uma forma de especialização em gerenciar as terceirizações, o que deve, portanto, ser feito por um especialista. O termo mais correto deveria ser *quartização*, pois seria decorrente do quarto estágio, após o terceiro: a terceirização.

Ultimamente, já se fala em *desterceirização*, se é que se pode empregar esse termo. Trata-se da terceirização às avessas, isto é, o retorno da admissão dos terceirizados, na condição de empregados, às empresas em que a terceirização não deu certo. Nos Estados Unidos, tem-se utilizado a expressão *insourcing* para significar *desterceirização*, isto é, trazer de volta certos serviços a serem prestados pela própria empresa, pois foi constatado que não deu certo a terceirização.

A *desterceirização* tem sido feita por motivo de qualidade, pois o terceirizado não faz o serviço da mesma forma como era feito pelo terceirizante. O que vinha ocorrendo é o que chamavam de *resserviço*, que seria pagar por um produto ou serviço e ter de refazer tudo novamente, com mão de obra própria.

3

Conceito

3.1 Conceito

A terceirização não está definida em lei, nem há norma jurídica cuidando, até o momento, do tema. Trata-se, na verdade, de uma estratégia na forma de administração das empresas, que tem por objetivo organizá-las e estabelecer métodos da atividade empresarial. No entanto, a utilização da terceirização pelas empresas traz problemas jurídicos, que necessitam ser analisados, mormente no campo trabalhista. É claro que a empresa deverá obedecer às estruturas jurídicas vigentes, principalmente às trabalhistas, sob pena de arcar com as consequências decorrentes de seu descumprimento, o que diz respeito aos direitos trabalhistas sonegados ao empregado.

Terceirização é a possibilidade de se contratar empresa prestadora de serviços para a realização de atividades específicas da tomadora. Geralmente, tem-se entendido que a terceirização deve ser feita em atividades que não constituem o objeto principal da empresa. Essa contratação pode compreender tanto a produção de bens como serviços, como ocorre na necessidade de contratação de serviços de limpeza, de vigilância ou até de serviços temporários.

Terceirização da atividade diz respeito à empresa. Terceirização da mão de obra compreende o serviço.

Compreende a terceirização uma forma de contratação que vai agregar a atividade-fim de uma empresa, normalmente a que presta os serviços, à atividade--meio de outra. É também uma forma de parceria, de objetivo comum, implicando ajuda mútua e complementariedade. O objetivo comum diz respeito à qualidade dos serviços para colocá-los no mercado. A complementariedade significa a ajuda do terceiro para aperfeiçoar determinada situação que o terceirizador não tem condições ou não quer fazer.

O objetivo principal da terceirização não é apenas a redução de custo, mas também trazer agilidade, flexibilidade, competitividade à empresa e também para vencer no mercado. Esta pretende, com a terceirização, a transformação dos seus custos fixos em variáveis, possibilitando o melhor aproveitamento do processo produtivo, com a transferência de numerário para aplicação em tecnologia ou no seu desenvolvimento, e também em novos produtos.

Na verdade, os empresários pretendem, na maioria dos casos, a diminuição de encargos trabalhistas e previdenciários, com a utilização da terceirização, podendo ocasionar desemprego no setor, mas não é essa a causa preponderante do desemprego. Existem notícias de que para cada emprego perdido na empresa há criação de três novos na atividade terceirizada. Proporciona, também, a terceirização a possibilidade de o funcionário trabalhar por conta própria, passando a realizar o sonho do negócio próprio e de ser patrão. Incrementa, ainda, a produtividade e a qualidade na produção, originando competitividade no mercado, o que pode baratear o preço dos produtos.

Exemplo mais evidente de terceirização é o realizado na indústria automobilística, em que praticamente esta apenas monta o automóvel, sendo todas as peças fabricadas por terceiros, seguindo a padronização imposta pela montadora de veículos. Trata-se, portanto, de terceirização na atividade-fim da empresa, que é produzir o automóvel. Ninguém jamais disse que esse tipo de atividade, que existe há muito tempo, é ilícita.

No mercado de serviços, muitos ex-diretores de empresa têm sobrevivido prestando serviços à própria empresa da qual foram demitidos. O mesmo ocorreu comigo quando exercia a advocacia, laborando num banco. Em um curto período passei a prestar serviços jurídicos para aquela mesma instituição financeira, como trabalhador autônomo, em que anteriormente atuei como empregado. De certa forma, muitos ex-empregados não querem voltar a ser empregados, preferindo montar seu próprio negócio e ser patrão, nascendo assim mais uma terceirização dos serviços.

3.2 Distinção

A terceirização não se confunde com a empreitada, a *locatio operis*. Nesta, o que interessa é o resultado da obra: a construção de um muro, a pintura de uma parede etc. Não há, normalmente, um sistema de parceria entre quem contrata a empreitada e o empreiteiro. Este apenas tem interesse em concluir a obra, não em ser parceiro do terceirizante. Na terceirização, porém, a ideia de parceria é substancial.

De certa forma, a terceirização não se confunde com a subcontratação, pois nesta muitas vezes o interesse principal é a contratação de pessoal para quando a empresa tem maiores necessidades de produção. Na terceirização, o contato com o terceirizado é permanente e não ocasional, apenas para picos de produção, como na subcontratação.

A terceirização compreende relação triangular: trabalhador, prestador de serviços, tomador de serviços. O contrato de trabalho é bilateral, firmado apenas entre empregado e empregador.

No trabalho temporário, contrata-se empresa terceira, empresa prestadora de serviços, que coloca trabalhadores para prestar serviços internamente na tomadora. Não importa que não é em atividade-fim. No trabalho temporário, também existe intermediação de mão de obra pela empresa de trabalhadores temporários que coloca o trabalhador no tomador.

Terceirização de trabalhador ocorre quando uma empresa contrata trabalhadores de outra empresa para prestar serviços nas suas dependências. Exemplos: trabalho temporário, vigilância, limpeza. Na terceirização de serviços, o que interessa é o serviço pronto e não os trabalhadores que o fazem.

3.3 Natureza jurídica

Difícil é dizer qual a natureza jurídica da terceirização, pois, como foi visto anteriormente, existem várias concepções a serem analisadas. Dependendo da hipótese em que a terceirização for utilizada, haverá elementos de vários contratos, sejam eles nominados ou inominados. Assim, poderá haver a combinação de elementos de vários contratos distintos: de fornecimento de bens ou serviços; de empreitada, em que o que interessa é o resultado; de franquia; de locação de serviços, em que o que importa é a atividade e não o resultado; de concessão; de consórcio; de tecnologia, *know-how*, com transferência da propriedade industrial, como inventos, fórmulas etc. A natureza jurídica será a do contrato utilizado ou a da combinação de vários deles.

A natureza da terceirização geralmente é de contrato de prestação de serviços. A terceirização não tem natureza trabalhista, mas é uma forma de gestão da mão de obra, em decorrência muitas vezes da reestruturação da empresa.

A terceirização compreende três partes: trabalhador, tomador e prestador de serviços. É uma relação triangular.

3.4 Classificação

A terceirização poderia ser dividida em estágios:

a) inicial, em que a empresa repassa a terceiros atividades que não são preponderantes ou necessárias, como restaurantes, limpeza e conservação, vigilância, transporte, assistência contábil e jurídica etc.;

b) intermediário: quando as atividades terceirizadas são mais ligadas indiretamente à atividade principal da empresa, como manutenção de máquinas, usinagem de peças;

c) avançado: quando são terceirizadas atividades ligadas diretamente à atividade da empresa, como gestão de fornecedores, fornecimento de produtos etc. Esse último estágio seria a terceirização na atividade-fim da empresa.

A terceirização pode, ainda, ser externa ou interna.

Na terceirização externa, a empresa repassa para terceiros certas etapas de sua produção, que são feitas fora da empresa.

Na terceirização interna, a empresa também repassa para terceiros suas atividades de produção, porém as empresas terceirizadas trabalham dentro da própria terceirizante. É o que vem acontecendo na linha de produção de certas empresas automobilísticas.

Quanto à área, pode ser na área pública ou na área privada.

Quanto à atividade: na atividade-meio ou na atividade-fim.

Quanto à duração: temporária (Lei n. 6.019/74) ou de prazo indeterminado, como na vigilância.

Quanto à natureza da atividade: na atividade pública ou na atividade privada.

Quanto aos efeitos ou à regularidade: lícita ou ilícita.

A terceirização de serviços ocorre com limpeza, vigilância, refeitórios, contabilidade. São hipóteses que geralmente não representam a atividade principal da empresa. Já a terceirização de atividades ocorre quando a empresa transfere certa atividade ou etapa da produção do bem e do serviço para outra pessoa.

Quanto à tipicidade, pode ser típica, pois é regulada em lei, e atípica, por não ter previsão legal.

A terceirização temporária serve para atender a substituição de pessoal regular e permanente ou a acréscimo extraordinário de serviços, como no trabalho temporário (Lei n. 6.019/74).

A terceirização permanente é a utilizada de forma contínua, como na vigilância e no transporte de valores, nos serviços de conservação e limpeza.

3.5 Divisão

A divisão que fiz para o estudo do tema não implica rigorosa sequência. Adotei o referido critério apenas por uma questão metodológica daquilo que pretendo expor, e também sob o critério lógico do exame de cada tópico, para que pudesse ser desenvolvido o subsequente.

A análise do tema *terceirização* passa por uma série de aspectos, que, mesmo não ligados umbilicalmente ao Direito do Trabalho, têm que ser estudados para que se possa compreender o assunto. Assim, é preciso estudar a terceirização e a administração das empresas, a terceirização e o Direito Comercial, o *franchising* como forma de terceirização, as Súmulas 239, 256, 257 e 331 do TST, a terceirização e a Administração Pública, a terceirização e a fiscalização trabalhista.

Primeiro acredito que devo tratar da terceirização e da sua relação com a administração de empresas, mormente no que diz respeito às suas vantagens e desvantagens, e como tem sido vista neste tópico.

Para a análise da parte jurídica, é mister iniciar observando como o Direito Comercial tem se preocupado com a terceirização, pois esta é uma forma de comercialização de atividades que traz reflexos nesse ramo do Direito.

À primeira vista, poderia parecer que o *franchising* nada tem a ver com a terceirização, porém será verificado que se trata de uma forma de contratação de terceiros, que deve também ser estudado. Nesse ponto, deve ser feita uma análise do que é *franchising*, até mesmo para que o leitor possa entendê-lo, para depois relacioná-lo com o contrato de trabalho e verificar seus pontos comuns e os não coincidentes. Penso que seria o momento ideal de falar a respeito da relação de emprego, pois irei me referir a ela nos demais tópicos, e haveria a necessidade de estudá-la, portanto, agora.

No tópico seguinte, é verificada a evolução da jurisprudência trabalhista sobre o tema. Preocupado com a terceirização de serviços e com as fraudes aos direitos trabalhistas dos empregados, o TST passou a coibir, de certa forma, a terceirização, passando a julgar reiteradamente os abusos cometidos.

A Súmula 239 do TST preocupou-se com o empregado de empresa de processamento de dados que presta serviços a banco, dizendo que "é bancário o empregado de empresa de processamento de dados que presta serviço a banco integrante do mesmo grupo econômico". Mostra-se que, segundo a orientação do TST, é ilícita a contratação como terceiro de empregado de empresa de processamento de dados que presta serviços a banco integrante do mesmo grupo econômico, sendo bancário este trabalhador. Era necessário coibir as fraudes que estavam ocorrendo no setor.

A Súmula 256 do TST foi a que mais combateu a contratação de terceiros, esclarecendo que:

> salvo nos casos de trabalho temporário e de serviço de vigilância, previstos nas Leis n. 6.019, de 3 de janeiro de 1974, e 7.102, de 20 de junho de 1983, é ilegal a contratação de trabalhadores por empresa interposta, formando-se o vínculo empregatício diretamente com o tomador dos serviços.

A Súmula 257 do TST destoa um pouco da orientação mencionada nos parágrafos anteriores, admitindo a terceirização de vigilantes. Informa que "o vigilante, contratado diretamente por banco ou por intermédio de empresas especializadas, não é bancário". O referido verbete tem por base a existência da Lei n. 7.102, de 20 de junho de 1983 (hoje, Lei n. 14.967/2024), que permite a contratação de terceiros para a prestação de serviços de vigilância ou de transporte de valores.

Por último, há a revisão da Súmula 256 do TST pela Súmula 331 da mesma Corte. De fato, pode-se falar realmente numa revisão, pois o novo verbete admite situações que anteriormente não existiam. Tem a seguinte redação:

> I – A contratação de trabalhadores por empresa interposta é ilegal, formando-se o vínculo diretamente com o tomador dos serviços, salvo no caso de trabalho temporário (Lei n. 6.019, de 3-1-1974);
>
> II – A contratação irregular de trabalhador, através de empresa interposta, não gera vínculo de emprego com os órgãos da Administração Pública Direta, Indireta ou Fundacional (art. 37, II, da Constituição da República);
>
> III – Não forma vínculo de emprego com o tomador a contratação de serviços de vigilância (Lei n. 7.102, de 20-6-1983), de conservação e limpeza, bem como a de serviços especializados ligados à atividade-meio do tomador, desde que inexistente a pessoalidade e a subordinação direta;
>
> IV – O inadimplemento das obrigações trabalhistas, por parte do empregador, implica a responsabilidade subsidiária do tomador dos serviços quanto

àquelas obrigações, desde que hajam participado da relação processual e constem também do título executivo judicial;

V – os entes integrantes na Administração Pública direta e indireta respondem subsidiariamente, nas mesmas condições do item IV, caso evidenciada a sua conduta culposa no cumprimento das obrigações da Lei n. 8.666, de 21-6-1993, especialmente na fiscalização do cumprimento das obrigações contratuais e legais da prestadora de serviço como empregadora. A aludida responsabilidade não decorre de mero inadimplemento das obrigações trabalhistas assumidas pela empresa regularmente contratada;

VI – A responsabilidade subsidiária do tomador de serviços abrange todas as verbas decorrentes da condenação referentes ao período da prestação laboral.

Como se vê, existem várias orientações a serem analisadas. Não se pode partir do estudo apenas das Súmulas 256 e 331 do TST, mas também é necessário verificar a orientação das Súmulas 239 e 257 da mesma Corte, que também representam posicionamentos da jurisprudência quanto à terceirização, sem se esquecer da administração das empresas e até do *franchising*. Pretendo estudar os citados verbetes não a partir da ordem cronológica ou numérica, mas sim iniciando pela Súmula 257, que vai tratar dos vigilantes, por meio da verificação da Lei n. 7.102 (hoje, Lei n. 14.967/2024), que posteriormente será referida nas Súmulas 256 e 331. Para isso, é necessário analisar sua concepção antes de tratarmos dos demais temas. A Súmula 239 do TST também tem que ser analisada, pois irá ajudar a compreender posteriormente o estudo dos últimos dois verbetes. Entendo que as Súmulas 256 e 331 devam ser analisadas nesta ordem, pois a segunda revê a primeira, sendo necessário verificar qual foi a orientação a que se chegou para o surgimento da primeira.

De outro modo, não basta estudar apenas os textos dos verbetes, mas também as leis que lhes deram origem, compará-las com o ordenamento jurídico vigente e analisar os precedentes jurisprudenciais que vieram a dar a redação final de cada súmula. Assim, é possível chegar a conclusões mais concretas.

Após o estudo de cada verbete, é preciso verificar a terceirização na Administração Pública, inclusive quanto à orientação da Súmula 331 do TST, o que nesse ponto será feito em separado. Mister se faz também analisar, por último, a relação entre a terceirização e a fiscalização trabalhista, pois as empresas podem ter problemas em decorrência da terceirização e mesmo sofrer multas administrativas em razão de tal fato.

4

Direito Estrangeiro e Internacional

4.1 Direito estrangeiro

4.1.1 Introdução

É preciso, antes de tudo, estudar como o tema terceirização vem sendo tratado mundialmente, levando-se em consideração vários aspectos de ordem política, econômica e social, além da necessidade de se verificar o estágio de desenvolvimento de cada país.

Há países que proíbem o trabalho temporário, como a Suécia (Lei n. 1.877/80), a Espanha (Decreto-Lei de 1952 e Decreto n. 3.677/70) e a Itália (Leis n. 264/49 e 1.369/60). Certos países o permitem, estabelecendo regulamentação legal para a questão, como a Bélgica (Decreto de 28-11-1969), a antiga República Federal da Alemanha (Lei de 1972), a Dinamarca (Lei n. 114/70), a Noruega (Lei n. 83/71), os Países Baixos (Lei n. 379/65) e a França (Lei de 1972), sistema que serviu de inspiração para nossa Lei n. 6.019/74. Outros países permitem a terceirização sem qualquer legislação sobre o assunto, como a Grã-Bretanha, a Suíça, a Irlanda e Luxemburgo, sendo aí, portanto, totalmente desregulamentada.

4.1.2 Alemanha

Na Alemanha, tem-se terceirizado, sob a forma de subempreitada, principalmente nos setores de fabricação de automóveis, da indústria elétrica e eletrônica, da siderurgia e da química. Não há uma lei específica sobre o tema, sendo muitas das relações resolvidas pelos contratos coletivos.

A terceirização pode ser feita pelo trabalho temporário. A empresa necessita de autorização administrativa para funcionar. O trabalhador temporário tem isonomia de condições de trabalho e remuneração em relação aos empregados do tomador dos serviços que exercem função igual ou semelhante.

4.1.3 Argentina

A Argentina também coíbe a intermediação da mão de obra, admitindo apenas a locação temporária de trabalhadores, prevendo solidariedade entre a empresa prestadora de serviços e a tomadora, para efeitos trabalhistas e previdenciários. O art. 29 do Decreto n. 390/76 esclarece que:

> os trabalhadores que sejam contratados por terceiros com vista a cedê-los a empresas, serão considerados empregados diretos de quem se utilize de sua prestação. Em tal caso, qualquer que seja o ato ou estipulação que para este efeito acertem, os terceiros contratantes e a empresa para a qual os trabalhadores prestem ou tenham prestado serviços responderão solidariamente por todas as obrigações emergentes da relação laboral e das que se derivem do regime de previdência social (art. 31). Excetuam-se dessa disposição os serviços eventuais que se prestem por empresas reconhecidas pela autoridade de aplicação, segundo o que é previsto no art. 100.

Dispõe o art. 30 da mesma norma que quem ceder total ou parcialmente a outros estabelecimentos a exploração habilitada em seu nome, contratar ou subcontratar, qualquer que seja o ato que lhes dê origem, trabalhos ou serviços correspondentes à atividade normal e específica própria do estabelecimento, dentro ou fora de seu âmbito, deverá exigir de seus contratistas ou subcontratistas o adequado cumprimento das normas relativas ao trabalho e os organismos da seguridade social.

Em todos os casos, serão solidariamente responsáveis pelas obrigações contraídas por tal motivo com os trabalhadores e pela seguridade social durante o prazo de duração de tais contratos ou ao tempo de sua extinção, qualquer que seja o ato ou estipulação que o efeito haja trazido.

Sempre que uma ou mais empresas, ainda que tenham personalidade jurídica própria, estiverem sob direção, controle ou administração de outra, ou de tal modo relacionadas, que constituam um grupo econômico de caráter permanente, serão ao fim de suas obrigações contraídas em relação a cada uma delas com seus trabalhadores e com os organismos da seguridade social solidariamente responsáveis quando hajam mediado manobras fraudulentas ou condução temerária (art. 31 do Decreto n. 390/76).

A jurisprudência não é pacífica, porém, sobre o conceito de atividade-fim e atividade-meio, mas, se houver terceirização da atividade-fim, o vínculo se forma com a empresa terceirizada, apenas havendo a solidariedade entre a tomadora e a prestadora dos serviços. O art. 99 da citada norma trata do contrato de trabalho temporário. O art. 150 permite que sejam retidas parcelas devidas ao terceirizado, que serão entregues aos trabalhadores pela empresa tomadora.

4.1.4 Colômbia

Na Colômbia, aqueles que prestam serviços a outras empresas, sendo os legítimos empregadores e não intermediários, que dirigem e exploram por conta própria sua atividade, têm como lícita a referida atividade. Inexistindo idoneidade financeira de tais empresas quanto ao cumprimento das obrigações trabalhistas de seus empregados, haverá a solidariedade passiva com a empresa tomadora dos serviços. Os trabalhadores também podem exigir a retenção dos pagamentos devidos ao terceirizado, havendo sub-rogação nos direitos de seu empregado em relação à empresa tomadora.

4.1.5 Espanha

O art. 42 do Estatuto dos Trabalhadores permite a subcontratação. Os empresários que contratem ou subcontratem de outros a realização de obras ou serviços que correspondam à própria atividade principal deverão comprovar que tais pessoas estão quites com as quotas da Seguridade Social. No prazo de 30 dias deverá ser providenciada uma certidão negativa de débito. Transcorrido esse prazo, ficará exonerado de responsabilidade o empresário solicitante.

O empresário principal, salvo no prazo anteriormente mencionado, referente à Seguridade Social, e durante o ano seguinte ao da terminação do encargo, responderá solidariamente pelas obrigações de natureza salarial contraídas pelos subcontratistas com os trabalhadores e pelas referentes à Seguridade Social, durante o limite de vigência da contratação.

O tomador deverá exigir da empresa prestadora a comprovação dos pagamentos devidos aos trabalhadores, para se liberar de responsabilidades.

O art. 43 proíbe a intermediação de mão de obra, salvo o trabalho temporário, determinando a responsabilidade solidária entre o beneficiário e o fornecedor pelas obrigações trabalhistas.

Pode o empregado, a seu critério, e passado o período de prova normal, ser admitido como empregado da tomadora, com os mesmos direitos dos empregados daquela.

Há exceções à responsabilidade solidária:

a) quando as atividades disserem respeito à construção ou reparação de moradia particular;

b) quando uma indústria realizar a contratação para serviços ou obras não ligadas à atividade empresarial desenvolvida, em que a responsabilidade será exclusiva de quem os contratou.

4.1.6 França

Na França, a preocupação com o *marchandage* surge após a Revolução Francesa. Em 1º de março de 1848, na primeira sessão da Comissão do Governo dos Trabalhadores, foi pleiteado que fosse abolida a referida figura, da exploração do homem pelo homem, do trabalho deste como mercadoria, o que foi deferido, pois entendia-se que o lucro do intermediário nada mais era do que uma retirada antecipada sobre o salário do prestador dos serviços. O *marchandeur* é o que explora a mão de obra, mas que não tem capital ou outras garantias que possam ser dadas ao trabalhador, ao contrário do subempreiteiro, que tem o material e o capital.

Na Revolução Francesa de 1849, o art. 2º da declaração de direitos aboliu o *marchandage*:

> Considerando que a exploração dos operários pelos subempreiteiros operários, ditos *marchandeurs*, é essencialmente injusta, vexatória e contrária ao princípio da fraternidade, o Governo Provisório decreta: a exploração dos operários pelos subempreiteiros ou *marchandage* é abolida.

Posteriormente, o art. L 125.1, 1ª alínea, do Código de Trabalho francês, de acordo com a Lei de 6-7-1973, sobre a repressão ao tráfico de mão de obra estabelece que "toda operação com fim lucrativo de fornecimento de mão de obra que tiver por efeito causar um prejuízo ao trabalhador afetado ou frustrar a aplicação das disposições da lei, do regulamento ou da convenção ou acordo coletivo de trabalho é proibida". O *marchandeur* especula com o trabalho alheio, e é reprovável sua conduta. O art. L 8231-1 afirma que a *merchandage* é definida como toda operação que tem objetivo lucrativo de fornecer mão de obra, visando causar prejuízo ao empregado ou evitar a aplicação de disposições legais ou estipulações de uma convenção ou acordo coletivo de trabalho, determinando que isso é proibido.

A legislação francesa não veda, porém, a intermediação da mão de obra, mas a exploração do trabalhador (*marchandage*). O que realmente proíbe é o *tâche* em que o operário é explorado abusivamente, com aviltamento de salários ou não pagamento destes, em virtude da insolvência do *tâcheron* (subempreiteiro). Na verdade, o que a legislação veda é o abuso, a exploração do trabalhador, não, porém, o trabalho lícito. A legislação trata também da responsabilidade solidária. As empresas de trabalho temporário são regidas pela Lei de 1972 e art. L 1.251-1 e s. do Código de Trabalho.

A jurisprudência fixou-se no sentido de que não era o contrato de *marchandage* proibido, mas sim o seu abuso.

A terceirização dos serviços tem sido feita mediante contratos de cooperação entre as partes, tendo por objeto licença de patente, licença de marca, *know-how*, subempreitada, contratos de fabricação em comum, consórcio, contrato de pesquisa, *franchise*[1].

A subcontratação é utilizada até mesmo para as atividades-fins da empresa. A jurisprudência considera válida a terceirização desde que o poder de direção seja efetivamente do terceirizado.

Adota-se, também, o sistema da filialização (*filialisation*), no qual são criadas filiais, com personalidade jurídica própria daquela da qual foram desmembradas, em razão da supressão de parte das atividades da empresa principal, visando a contratação de trabalhadores para a filial. A filial normalmente admite funcionários com salários inferiores, gerando menores encargos sociais.

Existe, ainda, o sistema do *sous traitance*, que seria uma forma de empreitada em que a empresa tomadora contrata de outra empresa a produção ou parte da produção ou de um serviço que ela própria teria de executar para um cliente.

4.1.7 Itália

Na Itália, a Lei n. 264/49 proíbe a terceirização. A Lei n. 1.369/60, no seu art. 3º, estabelece que:

> os empresários arrendatários de obras ou serviços, inclusive os trabalhos de porte, limpeza ou conservação normal das instalações, que tenham de ser executados no interior de sua propriedade sob organização e gestão do arrendador, serão solidários a este no pagamento dos trabalhadores que deste dependam, de um salário mínimo não inferior ao que percebem os trabalhadores que daquele dependam, bem como lhes assegurarão condições de trabalho não inferiores às que desfrutem esses seus trabalhadores.

---

[1] MERCADAL, Barthélemy; JANIR, Philipe. *Les de contrats de coopération inter-entreprises*. Paris: Lefrevebre, 1974, p. 416-418.

4.1.8 Japão

No Japão, foi criada a *Worker Dispatching Law*, de 1985, que poderia ser traduzida como lei do trabalhador subcontratado, com o objetivo de disciplinar a subcontratação. Existe, portanto, a possibilidade de o trabalhador ser subcontratado e de a empresa fazer a subcontratação.

Os *contract workers* são trabalhadores que executam determinada tarefa em uma empresa contratante (*trustee enterprise*) do empregador (*trustor enterprise*), sob a supervisão e direção do último. Os *dispatched workers* são empregados de uma fornecedora (*trustor enterprise*) que são colocados à disposição da tomadora (*trustee enterprise*) durante certo período, ficando sob a direção e fiscalização desta.

Proíbe-se a terceirização no transporte portuário e na construção.

Kogaisha é a empresa filial; kyoryoku gaisha é a empresa cooperadora; kankei gaisha é a empresa coligada, com a qual se tem relações; shitauke gaisa é a empresa subcontratada ou terceirizada.

Inexistirá vínculo de emprego com a empresa tomadora se observados os requisitos da lei de subcontratação.

Um dos objetivos da citada lei foi regulamentar o trabalho subcontratado e também responsabilizar as empresas fornecedoras de mão de obra, prevenindo a exploração dos trabalhadores pela empresa fornecedora.

As fornecedoras de mão de obra devem ter autorização do Ministério do Trabalho para funcionar. Caso haja sua desqualificação, mediante revogação da autorização, poderão até mesmo ser fechadas[2].

Os sindicatos não se opõem à subcontratação e à terceirização, pois entende-se que há uma maximização dos resultados das empresas.

A terceirização tem sido utilizada para todas as atividades estranhas à atividade-fim da empresa. No setor siderúrgico, existe inclusive um sindicato dos trabalhadores subcontratados.

Muitos trabalhadores se aposentam nas grandes empresas e posteriormente voltam a trabalhar como subcontratados nas mesmas empresas.

A Nissan acabou com o emprego vitalício. Os trabalhadores da empresa passaram para outra empresa, chamada satélite, que passou a efetuar a produção das peças dos veículos na linha de montagem. Os trabalhadores passaram a ter salário menor. São feitas várias "empreitadas" pelas empresas terceirizadas na

---

[2] SUGEMO, Kazuo. *Japonese labor law*. Seatle & London: University of Washington Press, 1992, p. 164-168.

linha de montagem e assim se reduziu o custo do emprego e aumento a competitividade da empresa.

Grandes montadoras japonesas chegam a ter relação com 170 subcontratadas primárias, 4.700 subcontratadas secundárias e 31.600 subcontratadas terciárias.

4.1.9 México

A lei mexicana não admite a terceirização, salvo nas hipóteses nela estabelecidas.

A Lei Federal de Trabalho estabelece que é intermediário aquele que contrata os serviços de outras empresas para executar algum trabalho em benefício de um empregador, considerando fraudulenta a contratação e responsável o tomador. Não serão considerados, porém, como intermediários, mas como empregadores, as empresas estabelecidas que contratem trabalhos para executá-los com elementos próprios.

O art. 13 da referida norma informa que, se as empresas fornecedoras não puderem arcar com os encargos relativos a seus empregados, serão solidariamente responsáveis com os beneficiários diretos das obras ou serviços pelas obrigações trabalhistas.

As hipóteses de terceirização estão previstos nos arts. 12 a 15-D da Lei Federal do Trabalho, de 1970. A terceirização não pode abranger a totalidade das atividades iguais ou semelhantes em sem conjunto. A terceirização deve ser de serviços especializados e não pode compreender tarefas iguais ou semelhantes às realizadas pelos demais trabalhadores a serviço do tomador. Caso não sejam observados esses requisitos, o vínculo fica estabelecido com a empresa tomadora dos serviços (art. 15-A).

4.1.10 Paraguai

Todo intermediário deve declarar sua qualidade e o nome do empregador por conta de quem atua, ao celebrar contratos de trabalho. Em caso contrário, responde solidariamente com o empregador pelas obrigações legais e contratuais pertinentes (art. 25 do Código de Trabalho de 1993).

4.1.11 Peru

No Peru, a contratação pela via indireta fica restringida. O art. 27 do Decreto-Lei n. 2.216 proíbe, de um lado, e limita, de outro, a contratação por via indireta de trabalhadores para serviços permanentes, ficando proibida a prestação de serviços em empregos permanentes paga por entidades distintas e estranhas à relação laboral. As empresas de serviços que realizam atividades mais ou menos permanentes nas empresas utilizadoras, tais como manutenção, limpeza, vigilância, segurança, eventos temporários e outras análogas, estão permitidas desde que os trabalhadores tenham vínculo estável com as primeiras.

4.1.12 "Tigres Asiáticos"

Nos países do sudeste asiático (Coreia do Sul, Taiwan, Hong Kong, Cingapura etc.) é comum se usar muito a terceirização, a subcontratação e o emprego temporário com o objetivo de cumprir contratos de produção de mercadorias de encomendas esporádicas, normalmente feitas pelas pequenas empresas.

José Pastore lembra o exemplo de um caso concreto que ocorreu em uma empresa de confecções da Coreia que:

> aceitou um pedido da China, no início de março de 1993, para fazer 52 milhões de camisas a serem entregues no final de junho, quando a sua capacidade era de apenas 1,5 milhão por mês. A encomenda foi entregue na data aprazada, graças a um enorme esforço de subcontratação com empresas da Tailândia, Cingapura, Taiwan, Hong Kong, Bangladesh, Malásia e Indonésia –, além de subcontratação e terceirização realizadas dentro da Coreia, e de muitas horas extras feitas na empresa e fora dela (em casa). Os trabalhadores *mergulharam* de corpo e alma naquele trabalho em troca de US$ 2.000 adicionais para os quatro meses. A entrega pontual, e o baixo preço da camisa (U$ 1,65), garantiu um pedido ainda maior, que deu trabalho à empresa e aos trabalhadores até meados de 1994[3].

A subcontratação é feita muitas vezes pelos próprios membros da família, como por exemplo: o homem leva o serviço para casa para ser feito por sua mulher e filhos.

A Nike passou a fabricar tênis na Coreia por US$ 16,00, pois nos EUA o mesmo tênis custa US$ 100,00. Em relação a tênis e tecidos, os EUA estão apenas fazendo o *design*. A fabricação é feita nos países do leste asiático, visando a obtenção do custo menor.

4.1.13 Uruguai

Todo patrão ou empresário que utilize subcontratistas, intermediários ou fornecedores de mão de obra será responsável solidário pelas obrigações laborais

---

[3] *Flexibilização do trabalho e contratação coletiva*. São Paulo: LTr, 1994, p. 83.

deste frente aos trabalhadores contratados, assim como pela contribuição de acidente do trabalho e doença profissional e pelas sanções e recuperações que se acresçam ao Banco de Seguros do Estado em relação a esses trabalhadores (art. 1º da Lei n. 18.099/2007).

4.1.14 Venezuela

Na Venezuela, havia uma lei de 1936, que foi revogada, mencionando em seu art. 3º que intermediário era toda pessoa que contratasse os serviços de outra para executar algum trabalho em benefício de um empregador. Não são intermediários, mas empregadores, as empresas que se encarreguem dos contratos de trabalho de seus próprios empregados. Tal disposição se assemelhava à Lei Federal de Trabalho do México.

A Constituição venezuelana esclarece no art. 89 que a lei determinará a responsabilidade da pessoa natural ou jurídica em cujo proveito se preste o serviço mediante intermediário ou contratista, sem prejuízo da responsabilidade solidária destes.

A Lei Orgânica do Trabalho, de dezembro de 1990, mostra no art. 54 que o intermediário é a pessoa que, em nome próprio e em benefício de outra, utiliza os serviços de um ou mais trabalhadores, sendo que a responsabilidade é solidária, do intermediário e do beneficiário do serviço, quando este houver autorizado expressamente o recebimento da obra executada.

O contratista não é considerado intermediário, sendo que o art. 55 da referida lei o define como a pessoa natural ou jurídica que mediante contrato se encarregue de executar obras ou serviços com seus próprios empregados, exceto se a atividade for inerente ou conexa com a do beneficiário. O art. 57 assevera que, se o contratista realiza habitualmente obras ou serviços para uma empresa em volume tal que constituam sua maior fonte de renda, se presumirá que sua atividade é inerente ou conexa.

Parece que o legislador venezuelano dá a ideia de que a terceirização em relação à atividade-fim do tomador implica solidariedade com a empresa prestadora dos serviços.

A Ley Orgânica del Trabajo entende a terceirização como fraude, cometida pelo empregador ou empregadora com o propósito de desvirtuar, desconhecer ou obstaculizar a aplicação da legislação laboral (art. 47).

Rafael Caldera afirma que a figura jurídica do intermediário não se confunde com a do representante:

a diferença reside no fato de que o intermediário (ou patrão intermediário, como seria preferível chamá-lo) não age em nome do beneficiário da obra. Age em seu próprio nome: em consequência, obriga-se perante o trabalhador pelas relações que contrai; mas, ao mesmo tempo, como atua em benefício de terceira pessoa, a lei estende a essa pessoa a condição de patrão (patrão indireto) e a torna responsável perante o trabalhador pelo cumprimento das obrigações do contrato celebrado pelo intermediário e das impostas por lei. Intermediário é, portanto, aquele que contrata serviços de um trabalhador em seu próprio nome, mas por conta ou em benefício de outro; e, sem perder sua própria responsabilidade, compromete a do beneficiário daqueles serviços, sempre que este tenha autorizado expressamente o intermediário ou receba a obra executada[4].

4.2 Direito internacional

A Organização Internacional do Trabalho (OIT) não trata especificamente do tema *terceirização*, mas observa-se certa permissão nesse sentido.

A Convenção n. 34, de 1933, e a Convenção n. 96, de 1949, recomendam a supressão progressiva das agências de colocação de mão de obra com fins lucrativos. Estimulam a criação de serviços públicos gratuitos com essa finalidade, o que também faz parte da Convenção n. 88, de 1948, e da Convenção n. 96, de 1968. Esta última convenção foi denunciada pelo Brasil em 1972.

A Convenção n. 122 da OIT, de 1965, ratificada pelo Brasil pelo Decreto Legislativo n. 61, de 30 de novembro de 1966, e promulgada pelo Decreto n. 66.499, de 27 de abril de 1970, porém, não trata do tema, mas de política de emprego.

A Convenção n. 161 da OIT, aprovada pelo Decreto-Legislativo n. 86, de 14 de dezembro de 1989, e promulgada pelo Decreto n. 127, de 22 de maio de 1991, falou sobre serviços de saúde do trabalho, no seu art. 7. Permite esse artigo que tais serviços sejam organizados para uma só ou para várias empresas, e também mostra que as empresas podem terceirizar as atividades de assistência médica, o que torna tais serviços permitidos.

A Diretiva 104, de 2008, da União Europeia, ao tratar do trabalho temporário, impõe aos Estados o dever de estabelecer requisitos para a sua validade.

---

[4] *Derecho del trabajo*. 6. ed. Buenos Aires: El Ateneo, 1972, p. 241-242.

5

Flexibilização das Normas Trabalhistas

O Direito do Trabalho é um ramo muito dinâmico da ciência do Direito que vem sendo modificado constantemente, principalmente para resolver o problema do capital e do trabalho. Para adaptar esse dinamismo à realidade laboral, surgiu uma teoria chamada flexibilização dos direitos trabalhistas. Essa teoria nasce a partir das crises econômicas existentes na Europa, por volta de 1973, em decorrência do choque dos preços do petróleo.

Flexibilização das condições de trabalho é o conjunto de regras que tem por objetivo instituir mecanismos tendentes a compatibilizar as mudanças de ordem econômica, tecnológica ou social existentes na relação entre o capital e o trabalho[1].

Os exemplos mais comuns seriam a flexibilização da jornada de trabalho (*flextime*), que é usada principalmente nos países de língua inglesa, em que o funcionário entra mais cedo, saindo, também, mais cedo do trabalho, ou ingressa mais tarde, saindo, também, em horário mais adiantado do que o normal, estabelecendo, assim, seu próprio horário de trabalho, trabalhando mais horas num determinado dia ou semana para trabalhar menor número de horas em outros dias, porém observando o número mínimo de horas trabalhadas no ano, no mês ou na semana; o *job sharing*, ou divisão do posto de trabalho por mais de uma pessoa; o contrato segundo as necessidades do empreendimento (*Kapovaz*), do Direito alemão, conforme lei de 26 de abril de 1985; o *part-time*, ou seja, o trabalho em tempo

---

[1] MARTINS, Sergio Pinto. *Flexibilização das condições de trabalho*. 5. ed. São Paulo: Atlas, 2015, p. 13.

parcial; as formas de teletrabalho, ou de trabalho a distância; o estágio; o trabalho temporário; o contrato de trabalho de prazo determinado; o contrato de safra ou de temporada; e o trabalho avulso, que geralmente é feito na orla marítima, em que o trabalhador, sendo ou não sindicalizado, presta serviços a uma ou mais empresas, mediante intermediação do sindicato da categoria.

Tem-se dividido a flexibilização do trabalho em:

a) quantitativa externa, que trata da contratação do trabalhador e da facilidade com que pode ser despedido, de acordo com as necessidades da empresa;

b) quantitativa interna, que engloba a utilização do tempo do empregado, como o horário de trabalho, o trabalho em tempo reduzido; e

c) funcional, que diz respeito aos métodos ou técnicas de gestão de mão de obra, em decorrência das exigências da produção.

Pode a flexibilização ser classificada da seguinte forma:

1) de remuneração;

2) na utilização da força de trabalho;

3) em relação à estabilidade no tempo de duração do contrato de trabalho.

Já se verificava uma série de procedimentos de flexibilização no Direito do Trabalho brasileiro. A terceirização não deixa de ser uma forma de flexibilização trabalhista.

São exemplos: a subempreitada, a locação de mão de obra, que pode ser a prevista para a vigilância bancária (Lei n. 14.967/2024), o trabalho temporário (Lei n. 6.019/74), o trabalho em domicílio (arts. 6º e 83 da CLT), o contrato por prazo determinado (art. 443 e seu § 2º da CLT), o contrato de aprendizagem (art. 428 da CLT), o contrato de técnico estrangeiro (Decreto-Lei n. 691, de 18 de julho de 1969), o contrato de safra (art. 14 e seu parágrafo único da Lei n. 5.889/73) e o estágio (Lei n. 11.788/2008).

O próprio Estatuto da Microempresa e Empresa de Pequeno Porte (Lei Complementar n. 123/2006) não deixa de ser uma forma de simplificação de alguns procedimentos na área trabalhista das referidas empresas.

A tendência da flexibilização é decorrência do surgimento das novas tecnologias, da informática, da robotização, que mostram a passagem da era industrial para a pós-industrial, revelando uma expansão do setor terciário da economia. Assim, deveria haver uma proteção ao trabalhador em geral, seja ele subordinado ou não, tanto o empregado como também o desempregado. É nesse momento que começam a surgir contratos distintos da relação de emprego, como contratos de trabalho em tempo parcial, de temporada, de estágio etc.

A flexibilização das normas do Direito do Trabalho visa assegurar um conjunto de regras mínimas ao trabalhador e, em contrapartida, a sobrevivência da empresa, por meio da modificação de comandos legais, procurando outorgar aos trabalhadores certos direitos mínimos e ao empregador a possibilidade de adaptação do seu negócio, mormente em épocas de crise econômica.

Para fiscalizar essa flexibilização, essa maleabilidade, o sindicato passa a deter o papel principal, ou seja, a participar das negociações coletivas que irão conduzir ao acordo ou à convenção coletiva de trabalho, de modo a permitir também a continuidade do emprego do trabalhador e a sobrevivência da empresa, assegurando um lucro razoável à última e certas garantias mínimas ao trabalhador. É uma forma de adaptação das normas vigentes às necessidades e conveniências de trabalhadores e empresas.

A Constituição de 1988 prestigiou em vários momentos a flexibilização das regras do Direito do Trabalho, determinando que: os salários poderão ser reduzidos por convenção ou acordo coletivo de trabalho (art. 7º, VI); a compensação ou a redução da jornada de trabalho só poderá ser feita mediante acordo ou convenção coletiva (art. 7º, XIII); o aumento da jornada de trabalho nos turnos ininterruptos de revezamento para mais de seis horas poderá ser feito por intermédio de negociação coletiva. O inciso XXVI do art. 7º do Estatuto Supremo reconheceu não só as convenções coletivas, mas também os acordos coletivos de trabalho.

O inciso VI do art. 8º da mesma norma estatuiu a obrigatoriedade da participação dos sindicatos nas negociações coletivas de trabalho. Pode-se dizer, também, que até mesmo a participação nos lucros e na gestão da empresa são formas de flexibilização laboral, de maneira que o empregado possa participar democraticamente na gestão da empresa e nos seus resultados positivos (art. 7º, XI, da Lei Ápice), podendo a participação nos lucros ser feita por convenção ou acordo coletivo (art. 621 da CLT).

Como se vê, a flexibilização de certas regras do Direito do Trabalho só pode ser realizada com a participação do sindicato, podendo tanto ser instituídas condições de trabalho *in melius*, para melhor (redução da jornada), como *in peius*, para pior (aumento da jornada nos turnos ininterruptos de revezamento ou redução de salários). Flexibilizar não tem, portanto, por sinônimo, desregulamentar, pois é possível, inclusive, flexibilizar por meio da legislação, como o faz a Constituição (art. 7º, VI, XIII e XIV). Consiste a flexibilização exatamente em menor rigidez da legislação, propiciando adaptações no trabalho, em razão das modificações sociais e econômicas.

Há também a possibilidade de se instituir formas de flexibilização quanto à proteção que se deve dar ao trabalhador, no sentido de se lhe assegurar vantagens mínimas, como de segurança no emprego, da criação de empregos ou de política de emprego etc.

No entanto, apesar do que foi exposto, surge outra forma de flexibilização das relações laborais, por meio da terceirização, não exatamente com essa denominação, no seu início, mas o que importa é que outros países a têm utilizado e isso chegou ao nosso país. A terceirização também surge como forma de compatibilizar a eficácia econômica com novos métodos de gestão de mão de obra e também com as inovações tecnológicas.

Assim, verifica-se que a contratação de terceiro para prestar serviços à empresa também é uma forma de flexibilização dos direitos trabalhistas. É incentivado, portanto, o trabalho em tempo parcial, ocasional ou precário. Entretanto, na terceirização muitos dos direitos trabalhistas são perdidos, principalmente a carteira assinada e os benefícios decorrentes do contrato de trabalho, o que não deixa de ser uma forma de flexibilização desses direitos, mormente diante da diferenciação das situações, que trazem inclusive situações *in peius* ou *in melius* ao trabalhador. Daí se verifica a participação do sindicato nesse aspecto, porque, realmente, está preocupado com o tema.

Os sindicatos, porém, não simpatizam com a terceirização, pois há perda de postos de trabalho, inibição do sindicalismo, com a desagregação dos filiados da categoria, o que pode afetar as bases sindicais, reduzindo a dimensão da categoria e a representatividade do sindicato. O sindicato tem perda de receitas, tanto em relação à mensalidade dos associados, que deixam de sê-lo, como à menor cobrança de contribuição confederativa, sindical e assistencial. Ressalte-se que a Comissão de Fábrica da Volkswagen conseguiu firmar com a empresa um acordo garantindo a negociação de qualquer transferência de atividades a terceiros, o que mostra certo controle do sindicato em relação à terceirização.

O ideal seria haver transferência para terceiros de atividades subsidiárias, atividades-meio da empresa, como, *v. g.*, manutenção, limpeza, conservação, vigilância, publicidade, alimentação de empregados, contabilidade etc. Afirma-se que, na terceirização da atividade-fim do empreendimento, a empresa não estaria prestando serviços, mas fazendo arrendamento do negócio.

Em torno dessas considerações é que começam a surgir problemas trabalhistas. Num primeiro momento, o trabalhador aceita a terceirização, a parceria com a empresa, logo quando é demitido. Num segundo plano, quando sua atividade declina como pequeno empresário, é que começam a surgir problemas trabalhistas, em que se irá discutir a existência ou não da relação de emprego.

Apesar disso, tem razão Pedro Vidal Neto quando afirma que:

> a flexibilização não consiste em suprimir direitos já adquiridos, mas em interpretar e aplicar as normas jurídicas conforme suas finalidades e atentando para as peculiaridades de cada caso concreto[2].

Em razão das inovações tecnológicas e da competitividade no mercado internacional, a empresa moderna só irá sobreviver se conseguir reduzir seus custos, de modo que possa competir no mercado, tanto interno como externo. Para isso, é necessária a adaptação da realidade do caso concreto à situação jurídica existente no país, que pode ser feita pelos processos de flexibilização já anteriormente mencionados, de modo, inclusive, a cumprir a finalidade social a que se dirige a aplicação da norma e das exigências do bem comum (art. 5º da Lei de Introdução às Normas do Direito Brasileiro).

---

[2] Aspectos jurídicos da terceirização. *Revista de Direito do Trabalho*, n. 80, São Paulo: Revista dos Tribunais, dez. 1992, p. 30.

6

A Terceirização e a Administração de Empresas

6.1 Introdução

A necessidade da especialização e do aperfeiçoamento das atividades produtivas é que dá origem à terceirização no âmbito empresarial.

Na administração de empresas, a terceirização constitui-se importante fonte de estratégia, de organização e métodos da atividade empresarial, tratando-se, pois, de um processo de gestão de uma técnica de organização empresarial. É claro que a terceirização terá seus pontos positivos e negativos, que irei analisar mais adiante.

No entanto, não se pode deixar de dizer que a terceirização é uma tendência de modernização das relações empresariais, sendo, portanto, uma realidade. As empresas que se utilizam corretamente da terceirização, com certeza terão muito mais vantagens do que desvantagens. No entanto, será necessário respeitar as normas legais vigentes.

Vem a ser a terceirização uma opção, nas mãos dos empresários, para melhorar o desempenho de sua empresa, agilizando-a. Esta tem de fazer apenas aquilo que é especialidade sua, e não outras atividades.

Antigamente, a empresa fazia de tudo no processo produtivo, tendo inúmeros setores ou departamentos, ou o processo produtivo estava ligado a empresas pertencentes ao próprio grupo econômico, mediante um controle unificado da matriz ou da *holding*. Assim, verificou-se a necessidade de delegar tarefas para terceiros, até como forma de gerenciamento da própria empresa, estabelecendo um sistema de parceria. Nas empresas muito grandes, constatou-se que certas atividades por elas desenvolvidas não tinham muita utilidade.

Daí a necessidade de se descartarem das referidas atividades, para que possam fazer apenas aquilo em que se especializaram, não ficando com atividades intermediárias, que não são ligadas à sua atividade principal, e que não lhes dão efetivamente lucro.

Uma das vantagens desse sistema é que a empresa não precisará de tanto capital para operar, ou poderá destinar seu capital para atividades mais ligadas ao próprio empreendimento e não a atividades secundárias. As pequenas empresas não só se multiplicaram no passar dos anos, mas também se especializaram em determinado serviço, que não é feito com a mesma perfeição em uma grande empresa, sendo inclusive mais barato. As pequenas empresas representam, em muitos países do mundo, o efetivo emprego do trabalhador, pois são numerosas, tendo hoje muitos governos uma política a elas direcionada, visando ao seu desenvolvimento, pois são elas que pagam a maioria dos tributos.

Com a terceirização, o administrador de empresas não precisará se preocupar com certas atividades, dentro da empresa, que muitas vezes são dispendiosas e até ociosas, mas que fazem parte do seu todo operacional.

A terceirização também pode ser vista como forma de otimização do empreendimento, dedicando-se a empresa a seu real mister. Será plenamente válida a terceirização, principalmente de parte da produção de peças que vão ser utilizadas no produto acabado, pois as empresas terceirizadas poderão apresentar um custo do produto muito menor do que a terceirizante, que tem interesse na reunião das peças para montar o produto final, que é sua especialidade.

6.2 Vantagens e desvantagens

A principal vantagem, sob o aspecto administrativo, seria a de se ter alternativa para melhorar a qualidade do produto ou serviço vendido e também a produtividade. Há a especialização dos serviços. Seria uma forma também de se obter um controle de qualidade total dentro da empresa. Um dos objetivos básicos dos administradores de empresas tem sido a diminuição de encargos trabalhistas e previdenciários, além da redução do preço final do produto ou serviço. Não se pode negar, contudo, que a terceirização gera desburocratização na estrutura organizacional da empresa, simplificando a estrutura empresarial.

Adotando a terceirização, a empresa poderá concentrar seus recursos e esforços na sua própria área produtiva, na área em que é especializada, melhorando a qualidade do produto e sua competitividade no mercado. A empresa irá buscar especialização e centralização de seus esforços na área para a qual tem vocação específica. Pode-se dizer que o objetivo a ser alcançado será o incremento da produtividade e também da qualidade do produto ofertado ao cliente, reduzindo, inclusive, perdas no processo produtivo. Objetiva-se, portanto, a racionalização da produção, visando à melhoria da produtividade e qualidade do produto, com custos mais baixos e preço menor.

Cria-se uma forma de simplificação da estrutura organizacional da empresa, racionalizando-a, além de ser o primeiro passo para a própria reestruturação da empresa, principalmente nas empresas gigantescas, que, por suas dimensões, perdem eficácia, mormente nas épocas de fraco movimento, mostrando-se vários setores completamente ociosos. Com isso pretende-se também uma redução de custos, principalmente dos custos fixos, transformando-os em variáveis, e aumentando os lucros da empresa, gerando eficiência e eficácia em suas ações, além de economia de escala, com a eliminação de desperdícios.

A empresa poderá destinar recursos para pesquisa de tecnologia, para criação de novos produtos. Haverá diminuição do espaço ocupado na empresa, pois as atividades que antes lhe pertenciam foram terceirizadas, não só de pessoal como de material, inclusive de estocagem. Com isso, pode-se dizer também que haverá melhoria nas condições laborais e ambientais, favorecendo as condições de segurança e saúde, já que irá diminuir a aglomeração de muitas pessoas num mesmo local, reduzindo acidentes do trabalho e, em consequência, proporcionando um mecanismo de proteção ao próprio trabalhador; haverá a criação de empregos na terceirizada; aperfeiçoamento de mão de obra; distribuição de rendas entre os participantes do processo; concentração de esforços na atividade-fim da empresa; especialização no serviço, concorrência e produtividade para todo o mercado; agilidade na prestação dos seus serviços.

Haverá uma descentralização na empresa com objetivo de obter economia de escala e redução do custo final do produto ou do serviço produzido. Não deixa a terceirização de ser um aperfeiçoamento das técnicas de produção visando ao barateamento do produto final da empresa, não podendo essa situação ser ignorada pelo Direito, principalmente pelo Direito do Trabalho.

É ainda uma forma de diminuir custos, de modo não só a tornar a empresa competitiva, mas também possibilitando-lhe crescer, diante do fenômeno da globalização das economias e da concorrência internacional. Entretanto, a diminuição de custos não pode comprometer a qualidade dos produtos ou serviços.

A terceirização, ao gerar novas empresas, gera também novos empregos, e, em contrapartida, aumento de arrecadação de impostos, como o ISS na área de serviços, o que também é mais interessante para o próprio governo. Há fomento de criação de novas empresas, normalmente micro e médias empresas, inclusive do trabalho autônomo, trazendo aumento de mão de obra no mercado.

O IBGE tem mostrado que são criados quatro empregos nos serviços para cada um em outras atividades.

A segmentação sindical é prevista na Constituição, que prevê sindicatos por categorias (art. 8º, I, II e IV). Nada impede que sejam criados sindicatos de trabalhadores na prestação de serviços.

Quanto à quarteirização, sua principal desvantagem é o custo ainda maior para a empresa, contratando outra empresa para gerenciar as terceirizadas. Como vantagem, pode-se citar a hipótese de delegar a outra empresa a administração das terceirizadas, empresa essa que é especialista nesse fim.

Para o trabalhador, é possível apontar as seguintes vantagens: implementação do sonho de adquirir e trabalhar em seu próprio negócio, deixando de ser empregado para ser patrão; independência na prestação de serviços, o que não tinha quando era empregado, pois estava sujeito a ordens; maior motivação para produzir, pois o negócio é seu; desenvolvimento de seu lado empreendedor, de produzir alguma coisa por conta própria.

Como desvantagem para o trabalhador, pode-se indicar a perda do emprego, em que tinha remuneração certa por mês, passando a tê-la incerta, além da perda dos benefícios sociais decorrentes do contrato de trabalho e das normas coletivas da categoria. O trabalhador deixa de ter uma tutela trabalhista de modo a protegê-lo.

O ambiente de trabalho em que passa a trabalhar o obreiro na terceirizada pode ser degradado, mormente quando as subcontratadas não têm a mesma estrutura das empresas tomadoras do serviço. O trabalhador também pode ser deslocado para empresas que são instaladas em regiões ainda não industrializadas, o que importa reduzida organização sindical ou sindicatos fracos, que não têm poder de negociação.

Incentiva-se a contratação de trabalhadores por salários inferiores, principalmente mulheres, que se sujeitam a salários mais baixos, aceitando trabalho precário, em tempo parcial ou ocasional. Muitas vezes contrata-se empresa que não tem idoneidade financeira, principalmente por ser pequena, sem condições de cumprir as regras legais e convencionais, não pagando o piso salarial da categoria ou não registrando o funcionário desde o momento em que começa a trabalhar na empresa, não tendo, também, suporte financeiro para adimplir suas obrigações.

Isso implica o enfraquecimento do sindicato e a desestruturação da categoria. Para a empresa haverá desvantagens, pois poderá ocorrer maior dependência de terceiro, além do risco da escolha de parceiros inadequados e do custo das demissões.

Costuma-se dizer que nas empresas terceirizadas há maior número de acidentes do trabalho. Pode haver. Os fundamentos tomam por base a Petrobras, em que 80% dos trabalhadores são terceirizados. Isso, porém, é um segmento de atividade. Em trabalho temporário, limpeza e conservação, o número de acidentes é muito menor.

Afirma-se que os terceirizados trabalham mais. Entretanto, eles têm sindicatos no país todo, que firmam normas coletivas e fiscalizam o trabalho.

Por outro lado, é válido lembrar que os ex-funcionários que são escolhidos para ser terceirizados devem ter vocação para a direção de suas empresas. Nem todo executivo que se considera realizado como empregado o será como empresário. É preciso, portanto, vocação. Logo, não se pode pretender fazer terceirização com pessoas que não têm um lado empreendedor, que sempre foram submissas, pois com certeza o processo não dará certo.

Os sindicatos de trabalhadores não simpatizam com a terceirização. Argumentam que há a perda da carteira de trabalho assinada, dos benefícios previstos para a categoria e do próprio emprego, entre outros reflexos, como a perda de receitas sindicais (contribuição sindical, assistencial etc.) e o enfraquecimento da agremiação ou da categoria em termos de negociação.

Ponderam que existe a inibição do sindicalismo, com a desagregação dos filiados da categoria, podendo afetar as bases sindicais, reduzindo a dimensão daquela e a representatividade do sindicato. Asseveram que há também a perda de receitas sindicais, tanto em relação à mensalidade dos associados, que deixam de sê-lo, quanto no tocante às contribuições confederativa, sindical e assistencial.

Entretanto, esquecem-se de que a terceirização também pode gerar mais empregos e a criação de novas empresas. As contribuições que deixam de ser recolhidas ao sindicato dos trabalhadores passam a ser devidas ao sindicato dos empregadores, mas serão destinadas a uma agremiação. Trata-se, portanto, de mera realocação de mão de obra e de recursos.

Podem também surgir novos sindicatos, em que os empregados das atividades terceirizadas passam a fazer parte de outra categoria. A própria empresa terceirizada que for constituída também estará inserida em uma categoria econômica, para quem serão devidas as contribuições sindicais.

No Japão, por exemplo, os sindicatos têm outra mentalidade: estão mais preocupados com a produção, com a manutenção da empresa e, por consequência, com a possibilidade de serem gerados novos empregos. Admitem os referidos sindicatos perda de certos benefícios, visando à manutenção da empresa, principalmente em épocas de crise, inclusive por meio de procedimentos tendentes à terceirização.

Vem, por outro lado, o sindicato mostrando interesse em influir no processo de terceirização, no sentido de que a empresa lhe informe ou o consulte sobre a intenção de iniciar processos de terceirização, o que é feito mediante cláusula em acordo ou convenção coletiva. Exemplo foi o da Comissão de Fábrica da Volkswagen, que firmou com a empresa um acordo garantindo a negociação de qualquer transferência de atividade para terceiros. Os sindicatos, ao negociarem terceirização, têm exigido que as empresas mantenham o nível de emprego para aceitarem essa forma de transferência de atividades.

Em 1995, a Ford do Brasil e o Sindicato de Metalúrgicos fizeram um acordo para reverter a situação de terceirização da vigilância na empresa. Em vez da terceirização na área de vigilância, foram aproveitados funcionários da própria empresa, do setor de produção, para fazer vigilância. Posteriormente, a empresa deixou 400 trabalhadores em casa, com licença remunerada parcial, durante quatro meses. Se a produção fosse muito baixa após esse período, os empregados seriam dispensados. Passados quatro meses, apenas 15 trabalhadores perderam seus postos de trabalho. O acordo realizado acabou preservando postos de trabalho. Isso mostra que a negociação coletiva pode ser fundamental para evitar a terceirização.

É claro que, num primeiro momento, não se pode negar a existência da supressão de empregos, mas, num contexto geral, se a terceirização proporcionar resultados positivos na empresa, haverá melhoria geral para a sociedade, inclusive com a geração de vantagens sociais, pois com o aumento de competitividade serão gerados novos postos de trabalho, formando-se inclusive novas categorias, contribuindo também para o desenvolvimento das relações entre o capital e o trabalho.

Um dos principais riscos da terceirização é contratar empresa inadequada para realizar os serviços, sem competência e idoneidade financeira, pois dessa contratação poderão advir problemas principalmente de natureza trabalhista. Outro risco é o de pensar a terceirização apenas como forma de reduzir custos, pois se este objetivo não for alcançado, ou no final a terceirização não der certo, implicará o desprestígio de todo o processo. Aquilo que parecia ser barato sairá caro, como se for configurado o vínculo de emprego entre o trabalhador e a terceirizante, em que serão devidas as verbas trabalhistas, FGTS e contribuições previdenciárias.

Aquele que pretende terceirizar uma atividade de sua empresa deve ter em mente que a terceirização, acima de tudo, deve buscar qualidade. Em segundo lugar, para que a relação dê certo, deve-se ter confiança no parceiro, daí a necessidade de se escolher corretamente o terceirizado. Pode, até mesmo, a terceirização servir de apoio especializado a certos departamentos da empresa, como a contratação de especialista jurídico para assessorar o departamento jurídico da empresa.

6.3 Áreas terceirizadas

As áreas terceirizadas podem ser classificadas como:

a) atividades acessórias: limpeza, alimentação, transporte de funcionários, vigilância etc.;

b) atividades-meio: departamento de pessoal, manutenção de máquinas, contabilidade;

c) atividades-fins: produção, vendas, transporte dos produtos etc.

O que se observa é que a terceirização tem sido feita principalmente nas atividades-meio da empresa, para que a empresa terceirizante possa se dedicar mais à sua atividade-fim, ao objetivo principal do empreendimento.

Na prática, as empresas têm terceirizado atividades de vigilância, limpeza, conservação, manutenção predial, montagem, fornecimento e entrega de cestas básicas, previdência privada, assistência jurídica e contábil, assistência médica, seleção de pessoal e recursos humanos, treinamento de funcionários, auditoria, fornecimento e preparação de alimentos a funcionários (restaurantes), transportes de funcionários, informática, seguros, gráfica etc., atividades essas que não correspondem à sua atividade-fim, mas à atividade-meio. As atividades a serem terceirizadas pela empresa deveriam ser, à primeira vista, apenas as subsidiárias, as atividades-meio.

O setor de transportes também tem sido terceirizado, inclusive o de malotes dos bancos. Terceiriza-se principalmente transporte especializado, mas também verifica-se a terceirização da própria frota de veículos da empresa, do transporte de produtos e de funcionários. Muitas vezes, as empresas não se interessam em fornecer transporte aos funcionários em razão de o período de deslocamento ser considerado hora *in itinere* (§ 2º do art. 58 da CLT e Súmula 90 do TST), preferindo dar a terceiros esse serviço, pois o referido verbete só considera jornada de trabalho o transporte fornecido pelo empregador, e não por terceiros.

A Volkswagen tem feito terceirização, em sua fábrica de Rezende (RJ), na linha de produção. As empresas terceirizadas montam seus produtos na própria linha de produção do automóvel. O objetivo da empresa alemã tem sido a redução de custos na produção do automóvel, sem a necessidade de as terceirizadas montarem seus produtos fora da Volks para depois enviá-los para a linha de produção. Ganha-se, com isso, tempo e redução do custo do produto.

Chama-se sistemista o processo adotado pela Volkswagem, em Rezende, que também é empregado pela General Motors, em Gravataí (RS). Há uma parceria solidária, em que o terceiro faz o serviço dentro da própria empresa tomadora, na linha de produção. Com isso, há redução de custos com estoques, expedição, transporte e outros.

Na Ford, na Bahia, para evitar problemas com a terceirização, os empregados das terceirizadas têm o mesmo salário dos empregados da Ford, a mesma assistência médica, além de outros benefícios. Esse procedimento evita problemas de reivindicações de direitos dos trabalhadores, que são os mesmos, por determinação contratual entre a Ford e as terceirizadas.

Hoje, a montadora monta o veículo, faz *marketing*, projetos e vendas. Quase tudo é terceirizado.

É comum as editoras terceirizarem leitura e revisão de livros, digitação de textos, diagramação e composição. Geralmente, a impressão e o acabamento do livro são feitos em gráfica não pertencente à editora, como nas editoras de livros didáticos e universitários.

No ramo eletrônico, as empresas terceirizam a fabricação de componentes, como fiação, controle remoto etc.

A Hyperdata delegou sua produção no Brasil à Solectron, instalada em Jaguariúna, para fabricar produtos para computador. Produz computadores para a IBM e HP e celulares Kyocera.

A FIC do Brasil, no Vale da Eletrônica em Santa Rita do Sapucaí, em São Paulo, faz placas de computadores para a Dell e Toshiba e carregadores de celular para a Motorola.

As empresas estão preferindo não fazer investimentos, mas utilizar a terceirização local.

Não é só na atividade privada que se encontra a terceirização. No setor público é comum a terceirização na coleta de lixo, no transporte público etc.

6.4 Implementação da terceirização

Para se iniciar a terceirização, não basta a vontade de modificar as estruturas e os processos existentes na empresa. É mister que o empresário faça um planejamento do que pretende terceirizar. Para tanto, deve ter visão estratégica daquilo que pretende fazer dentro de sua empresa, verificar quais os processos que serão utilizados, além dos programas e das ações que serão desenvolvidos.

A terceirização que não for bem planejada importará seu fracasso total. O planejamento deve compreender objetivos definidos, visando à melhoria da qualidade do produto, ao aumento da produtividade e também à redução dos custos.

O *dumbsourcing* é o processo inicial da terceirização, em que se procura terceirizar serviços que não são a finalidade da empresa, como limpeza, vigilância etc. O *smartsourcing* seria um estágio mais avançado da terceirização, no qual há uma parceria entre terceirizante e terceirizado.

A terceirização de serviços começa até mesmo em nossa própria residência, na contratação de empregada doméstica, de jardineiro, no envio de roupas ao tintureiro, no conserto de sapatos etc.

Entretanto, aquele que vai terceirizar deve saber o que está fazendo e planejar a terceirização, identificando o cenário a ser utilizado e terceirizado. Deve, portanto, verificar o substancial, que é o que pretende terceirizar, porque poderá terceirizar, por exemplo, parte da produção, uma área que não traz muitos resultados para a empresa, mas, em suma, deve saber o que é que vai ser passado para terceiros.

Nem sempre aquilo que outras empresas terceirizam será válido em nossa empresa, pois cada uma tem suas particularidades. O que deu certo na empresa "A" pode não dar certo na empresa "B", visto que cada empresa tem sua cultura interna. Há, por conseguinte, necessidade de se verificar a realidade de cada empresa e o que é mais interessante para ela terceirizar, que não poderá ser qualquer atividade, mas deverá ser planejado. Vamos admitir que o empresário pretenda terceirizar o departamento jurídico ou de contabilidade, pois pensa que é muito onerosa sua manutenção.

Entretanto, é necessário, muitas vezes, verificar se, apesar de ser oneroso o departamento, não traz ele soluções locais e imediatas, pois, se tivesse que contratar um terceiro, teria que marcar hora para atendimento, nem sempre possível de imediato, ainda que por telefone. Logo, esses fatores também devem ser ponderados, para se verificar o que vai ser terceirizado.

É preciso observar se a empresa pretende, por exemplo, ter pessoas generalistas ou especialistas em certo segmento. Se se decidir pelos segundos, com certeza é melhor terceirizar. Não se pode, contudo, terceirizar por impulso, por emoção, porque é moda ou por se entender que é moderno terceirizar; é preciso que haja real necessidade da empresa, avaliando-se os prós e contras da terceirização, e verificando-se se afinal irá ela gerar mais agilidade e competitividade dentro da empresa e melhoria da qualidade do produto final.

É preciso, portanto, avaliar as várias hipóteses existentes na empresa para constatar se será válida ou não a terceirização, visando ao aprimoramento conjunto das atividades e à satisfação do cliente quanto ao desempenho e qualidade do produto.

Dentro do planejamento, ainda é possível dizer que é preciso adotar um plano de como aproveitar o empregado que será colocado em disponibilidade, inclusive, se for o caso, fazendo parceria com essa pessoa. Para isso, poder-se-ia estabelecer um sistema de demissões voluntárias, assegurando-se certas vantagens, como pagamento de salários a mais ou indenização especial. Poder-se-ia estabelecer, também, uma forma de recolocação profissional (*outplacement*) ou orientação para montagem de negócio próprio. É claro que o empregador deverá procurar motivar o pessoal remanescente na empresa para a continuidade da produção, formando empreendedores internos (*intrapreneur*). Aquele que irá fazer terceirização deverá inteirar-se, também, dos processos legais, mormente em relação aos problemas trabalhistas que poderão advir, além de verificar se o terceiro realmente vai ser um parceiro ou irá apenas continuar como empregado, com rótulo de *autônomo*, prestador de serviços etc.

O segundo passo seria escolher a pessoa a ser terceirizada, que deverá ser idônea, não só moral, mas também financeiramente, para não comprometer a qualidade do produto final. A contratação de pessoa inidônea pode comprometer o resultado da terceirização, que é a entrega de um bem ou serviço no mercado. O empresário deverá identificar as pessoas que podem ser terceirizadas, dando preferência a especialistas ou empresas que tenham mão de obra especializada, para atender ao interesse do terceirizante. Aquele que contrata o terceirizado deve procurar, nesta qualificação, capacidade para o empreendimento que vai ser delegado, além, evidentemente, de competência.

Depois, é necessário verificar o custo da terceirização, pois se este for mais elevado do que o custo da manutenção da atividade que se pretende terceirizar pela própria empresa, não será interessante. Muitas vezes, verifica-se que sai muito mais barato produzir determinado bem ou serviço na empresa, apenas com um investimento menor e treinamento de pessoal, do que delegar aquela atividade a terceiro, que tem um custo muito maior. Entretanto, o resultado da terceirização, na maioria das vezes, não é imediato, mas a médio e longo prazos.

O momento da terceirização também será importante, até para a conquista de certo degrau no mercado, bem como as etapas que deverão ser seguidas para a implementação da terceirização. Logo, a terceirização não pode ser feita abruptamente; tem de ser planejada para certo e específico momento. Por fim, o empresário deve aprender a delegar, pois o administrador que não sabe delegar nada administra, ao contrário, é um ditador.

Há necessidade de se verificar que a terceirização seja implantada dentro de um espírito pacífico na empresa, de maneira a motivar os funcionários, e também para que não existam boicotes deles próprios ao novo processo que se inicia.

De preferência, a terceirização deve ser feita mediante assessoria de empresa especializada, que saberá avaliar os prós e contras da operação, bem como indicar os riscos, inclusive legais, para o sistema, mas nada impede que seja feita pelo próprio interessado. Entretanto, este deve informar-se ao máximo sobre a questão, sob pena de a economia a ser conseguida num primeiro momento redundar em perda. Se a empresa terceirizante tiver a possibilidade de escolher mais de uma empresa a ser terceirizada, talvez até por necessidade, pode mesmo escolher duas, de modo a gerar competitividade entre elas.

Aquele que terceiriza terá interesse em acompanhar o desenvolvimento do processo que está sendo feito pelo terceirizado. Todavia, esse acompanhamento não poderá ser feito de forma a indicar subordinação, que poderá implicar a existência de vínculo de emprego entre o prestador de serviços e a empresa terceirizante, principalmente se o primeiro for pessoa física.

Tendo o terceirizante que fornecer segredos industriais, deverá fazê-lo com o cuidado de garantir ou manter seu sigilo, de modo a não revelar a pessoas erradas informações que a empresa pretendia manter em segredo.

Recomenda-se que o terceirizante não contrate pessoa que tenha na tomadora seu único cliente, pois pode gerar presunção de dependência ou subordinação e de trabalho pessoal, caracterizando o vínculo de emprego entre as partes. Da mesma forma, deve-se evitar a contratação de ex-empregado para prestar serviços nas mesmas condições, sob o rótulo de "autônomo", pois poderá evidenciar-se o vínculo de emprego, bastando que continue a persistir o elemento subordinação.

Deve-se evitar a indicação de horário no contrato de terceirização, pois pode evidenciar subordinação. Quando muito, deve constar referência ao horário de trabalho da empresa.

O ideal também é que exista rotatividade dos prestadores de serviço, de forma a evitar o elemento pessoalidade, pertinente ao contrato de trabalho. A empresa tomadora e a empresa prestadora devem manter distinção entre seus funcionários, de forma a diferenciá-los, como chapeiras para cartões de ponto distintas, uniformes distintos etc.

Verifica-se que a verdadeira terceirização pressupõe um processo de inter--relação, de participação entre as partes. O empresário não pode ter a mentalidade de apenas tentar reduzir seus custos, começando por demitir seus funcionários. Há necessidade de estudo e planejamento para a aplicação prática da terceirização.

No Brasil, a terceirização tem sido utilizada principalmente para a redução de custos, enquanto em outros países ela implica a transferência não só de funcionários, mas de material, equipamento, instalações etc. Não se pode esquecer, porém, que três elementos devem ser conjugados na terceirização: produtividade, qualidade e competitividade.

Deve-se, também, tomar o cuidado de, no contrato entre terceirizante e terceirizado, ser inserida uma cláusula dizendo que, se a tomadora for responsável por alguma verba trabalhista, ficará com o direito de regresso quanto ao pagamento de tal verba, em relação à empresa prestadora dos serviços.

Por fim, ao se estabelecer a terceirização, a empresa deverá verificar qual o melhor tipo de contrato a ser feito: de prestação de serviços, empreitada, de fornecimento, franquia etc.

7

A Terceirização e o Direito Civil

7.1 Introdução

A terceirização pode utilizar-se de várias formas de contratos de natureza civil. Os principais contratos civis empregados na terceirização são a empreitada e a subempreitada, a prestação de serviços e a parceria. São contratos regulados no Código Civil.

Na terceirização, como em qualquer contrato, os contraentes devem estar imbuídos de probidade e boa-fé (art. 422 do Código Civil).

A liberdade de contratar será exercida nos limites da função social do contrato (art. 421 do Código Civil).

É lícito às partes estipular contratos atípicos, observadas as normas gerais fixadas no Código Civil (art. 425 do Código Civil).

O ideal é que o contrato seja feito por escrito entre a empresa prestadora de serviços e a tomadora, especificando quais são os direitos e obrigações das partes, inclusive quanto à terceirização.

7.2 Empreitada

Empreitada é o contrato em que uma das partes (empreiteiro) obriga-se a realizar um trabalho para outra (dono da obra), sem subordinação, com ou sem fornecimento de material, mediante pagamento de remuneração global ou proporcional ao serviço feito.

Pode a empreitada ser de lavor ou mista. Na empreitada de lavor, só há o fornecimento de trabalho. Na empreitada mista, ocorre o fornecimento de trabalho e mais o material a ser utilizado na obra. Exemplo de fornecimento de trabalho e material é o trabalho na construção civil com emprego de material (cimento, azulejos, pedras, pintura etc.).

É regulada a empreitada no Código Civil, nos arts. 610 a 626.

A empreitada (ou *locatio operis*, locação da obra) distingue-se da locação de serviços pelo fato de na primeira contratar-se um resultado, e, na segunda, uma atividade, embora em ambas haja independência e autonomia na prestação de serviços. Exemplo de empreitada é o do pedreiro que constrói uma casa ou levanta um muro

Na empreitada, o empreiteiro tanto pode ser pessoa física como jurídica, enquanto o empregado só pode ser pessoa física (art. 3º da CLT). O empreiteiro não é subordinado, já entre o empregado e o empregador há subordinação. A empreitada é um contrato de resultado, pois compreende a construção de um muro, a pintura de uma casa etc. No contrato de trabalho, não se contrata um resultado, mas uma atividade, com o empregador exercendo seu poder de direção sobre a atividade de prestar serviços do trabalhador. O empreiteiro não está submetido ao poder de direção sobre seu trabalho, exercendo-o com autonomia, livremente.

A empresa terceirizante poderá contratar um empreiteiro para prestar serviços tanto por um prazo determinado, para a construção de uma obra, como apenas para um evento, como para consertar sua instalação elétrica, já que não possui eletricistas como empregados.

As empresas de construção civil costumam utilizar-se de outras empresas para fazer serviços na obra, principalmente de partes da obra ou em certos serviços. É o que ocorre quando do chamamento de terceiro para fazer serviços de fundações, hidráulica, colocação de azulejos, de pastilhas, pintura etc. Nesses casos, estaremos diante de subempreitada.

O art. 455 da CLT dispõe que:

> nos contratos de subempreitada, responderá o subempreiteiro pelas obrigações derivadas do contrato de trabalho que celebrar, cabendo, todavia, aos empregados, o direito de reclamação contra o empreiteiro principal pelo inadimplemento daquelas obrigações por parte do primeiro.

O empregado pode escolher entre propor a ação contra o empreiteiro principal, isto é, aquele que chamou o subempreiteiro para trabalhar, principalmente quando há falta de idoneidade financeira do subempreiteiro. Ao empreiteiro principal ficam ressalvadas, nos termos da lei civil, ação regressiva contra o subempreiteiro e a retenção de importâncias a este devidas, para a garantia das obrigações anteriormente mencionadas (parágrafo único do art. 455 da CLT).

Contém o art. 455 da CLT hipótese de responsabilidade subsidiária, isto é, se o subempreiteiro deixar de pagar ao empregado, este pode exigir as obrigações trabalhistas do empreiteiro. Não se trata de responsabilidade solidária, pois esta decorre da lei ou da vontade das partes (art. 264 do Código Civil).

O art. 455 da CLT não dispõe que o empregado pode exigir a obrigação dos dois ao mesmo tempo, mas apenas de um dos dois, e só poderá exigi-la do empreiteiro se o subempreiteiro deixar de pagar verbas trabalhistas ou não tiver idoneidade financeira para suportá-las. O empreiteiro que pagar a obrigação trabalhista tem, ainda, o direito de regresso contra o subempreiteiro ou a possibilidade de reter importâncias a este devidas, para garantir as obrigações por ele não cumpridas e pagas.

O inciso II do art. 106 do Decreto n. 10.854/2021 dispõe que os empregados do subempreiteiro, o subempreiteiro e o empreiteiro principal são beneficiados com o vale-transporte.

7.3 Prestação de serviços

Prestação de serviços é o contrato em que uma das partes obriga-se a prestar uma atividade a outrem, mediante o pagamento de remuneração e sem subordinação.

Na locação de serviços (*locatio operarum*), contrata-se uma atividade e não um resultado, inexistindo subordinação entre o locador dos serviços e o locatário. Contrata-se uma atividade profissional ou um serviço, mas nunca um resultado.

O Código Civil regula a prestação de serviços nos arts. 593 a 609.

O art. 594 do Código Civil permite que toda espécie de serviço ou trabalho lícito, material ou imaterial, pode ser contratada, mediante retribuição.

O contrato de prestação de serviços não poderá ser convencionado por mais de quatro anos (art. 598 do Código Civil).

Distingue-se a prestação de serviços da empreitada. Normalmente, a prestação de serviços tem por preponderância atividade intelectual, enquanto a empreitada compreende atividade braçal. A prestação de serviços tem por objetivo uma atividade, enquanto a empreitada visa um resultado.

Diferencia-se também a prestação de serviços do contrato de trabalho. Temos como exemplo de prestação de serviços o trabalho do advogado ao cliente, do médico ao paciente, do arquiteto que faz a planta de uma casa para seu cliente etc. É hipótese de trabalho autônomo o do engenheiro, o do contador etc. A prestação de serviços pode ser feita por pessoas jurídicas, enquanto o contrato de trabalho só pode ser realizado por pessoa física (art. 3º da CLT). Na prestação de serviços não há subordinação, mas sim autonomia em sua prestação, enquanto no contrato de trabalho o requisito subordinação é elemento essencial.

O prestador de serviços assume os riscos de sua atividade econômica, enquanto o empregado não pode sofrer os riscos do empreendimento, que devem ficar a cargo do empregador, pois este, por definição, é a pessoa que assume os riscos de sua atividade econômica (art. 2º da CLT).

A terceirização, muitas vezes, é feita sob a forma de prestação de serviços, como o do advogado, do médico, do engenheiro. Pode, assim, ser feita tanto com uma pessoa física como com uma pessoa jurídica, compreendendo a prestação de serviços.

Deve-se evitar que a terceirização seja feita para a prestação de serviços por pessoa física, pois, se houver subordinação desta, haverá contrato de trabalho e não prestação de serviços. Em alguns casos, a jurisprudência considera que, se o trabalhador está inserido na atividade principal da empresa, ainda que na condição de suposto autônomo, mas existindo subordinação, estará configurada a relação de emprego.

Muitas vezes, o trabalhador é levado a criar uma empresa para evitar a existência do vínculo de emprego, quando da prestação dos serviços. Existindo subordinação com a terceirizante, e os serviços sendo prestados efetivamente pela pessoa física do suposto "sócio" e não pela empresa terceirizada, estaremos diante de contrato de trabalho. Neste, vale a realidade dos fatos, e não as formalidades adotadas pelas partes. Havendo tentativa de impedir, fraudar ou desvirtuar os direitos trabalhistas do empregado, aplica-se o art. 9º da CLT, sendo nulos os atos praticados com tais objetivos.

7.4 Parceria

Parceria rural é um tipo de sociedade, podendo ser agrícola ou pecuária.

Dá-se a parceria agrícola quando uma pessoa cede um prédio rústico a outra, para ser por esta cultivado, repartindo-se os frutos entre as duas, na proporção que estipularem.

Ocorre a parceria pecuária quando são entregues animais a alguém para os pastorear, tratar e criar, mediante uma cota nos lucros produzidos.

A parceria pode compreender o fornecimento de terra ou de terra e benfeitorias por uma das partes, enquanto a outra entra com o trabalho ou trabalho e máquinas, animais, investimentos.

Em parceria que não seja rural, um dos parceiros fornece bens, e outro, trabalho, para, por meio de uma exploração comum, obterem-se lucros, que serão divididos entre as partes, como for pactuado.

Na parceria, de modo geral, há colaboração entre os parceiros, visando à obtenção de lucro. No contrato de trabalho, há subordinação do empregado ao empregador.

8

A Terceirização e o Direito Comercial

8.1 Introdução

Dentro do Direito Comercial, há necessidade de se atribuir uma qualificação jurídica para a terceirização, tendo em vista que o empresário pretende diminuir seus custos de produção para obter maior lucro. Verifica, para tanto, que muitas vezes é mais fácil contratar terceiros para produzir certos elementos de seu produto final, descartando a mão de obra que, muitas vezes, fica ociosa na empresa, em épocas de crises econômicas.

O processo de terceirização entre a terceirizante e a terceirizada passa por um contrato entre as partes, como qualquer outro. Entretanto, esse contrato tem características especiais, podendo ser tanto um contrato comum como um misto de vários contratos, trazendo um pacto completamente novo. Seria o caso de se verificar uma combinação de licença de patentes, de marcas ou *know-how*, ou seja, um contrato abrangendo em parte questões de propriedade industrial, porém tendo elementos de contrato de pesquisa, de subempreitada, de fornecimento, de *engineering*, de locação de mão de obra, concessão mercantil, representação comercial autônoma, e até mesmo do *franchising*. Não há, assim, a preponderância de elementos de um único contrato, mas de vários deles.

Pretende-se, portanto, com a contratação de terceiros, uma forma de desverticalização da empresa. Nota-se que, na maioria das vezes, é o comerciante quem cria novas situações empresariais, que num primeiro momento são totalmente informais, para posteriormente, em razão da prática dos referidos contratos, haver necessidade de regulamentação por parte do legislador.

A principal ideia nesse contrato entre terceirizante e terceirizado seria a parceria, no sentido de produção conjunta de bens e serviços que serão enviados para o mercado.

A terceirização poderá também ser realizada por intermédio da cisão de uma sociedade anteriormente existente, com o resultado de sua divisão em uma ou mais empresas distintas. Na França, existe um processo denominado *filialização*, em que são criadas filiais de uma sociedade, mediante a separação da última, que passa a ter personalidade jurídica própria. Seria uma forma de a empresa *holding* descartar atividades não lucrativas ou atividades-meios, por intermédio de empresas filiais, pagando menores salários e, em contrapartida, tendo menos encargos sociais, o que irá proporcionar maiores lucros para o empresário.

O contrato entre terceirizante e terceirizado não precisará ser, necessariamente, escrito, podendo, portanto, ser verbal. Muitas vezes, é feito apenas um único contrato, que é prorrogado automaticamente pelas partes, ou, mesmo após seu término, por força do costume, continuam a ser pactuadas novas entregas de mercadorias ou serviços, independentemente de serem estabelecidas regras entre as partes por escrito. De preferência, recomenda-se que o contrato seja feito por escrito, para evitar dúvidas.

A solução dos problemas inerentes aos pactos firmados não será resolvida apenas por regras de direito contratual ou societário, mas, muitas vezes, pela conjugação de várias dessas regras.

Serão tecidos breves comentários sobre os contratos mercantis que poderiam ser utilizados para efeito de terceirização.

8.2 Espécies de contratos mercantis

8.2.1 Engineering

No contrato de *engineering*, o objetivo é a obtenção de uma indústria ou empresa construída e instalada.

Geralmente, é feito por uma empresa de engenharia. O contratado obriga-se a apresentar o projeto de construção e instalação, dirigindo a edificação e colocando a empresa em funcionamento, nas condições estipuladas. O contratante apenas coloca à disposição do contratado as máquinas e materiais necessários, pagando o preço do serviço e demais despesas do empreendimento.

São espécies de *engineering*:

a) o *consulting engineering*, em que há estudo técnico-econômico para a realização do projeto, ou a ampliação ou reorganização da empresa;

b) o *commercial engineering*, no qual há o estudo, a execução da construção e a entrega da empresa em funcionamento. É também chamado de *turn kee*.

A terceirização por meio do *engineering* pode ser feita com o objetivo de obtenção de uma indústria construída, instalada e em funcionamento. O terceiro seria contratado para desenvolver um projeto de instalação de indústria, dirigindo a construção de suas instalações, entregando-a pronta para funcionamento. Quem contratou os serviços teria apenas que colocar à disposição do contratado os materiais e máquinas necessários à construção, se assim foi combinado, efetuando o pagamento do preço ajustado. Irá o contratado responsabilizar-se pelo resultado da construção e pela garantia contra defeitos.

8.2.2 Contrato de fornecimento

Fran Martins explica que:

> o contrato de fornecimento caracteriza-se pelo acordo entre duas partes, no sentido do fornecimento, pelo vendedor, de certas mercadorias para entregar em um prazo determinado, por um preço que pode ser fixado antecipadamente para todas as entregas parciais ou que pode ser ajustado em cada uma dessas entregas[1].

Não deixa de ser uma forma de contratação de terceiros, mediante a descentralização das atividades da empresa.

A terceirização pode compreender contrato de fornecimento, em que as partes pactuam a entrega de alguma coisa, sendo que o contrato cessa no momento da entrega dessa coisa, mediante o pagamento do preço combinado, o que de certa forma dá também a ideia de venda e compra. Não se pode dizer que há um contrato de sociedade entre as partes, pois ausente a *affectio societatis*, no sentido da união de esforços para a produção de um fim comum, que na sociedade seria o lucro. Aqui, o objetivo seria a entrega da coisa, muitas vezes sem qualquer participação do terceirizante, apenas do terceirizado.

8.2.3 Concessão mercantil

Concessão mercantil é uma forma de distribuição e venda de produtos, em que uma empresa passa a atuar em nome de outra, como ocorre com as concessionárias de veículos automotores (Volkswagen, Ford, General Motors, Fiat, Mercedes

---
[1] *Contratos e obrigações comerciais*. Rio de Janeiro: Forense, 1984, p. 180.

etc.). São feitos contratos de adesão para esse fim, autorizando o uso da marca, sua concessão. A montadora cede o uso de sua marca, mediante condições para a concessionária comercializar seus produtos e prestar serviços.

Não deixa a concessão mercantil de ser uma forma de terceirização, em que a montadora procura terceiros para ajudá-la na comercialização de veículos e na prestação de serviços de assistência técnica ao adquirente do veículo.

8.2.4 Consórcio

As partes poderiam também pactuar uma espécie de consórcio para a produção de bens ou de serviços, em que uma parte entraria com a matéria-prima e a outra com a mão de obra especializada para a montagem de um bem final, que seria vendido aos consumidores. Não deixaria esse consórcio de ser uma espécie de terceirização, em que uma das empresas consorcia com outra para a produção de certo objeto para o mercado, já que sozinha não teria condições de fazê-lo, seja por não dispor de *know-how* ou de tecnologia, seja por não ter interesse, pois a mão de obra do consorciado é mais barata. Daí se falar em parceria para a realização do serviço.

8.2.5 Assistência técnica

Assistência técnica é uma forma de terceirização, pois uma empresa treina outra para prestar serviços de assistência técnica de manutenção e conservação de seus produtos. Geralmente, a empresa contratada fica com a exclusividade de venda dos componentes de reposição. Os componentes geralmente são adquiridos da terceirizante pelo preço de fábrica, auferindo a terceirizada lucro com tal prática.

8.2.6 Representação comercial autônoma

A prática de enviar empregados para a venda de produtos é muito antiga. Aqueles recolhiam os pedidos dos clientes que eram enviados à empresa. Os viajantes eram os empregados externos dos estabelecimentos. Eram chamados de "cometas" ou "viáticos", em razão de sua mobilidade. A Lei n. 3.207/57 regulamentou as atividades dos empregados vendedores, viajantes ou pracistas.

No Direito das Gentes, o instituto da representação comercial já era conhecido e utilizado. Somente a partir da Idade Média é que passou a ser regulado em lei.

A partir de 1850, quando foi editado o Código Comercial, como não havia lei específica para o representante comercial autônomo, utilizava-se da comissão mercantil para as questões sobre o tema, que eram reguladas nos arts. 165 a 190 do referido diploma legal.

O contrato de representação comercial é, hoje, previsto na Lei n. 4.886/65, com as alterações decorrentes da Lei n. 8.420, de 8 de maio de 1992.

A Consolidação das Leis do Trabalho (CLT) não se aplica ao trabalhador autônomo, apenas a empregados. Desse modo, não é encontrada definição de trabalhador autônomo na norma consolidada.

A legislação previdenciária estabelece o conceito de trabalhador autônomo, pois este é considerado segurado de seu sistema. Verifica-se na alínea *h* do inciso V do art. 12 da Lei n. 8.212, de 24 de julho de 1991, que trabalhador autônomo é "a pessoa física que exerce, por conta própria, atividade econômica de natureza urbana, com fins lucrativos ou não".

Dispõe o art. 1º da Lei n. 4.886/65 que:

> exerce a representação comercial autônoma a pessoa jurídica ou a pessoa física, sem relação de emprego, que desempenha, em caráter não eventual por conta de uma ou mais pessoas, a mediação para a realização de negócios mercantis, agenciando propostas ou pedidos, para transmiti-los aos representados, praticando ou não atos relacionados com a execução dos negócios.

O trabalhador autônomo é, portanto, a pessoa física que presta serviços habitualmente por conta própria a uma ou mais de uma pessoa, assumindo os riscos de sua atividade econômica.

Necessariamente, o trabalhador autônomo é pessoa física. Não pode, por conseguinte, o serviço ser desenvolvido por pessoa jurídica ou por animal.

Requisito fundamental para verificar a condição de trabalhador autônomo é a habitualidade. A definição contida na Lei n. 8.212/91 se esqueceu desse elemento, que é destacado no art. 1º da Lei n. 4.886. O autônomo é a pessoa que trabalha com continuidade, com habitualidade, e não uma vez ou outra para o mesmo tomador de serviços.

O trabalhador autônomo não é subordinado como o empregado, e não está sujeito ao poder de direção do empregador, podendo exercer livremente sua atividade, no momento em que o desejar, de acordo com sua conveniência.

Assume o autônomo os riscos de sua atividade, enquanto os riscos da atividade no contrato de trabalho ficam a cargo do empregador, como se verifica do art. 2º da CLT, que não podem ser transferidos ao empregado.

É incorreta a definição da Lei n. 8.212/91 quando menciona que o autônomo é apenas quem exerce atividade de natureza urbana, pois o engenheiro agrônomo ou o veterinário podem exercer suas atividades no âmbito rural, como geralmente ocorre, e não deixam por isso de ser autônomos. Parece que a Lei n. 8.212/91 quis diferenciar o autônomo do eventual com a especificação de que o primeiro exerce atividade urbana e o segundo desempenha tanto atividade urbana como rural. O autônomo, porém, também exerce atividade rural, como foi mencionado nos exemplos supraindicados.

O significado almejado pela Lei n. 8.212/91 talvez tenha sido o de que o autônomo é um profissional que tem certa formação escolar, ao contrário do eventual, que não a possui. Por isso teria indicado que o autônomo é quem exerce uma atividade urbana, quando, na verdade, pode exercer qualquer atividade, inclusive rural.

Distingue-se o trabalhador autônomo do eventual, pois o primeiro presta serviço com habitualidade para o tomador dos serviços e o segundo, ocasionalmente, esporadicamente, apenas em determinada ocasião.

O empregado e o trabalhador autônomo prestam serviços com continuidade, com habitualidade, ao tomador dos serviços. A diferença fundamental entre os referidos trabalhadores é a existência do elemento subordinação, o recebimento de ordens por parte do empregador, a direção por parte do último. O empregado trabalha por conta alheia, enquanto o autônomo presta serviços por conta própria.

Subordinação é o estado de sujeição em que se coloca o empregado em relação ao empregador, aguardando ou executando suas ordens. É o reverso do poder de direção do empregador. A subordinação é o aspecto da relação de emprego visto pelo lado do empregado, enquanto o poder de direção é a mesma acepção vista pelo lado do empregador. O poder de direção representa o aspecto ativo da relação de emprego, enquanto o aspecto passivo é a subordinação. O trabalhador empregado é dirigido por outrem: o empregador. Se o trabalhador não é dirigido pelo empregador, mas por ele próprio, não se pode falar em empregado, mas em outro tipo de trabalhador. O empregador comanda, determina, ordena, manda; o empregado obedece, ao executar as ordens que lhe são determinadas; se submete às ordens do empregador.

Usa o art. 3º da CLT a palavra *dependência* em vez de *subordinação*. A palavra *subordinação* indica, contudo, de forma mais precisa e técnica, um dos elementos da relação de emprego. O art. 6º da CLT usa a expressão *subordinação jurídica*.

Há, entretanto, dificuldade, em certos casos, em verificar se existe ou não esse elemento para a definição da relação de emprego. Em outras oportunidades, é preciso analisar a quantidade de ordens a que está sujeito o trabalhador, para notar se pode desenvolver normalmente seu mister sem qualquer ingerência do empregador. A questão, geralmente, é de fato. É preciso o estudo dos aspectos inerentes à relação das partes para constatar se o trabalhador é empregado ou autônomo, daí por que dizer que o contrato de trabalho é um contrato-realidade.

Os casos mais comuns em que se discute a relação de emprego são os de vendedores ou de representantes comerciais autônomos (Lei n. 4.886/65). Se existir o elemento subordinação, surge a figura do empregado; caso contrário, será autônomo o trabalhador. O trabalhador autônomo irá trabalhar por conta própria, enquanto o empregado trabalhará por conta alheia (do empregador). O trabalhador autônomo é independente, enquanto o empregado é dependente do empregador, subordinado a ele. Se os riscos de sua atividade são suportados por outra pessoa, o empregador, será considerado empregado.

Muitas vezes, verifica-se quem é o possuidor das ferramentas de trabalho: se são da empresa, será considerado empregado. Este último fato não resolve a questão, pois o trabalhador poderá trabalhar com sua colher de pedreiro, sua caneta, ou sua máquina e mesmo assim será considerado empregado, assim como o eletricista poderá usar as ferramentas da empresa, por não as possuir, continuando a ser trabalhador autônomo.

A questão de o trabalhador prestar serviços externamente não irá dirimir a zona cinzenta que se revela entre a relação de emprego e o trabalho autônomo. O motorista trabalha externamente e é considerado empregado. Os vendedores, viajantes ou pracistas, se têm subordinação, são considerados empregados, regidos pela Lei n. 3.207, de 18 de julho de 1957, embora prestem serviços externos.

Não se exige como requisito do trabalho autônomo o diploma de curso superior. São trabalhadores autônomos o advogado, o médico, o engenheiro, o contador, mas também o vendedor de tecidos, o representante comercial autônomo etc.

O fato de o trabalhador não ter exclusividade na prestação de serviços também é um elemento relativo para a análise do caso. O contrato de trabalho não tem por requisito a exclusividade na prestação dos serviços. O empregado pode prestar serviços a outras pessoas. Analisando-se sistematicamente a CLT, chega-se à mesma conclusão.

O art. 138 da CLT, ao tratar de férias, menciona que o empregado "não poderá prestar serviços a outro empregador, salvo se estiver obrigado a fazê-lo em virtude de contrato de trabalho mantido regularmente com aquele".

O art. 414 da CLT, versando sobre o trabalho do menor, reza que se "o menor de 18 anos for empregado em mais de um estabelecimento, as horas de trabalho de cada um serão totalizadas".

Teoricamente, o empregado poderia ter mais de um emprego, desde que houvesse compatibilidade de horários. Mostra o art. 1º da Lei n. 4.886/65 que o representante comercial autônomo presta serviços a "uma ou mais pessoas", denotando a inexistência de exclusividade na prestação dos serviços. A disposição da lei é alternativa. O trabalhador tanto pode prestar serviços a uma pessoa como a mais de uma pessoa. Tanto num caso como no outro será considerado autônomo. A inexistência de exclusividade poderá, porém, indicar, dependendo do caso, que o trabalhador é autônomo, que não presta serviços pessoalmente, ou que assume os riscos de sua atividade.

De modo geral, qualquer contrato pode tanto ser escrito como verbal, salvo quando a lei dispõe em sentido contrário. Permite o art. 443 da CLT que o contrato de trabalho seja acordado tanto verbalmente como por escrito. O mesmo pode ocorrer com o representante comercial autônomo.

O contrato de representação comercial pode ser acordado por prazo certo ou indeterminado (art. 27, *c*, da Lei n. 4.886/65). O contrato de trabalho também pode ser celebrado tanto por prazo determinado como indeterminado (art. 443 da CLT).

Considera o § 3º do art. 27 da Lei n. 4.886/65 por prazo indeterminado todo contrato que suceder, dentro de seis meses, a outro contrato, com ou sem determinação de prazo. O art. 452 da CLT tem disposição semelhante.

A remuneração do empregado é o salário (art. 457 da CLT), que pode ser pago mediante comissão (§ 1º do art. 457 da CLT). A remuneração do representante comercial autônomo é feita por comissão.

O pagamento de ajuda de custo não implica a existência de contrato de trabalho, pois ela pode ser paga para o autônomo poder desenvolver sua atividade, como para despesas de combustível, de alimentação etc.

A ideia da representação, da existência de mandato, não é inerente ao contrato de trabalho. Somente uns poucos empregados é que representam o empregador, como, por exemplo, os gerentes. Os demais empregados não têm poderes de representação em relação ao empregador. Entretanto, na representação comercial, o mandato é fundamental, pois o trabalhador representa os interesses do representado, geralmente para a venda de produtos ou até de serviços.

A prestação dos serviços do representante comercial pode ser feita à pessoa jurídica e à pessoa física, como ocorre em relação ao empregado.

O representante comercial autônomo exerce sua atividade "em caráter não eventual" (art. 1º da Lei n. 4.886/65). O mesmo ocorre com o empregado, e o art. 3º da CLT usa a mesma expressão.

Poderá ou não haver exclusividade na representação comercial autônoma (art. 27, *i*, da Lei n. 4.886/65). Acontece o mesmo em relação ao empregado.

Será também possível existir a fixação de zona fechada para o representante comercial autônomo atuar, como se depreende das alíneas *d* e *e* do art. 27 da Lei n. 4.886/65. O vendedor viajante ou pracista empregado também pode ter zona fechada para trabalhar, como se verifica do art. 2º e seus parágrafos da Lei n. 3.207/57.

No caso de ter sido reservada, expressamente, com exclusividade, uma zona de trabalho para o empregado, terá ele direito sobre as vendas ali realizadas diretamente pela empresa ou por um preposto desta (art. 2º da Lei n. 3.207/57).

O art. 31 da Lei n. 4.886/65 tem disposição semelhante:

> Prevendo o contrato de representação a exclusividade de zona ou zonas, ou quando este for omisso, fará jus o representante à comissão pelos negócios aí realizados, ainda que diretamente pelo representado ou por intermédio de terceiros.

Trata o art. 35 da Lei n. 4.886/65 de motivos justos para a rescisão do contrato de representação pelo representado: desídia, prática de atos que importem descrédito comercial do representado, falta de cumprimento das obrigações do contrato, condenação definitiva por crime considerado infamante, força maior. Algumas dessas hipóteses são casos de rescisão do contrato por justa causa em relação ao empregado (art. 482 da CLT).

Versa o art. 36 da Lei n. 4.886/65 sobre justos motivos para a rescisão do contrato pelo representante: redução de esfera de atividade do representante em desacordo com as cláusulas do contrato, quebra direta ou indireta da exclusividade prevista no contrato, fixação abusiva de preços em relação à zona do representante, não pagamento de sua retribuição na época devida, força maior. Os casos de rescisão indireta do contrato de trabalho, em razão de ato do empregado, são previstos no art. 483 da CLT.

O aviso-prévio também é elemento comum no contrato de trabalho e no pacto de representação comercial em relação aos contratos de prazo indeterminado. No Direito do Trabalho, é previsto no art. 487 da CLT.

Prevê o art. 34 da Lei n. 4.886/65 que:

> a denúncia, por qualquer das partes, sem causa justificada, do contrato de representação, ajustado por tempo indeterminado e que haja vigorado por mais de seis meses, obriga o denunciante, salvo outra garantia prevista no

contrato, à concessão de pré-aviso, com antecedência mínima de 30 dias, ou ao pagamento de importância igual a um terço das comissões auferidas pelo representante, nos três meses anteriores.

Na rescisão do contrato será devida indenização, não sendo inferior a 1/12 do total da retribuição auferida durante o tempo em que exercer a representação (art. 27, *j*, da Lei n. 4.886/65). Os arts. 477, 478 e 496 da CLT preveem indenização pela ruptura do contrato de trabalho caso o empregado não tenha seu tempo de serviço coberto pelo FGTS.

A função principal do representante comercial é fazer a mediação, aproximando o vendedor do comprador. O empregado nem sempre irá desempenhar função de mediação.

Dispõe o art. 1º da Lei n. 4.886 que o representante comercial pode tanto ser pessoa física como jurídica, enquanto no contrato de trabalho o empregado só pode ser pessoa física (art. 3º da CLT). Assim, se o trabalho é feito por intermédio da pessoa jurídica, inexistirá contrato de trabalho entre as partes, mas, provavelmente, representação comercial autônoma. Quando o trabalho é prestado por pessoa jurídica, pode não existir pessoalidade na prestação dos serviços, pois o serviço é prestado por qualquer representante da pessoa jurídica, o que não ocorre no contrato de trabalho.

O contrato de representação comercial é um pacto de resultado, pois a remuneração do representante depende do resultado que alcançar no negócio. O contrato de trabalho é um contrato de atividade, em que o elemento preponderante é a prestação dos serviços e não o resultado alcançado pelo empregado.

O representante comercial autônomo irá assumir os riscos de sua atividade, enquanto os riscos da atividade na relação de emprego são do empregador (art. 2º da CLT). Assim, se o representante tem de pagar as despesas de viagem, de estada, alimentação e transporte, despesas com o uso do veículo, como gasolina, seguro, conserto etc., provavelmente será considerado autônomo.

Exerce o representante comercial autônomo uma atividade empresarial, ainda que seja realizada a representação por pessoa física. O empregado não tem por objetivo atividade empresarial, mas o recebimento de seu salário no final do mês, em razão dos serviços que prestou. Entretanto, a atividade empresarial pode ficar mitigada, principalmente quando o trabalhador é pessoa física.

O fato de o representante ser ou não inscrito no Conselho de Registro de sua profissão ou na Prefeitura, pagando ou não Imposto Sobre Serviços ou recolhendo como autônomo a contribuição devida à Seguridade Social, são elementos relativos, pois o que importa é a realidade dos fatos, que irá indicar se existe autonomia ou subordinação na prestação dos serviços. A inscrição não gera um efeito constitutivo de direito, mas apenas declaratório de quem fez o registro.

Embora o art. 2º da Lei n. 4.886/65 disponha que é obrigatório o registro nos Conselhos Regionais dos representantes comerciais autônomos dos que exerçam a representação comercial autônoma, não é a inscrição no registro do comércio que irá configurar o fato de a pessoa ser ou não comerciante. O STF já decidiu que "a matrícula, vale dizer, o registro, por si só, não efetiva a qualidade de comerciante" (STF, RE 37.099, *RTJ* 5/122). Os Conselhos Regionais não verificam se a pessoa está efetivamente exercendo a profissão, apenas fiscalizam o exercício profissional.

A constituição de empresa ou microempresa pelo trabalhador também é um elemento relativo para diferenciar se ele é empregado ou representante comercial. O importante é que a prestação de serviços seja efetivamente realizada pela empresa e não pela pessoa física. Ao contrário, se a empresa é aberta apenas com a finalidade de fraudar a aplicação da legislação trabalhista, pois, na verdade, o serviço é prestado pela pessoa física e não pela pessoa jurídica, pode existir vínculo de emprego, desde que haja subordinação.

A inclusão de cláusula *del credere* no contrato entre as partes será elemento relativo para a configuração da relação entre os envolvidos. O significado da cláusula *del credere* era encontrado no art. 179 do Código Comercial:

> A comissão *del credere* constitui o comissário garante solidário ao comitente da solvabilidade e pontualidade daqueles com que tratar por conta deste, sem que possa ser ouvido com reclamação alguma. Se o *del credere* não houver sido ajustado por escrito, e todavia o comitente o tiver aceitado ou consentido, mas impugnar o quantitativo, será este regulado pelo estilo da praça onde residir o comissário, e na falta de estilo por arbitradores.

A cláusula *del credere* é uma espécie de cláusula acessória ao contrato de comissão mercantil. Tem natureza de cláusula de garantia ou espécie de seguro. É a cláusula *del credere* incompatível com o contrato de trabalho, pois o empregado não pode ser solidário pelo inadimplemento do comprador, porém é cláusula que pode ser ajustada na representação comercial autônoma. Entretanto, caso esteja presente no contrato de trabalho, será considerada nula, pois os riscos do negócio são do empregador (art. 2º c/c art. 9º da CLT).

A característica fundamental do representante comercial autônomo é sua autonomia, tanto que o art. 1º da Lei n. 4.886/65 prevê que não há vínculo de emprego entre as partes. O representante comercial autônomo não é dirigido ou fiscalizado pelo tomador dos serviços. Não tem obrigação de cumprir horário de trabalho, de produtividade mínima, de comparecer ao serviço etc.

O trabalhador autônomo não tem de obedecer a ordens, de ser submisso às determinações do empregador. Age com autonomia na prestação dos serviços. O representante comercial autônomo recebe apenas diretivas, orientações ou instruções de como deve desenvolver seu trabalho para poder fazer a venda do produto do representado, não configurando imposição ou sujeição ao tomador dos serviços, mas apenas sugestões de como tem de desenvolver seu trabalho.

Reza o art. 27 da Lei n. 4.886/65 que no contrato de representação comercial constarão obrigatoriamente vários requisitos, entre os quais se destacam as obrigações e responsabilidades das partes contratantes (art. 27, *h*).

O art. 28 da mesma norma indica que:

> o representante comercial fica obrigado a fornecer ao representado, segundo as disposições do contrato ou, sendo este omisso, quando lhe for solicitado, informações detalhadas sobre o andamento dos negócios a seu cargo, devendo dedicar-se à representação, de modo a expandir os negócios do representado e promover os seus produtos.

São motivos justos para a rescisão do contrato de representação comercial a desídia do representante no cumprimento das obrigações decorrentes do contrato (art. 35, *a*, da Lei n. 4.886/65) e a falta de cumprimento de quaisquer obrigações inerentes ao contrato de representação comercial (art. 35, *c*, da Lei n. 4.886/65). Esses elementos poderiam indicar subordinação, porém o representante comercial autônomo será a pessoa que exerce suas atividades com liberdade e independência em seu mister, indicando autonomia.

Será autônomo quem define seu próprio itinerário, o número de visitas aos clientes, quem dispõe do seu tempo como entende melhor, sem estar subordinado a horário de trabalho. Ao contrário, se o trabalhador tem quota mínima de vendas, obrigação de comparecer a reuniões predeterminadas, horário de trabalho, o empregador determina o horário de visita aos clientes e o número delas, exige contato mínimo diário com clientes, é punido por algum motivo, recebe advertências ou suspensões, haverá o vínculo de emprego, pois estará evidenciado o elemento subordinação.

A necessidade de o representante comercial autônomo ter de prestar contas não implica dizer que é empregado, mas é obrigação de toda pessoa proba e diligente em relação às vendas que fez para o representado, inclusive para serem calculadas as comissões pelas vendas realizadas. Dispõe a alínea *e* do art. 19 da Lei n. 4.886/65 que o representante comercial tem de prestar contas ao representado, constituindo falta no exercício da profissão se não o fizer.

A apresentação de relatórios não é um elemento exclusivo para a indicação da subordinação. Para prestar contas, o trabalhador poderá ter de emitir relatórios das vendas realizadas. Entretanto, se o trabalhador tem de emitir relatórios, mas também tem outros elementos caracterizadores da subordinação, como presença obrigatória em reuniões e horário de trabalho, será considerado empregado.

Se o trabalhador pode fixar o preço da venda da mercadoria acrescentando uma margem de lucro, estabelecer desconto ou dilação de prazo, será autônomo e não empregado. Indica o art. 29 da Lei n. 4.886/65 que deve haver autorização expressa no contrato de representação para o representante conceder abatimentos, descontos ou dilações. O empregado, porém, não pode, de modo geral, estabelecer descontos, fixar preço da mercadoria etc., nem assumir os riscos da atividade na venda da mercadoria.

Cuidado maior deve-se ter quando um empregado passa a ser representante comercial autônomo. É comum as empresas substituírem seus empregados vendedores pelas mesmas pessoas na condição de autônomos. Se o trabalhador continua a desempenhar as mesmas atividades que sempre fez na empresa, em relação à época em que era empregado, não se pode dizer que passa a ser autônomo, principalmente se continua a trabalhar no mesmo espaço físico, ocupando o mesmo lugar e tendo subordinação.

A exclusividade da representação comercial não se presume, deve ser estabelecida de forma expressa (parágrafo único do art. 31 da Lei n. 4.886/65).

Na hipótese de contrato a prazo certo, a indenização corresponderá à importância equivalente à média mensal da retribuição auferida até a data da rescisão multiplicada pela metade dos meses resultantes do prazo contratual (§ 1º do art. 27 da Lei n. 4.886).

Normalmente, é o requisito subordinação que irá dirimir a controvérsia entre ser o trabalhador autônomo ou empregado, verificando-se o número de ordens a que a pessoa está sujeita, para evidenciar ou não o vínculo de emprego.

Quanto maior a regulamentação feita pelo tomador dos serviços em relação ao prestador dos serviços, maior será a possibilidade da existência do elemento subordinação, o que caracteriza o contrato de trabalho.

8.3 Responsabilidade na contratação

A responsabilidade na contratação de terceiros pode ser solidária ou subsidiária.

Dispõe o art. 264 do Código Civil que a responsabilidade solidária é decorrente de lei ou da vontade das partes. Assim, só se poderá falar em responsabilidade solidária se houver previsão legal para esse fim. Não se pode presumir a responsabilidade solidária, devendo existir previsão legal para tanto. Se não houver imposição da lei ou da vontade das partes, a solidariedade é inexistente.

A responsabilidade subsidiária trabalhista decorre do fato de que o terceirizante tem culpa *in eligendo* ou *in vigilando*, por ter escolhido mal seu parceiro, que é inidôneo, ou por não fiscalizá-lo quanto ao recolhimento das verbas trabalhistas de seus empregados. Tem fundamento analógico no art. 455 da CLT, pois o terceirizante é beneficiário da prestação de serviços do terceirizado. Logo, se o primeiro não pagar as verbas trabalhistas ao trabalhador, o tomador responde subsidiariamente pelo pagamento.

O inciso IV do Enunciado 331 do TST adota essa orientação, dizendo: "O inadimplemento das obrigações trabalhistas, por parte do empregador, implica a responsabilidade subsidiária do tomador dos serviços quanto àquelas obrigações, desde que este tenha participado da relação processual e conste também do título executivo judicial". É preciso que a empresa participe do feito para responder na execução. Quem não é parte no feito não pode ser executado.

No Paraná, foi discutida a responsabilidade entre o Consórcio Nacional Volvo, de caminhões, e uma das concessionárias Volvo. Não havia responsabilidade solidária ou subsidiária, pois são empresas diferentes, além de que o trabalhador não prestava serviços para o Consórcio, mas apenas para a concessionária.

Não se pode aplicar a regra do § 2º do art. 2º da CLT, na concessão mercantil ou em outros contratos mercantis, no sentido de que as empresas formariam grupo empresarial. Nem sempre é isso que ocorre na área de concessão mercantil. Aliás, na maioria das vezes, é justamente o que não ocorre. Cada uma das empresas é distinta da outra, seus sócios são diversos, não havendo controle comum. Ocorre apenas que a concessionária, por delegação da empresa produtora de veículos, pode comercializar veículos com aquela marca e prestar serviços de assistência técnica.

Os serviços não são prestados nas dependências da concedente, nem esta remunera os trabalhadores da concessionária ou é por ela beneficiada. Logo, a responsabilidade solidária não fica caracterizada, pela inexistência de grupo empresarial, nem mesmo há responsabilidade subsidiária, em razão de que a concedente não foi beneficiária da prestação de serviços do trabalhador.

Dificilmente haverá vínculo de emprego entre o trabalhador e a empresa nacional de consórcio ou com a própria montadora, pois a subordinação e os pagamentos são recebidos da concessionária. O contrato de trabalho forma-se com esta, para quem os serviços são prestados pessoalmente.

A equiparação salarial também não poderá ser postulada entre os empregados da concessionária e da concedente, pois geralmente as empresas não têm controle comum, mas sócios distintos, nem pertencem a grupo econômico.

8.4 Conclusão

Não é apenas mediante contratos de natureza civil ou comercial que pode ser feita a terceirização. Esta poderia ser realizada por meio da combinação de um contrato com características civis e comerciais ao mesmo tempo.

Nos contratos comerciais, na maioria dos casos, não há responsabilidade solidária ou subsidiária entre a terceirizante e a terceirizada, em razão de que não pertencem ao mesmo grupo econômico, nem a primeira é beneficiária direta da prestação de serviços dos empregados da segunda.

9
O *Franchising* como Forma de Terceirização

9.1 Introdução

Vamos verificar que o *franchising* é uma forma de terceirização, ou seja, uma forma de terceiros prestarem serviços que anteriormente poderiam ser prestados pelo próprio terceirizante. Entretanto, há necessidade de se examinar a conexão entre o *franchising* e a relação de emprego, para se verificar se tal contrato terá consequências no âmbito trabalhista. Nesse ponto, irei também traçar algumas considerações a respeito do contrato de trabalho, as quais servirão de base para os próximos capítulos.

À primeira vista, pode parecer que não existe nenhuma ligação entre o *franchising* – pacto típico de Direito Comercial (Lei n. 13.966/2019) – e a relação de emprego, encontrada no Direito do Trabalho. No entanto, na prática fica difícil distinguir a existência do contrato de *franchising* ou de um autêntico contrato de trabalho, que tem como sujeitos o empregado e o empregador.

Não pretendo esgotar a matéria sobre *franchising*, mas apenas dar suas características gerais; nem o examinar em profundidade, mas, partindo de seu conceito e de suas características jurídicas, compará-lo com a relação de emprego, na teoria e na prática, como é possível observar em casos reais que foram discutidos na Justiça do Trabalho, verificando que configuram uma forma de terceirização.

Na primeira hipótese, uma pessoa pretende o reconhecimento do vínculo empregatício com uma agência de viagens. Essa agência de viagens cede o uso de sua marca a outras empresas, sob o sistema de franquia. Essas empresas podem utilizar-se do nome daquela, por meio de um contrato verbal entre as partes, fazendo propaganda, atendendo telefone, gravando o nome da franqueadora nos cartões de visita e em todos os impressos de publicidade. Alega o obreiro que o vínculo de emprego é com a franqueadora. Há contrato de trabalho com a franqueadora?

O segundo caso ocorre num contrato de franquia entre duas pessoas jurídicas para o comércio de roupas e acessórios (sapatos, cintos etc.). A franqueada era dirigida por quatro pessoas, que vendiam exclusivamente os produtos determinados pela franqueadora, não podendo vender mercadorias de terceiros. A franqueadora escolhia os empregados que lá iam trabalhar, a indumentária dos empregados-vendedores (pijamas). Os empregados das franqueadas não podiam fumar, por determinação da franqueadora. A decoração e demais características da loja, a contabilidade, eram determinadas e supervisionadas totalmente pela franqueadora. As franqueadas deveriam comparecer, em horário designado pela franqueadora, que ficava em estado diverso, a reuniões para estabelecimento de diretrizes que deveriam ser seguidas à risca e o comparecimento a essas reuniões era obrigatório, sob pena de severa reprimenda. A franqueadora controlava o horário de entrada das franqueadas e fiscalizava seu comparecimento diário na loja. O preço das mercadorias e a margem de lucro eram determinados pela franqueadora. Há, aqui, contrato de franquia?

Como se verifica, o *franchising* não deixa de ser uma forma de se contratar terceiros para prestação de serviços, e em decorrência disso é que surgem os problemas de natureza trabalhista. Todavia, é mister examinar melhor o que vem a ser *franchising*, para inclusive poder diferenciá-lo do contrato de trabalho.

9.2 O *franchising*

No Direito Comercial, foram surgindo novas técnicas de comercialização, com o desenvolvimento tecnológico, e, com isso, foram aparecendo novos contratos mercantis, muitos deles sem legislação sobre o assunto, como o *leasing*, o *factoring*, o *know-how*, o *credit card*, o *engineering* etc.

Faz o *franchising* parte desses novos contratos mercantis. Para melhor entendimento do tema, vou tecer uma rápida consideração sobre esse contrato.

9.2.1 Significado

O vocábulo *franchising* provém do inglês *franch*, que teve origem no francês medieval *franc*, fazendo surgir o verbo *francher*, no sentido de outorga de um privilégio, uma forma de autorização ou abandono de servidão. *Franchising*, gerúndio do verbo *franch*, constitui um instrumento destinado a fomentar processos de venda e distribuição em série, com características específicas.

A doutrina brasileira tem traduzido o termo com a palavra franquia[1], embora Orlando Gomes considere tal denominação "muito inexpressiva para ser aceita"[2].

Nada impede, como dizem alguns autores, a utilização de ambos os termos, *franchising* e franquia. Vamos usar tanto *franchising*, já por força do hábito, como franquia, sem entrar no mérito dessa discussão.

9.2.2 Histórico

O *franchising* surgiu por volta de 1860, nos Estados Unidos. Nessa época, a Singer Machine Company começou a fazer franquias a pequenos comerciantes independentes para que comercializassem produtos com a marca Singer. Os franqueados eram independentes e vendiam normalmente os produtos sob aquela marca, porém deveriam seguir certos padrões determinados pela referida empresa.

Mais tarde, após a Segunda Guerra Mundial, a franquia veio a ser novamente utilizada na promoção de novas frentes de trabalho, visando à diminuição do desemprego causado por aquele conflito.

No Brasil, segundo Rubens Requião[3], o contrato examinado apareceu sob a forma de concessão mercantil, como na técnica de distribuição de filmes cinematográficos das grandes empresas que detinham a marca dos conceituados estúdios norte-americanos, passando a ser posteriormente utilizado pela indústria. As empresas importadoras de veículos também começaram a utilizar o instituto, mediante concessão exclusiva, para a distribuição dos veículos importados que ingressaram em nosso país.

A Lei n. 8.955, de 15 de dezembro de 1994, tratava do *franchising*.

A Lei n. 13.966/2019 revogou a Lei n. 8.955 e passou a tratar do tema.

9.2.3 Conceito e características do contrato

Faz referência o art. 1º da Lei n. 13.966/2019 ao sistema de franquia empresarial. Um franqueador autoriza por meio de contrato um franqueado a usar marcas

---

[1] MARTINS, Fran. *Contratos e obrigações comerciais*. 6. ed. Rio de Janeiro: Forense, 1981, p. 583.
[2] GOMES, Orlando. *Contratos*. 7. ed. Rio de Janeiro: Forense, 1979, p. 575.
[3] Contrato de franquia comercial ou de concessão de venda. *RT*, n. 513, p. 43, jul. 1978.

e outros objetos de propriedade intelectual, sempre associados ao direito de produção ou distribuição exclusiva ou não exclusiva de produtos ou serviços e também ao direito de uso de métodos e sistemas de implantação e administração de negócio ou sistema operacional desenvolvido ou detido pelo franqueador, mediante remuneração direta ou indireta, sem caracterizar relação de consumo ou vínculo empregatício em relação ao franqueado ou a seus empregados, ainda que durante o período de treinamento.

Franchising é o negócio jurídico pelo qual uma pessoa concede a outra o direito de usar sua marca ou de comercializar seus produtos ou de terceiros, ou de prestar serviços, de maneira contínua, com o fornecimento de assistência técnica, inclusive comercial, e de publicidade dos produtos, que pode ser limitada a determinado espaço geográfico, de acordo com uma remuneração ajustada entre os contratantes (confira-se o conceito de franquia adotado pelos seguintes autores: Orlando Gomes[4]; Fran Martins[5]; Antônio Chaves[6]).

O *franchising* é um contrato complexo, que tem várias características.

9.2.4 Partes

São partes nesse contrato o *franchisor* (franqueador), que cede o uso da marca ou dos produtos, e o *franchisee* (franqueado), que se compromete a utilizar a marca, a vender os produtos ou a fazer a prestação de serviços.

É, portanto, a franquia um contrato bilateral (envolvendo duas partes), consensual (torna-se obrigatório pela simples manifestação da vontade dos contratantes), oneroso (resulta do proveito que as partes têm na franquia, uma ao concedê-la, outra ao utilizá-la, mediante o pagamento de uma importância), de duração (de prazo determinado ou indeterminado) e, na maioria dos casos, de adesão, regulado hoje pela Lei n. 13.966/2019.

Normalmente, é feito entre empresas, mas pode ser realizado entre uma empresa e uma pessoa física ou comerciante individual.

O objeto do contrato é a cessão do uso da marca, que pode ser feita em conjunto ou não com o produto, o título do estabelecimento ou nome comercial.

É comum haver a prestação de assistência técnica do franqueador ao franqueado.

---

[4] *Contratos*. 7. ed. Rio de Janeiro: Forense, 1979, p. 575.

[5] *Contratos e obrigações comerciais*. 6. ed. Rio de Janeiro: Forense, 1981, p. 584-585.

[6] *Lições de direito civil*: direito das obrigações. São Paulo: Revista dos Tribunais, 1977, v. 4, p. 348.

Cobra-se, às vezes, uma taxa de adesão ao contrato, ou então um preço pelo uso da marca, ou ainda uma porcentagem sobre o faturamento, o que é mais usual, como ocorre em relação ao movimento das lojas dos *shopping centers*.

No contrato pode ser estabelecida a exclusividade na venda dos produtos ou serviços franqueados (o que é regra), com ou sem delimitação territorial, ou seja, determinação do local onde o franqueado realizará as vendas ou prestará os serviços.

Esse contrato reflete certa complexidade na importância do uso da marca, às vezes, até do nome comercial, título do estabelecimento etc. Costumeiramente, o franqueado não tem qualquer vínculo de subordinação com o franqueador, vendendo unicamente os produtos determinados por este.

9.2.5 Natureza jurídica

Lavra controvérsia na doutrina sobre a natureza jurídica do contrato de *franchising*.

Orlando Gomes entende que é um contrato autônomo, de natureza híbrida, que se aproxima da concessão mercantil exclusiva, da distribuição, do fornecimento e da prestação de serviços[7].

Rubens Requião[8] ensina que a franquia comercial corresponde ao instituto da concessão mercantil com exclusividade[9].

Contudo, não há essa correspondência, pois há independência do franqueado, que, na maioria dos casos, não é ligado ao franqueador, conservando sua autonomia jurídica e financeira, o que não ocorre na concessão mercantil.

Fabio Konder Comparato[10] considera que a franquia não se assemelha à concessão mercantil com exclusividade, pois esta é exclusivamente um contrato de distribuição de produtos, em que a licença de uso da marca ou a eventual prestação de serviços são acessórios do principal, que é a exclusividade na distribuição de produtos ou serviços, havendo um monopólio (um vendedor e vários compradores) por parte do concedente.

---

[7] *Contratos*. 7. ed. Rio de Janeiro: Forense, 1979, p. 576.

[8] Contrato de franquia comercial ou concessão de venda. *RT*, n. 513, p. 43, jul. 1978.

[9] Veja-se, a propósito, a mesma tese defendida por Ruy Barbosa Nogueira e Paulo Roberto Cabral Nogueira (*Direito tributário aplicado e comparado*. Rio de Janeiro: Forense, 1977, v. 2, p. 24-25).

[10] Franquia e concessão de venda no Brasil: da consagração ao repúdio. *RDM*, n. 18, p. 53-54.

Na franquia, ao contrário, o essencial é a licença de utilização da marca e a prestação de serviços de organização e métodos de venda pelo franqueador ao franqueado. Nela não se distribuem apenas produtos, mas também mercadorias e serviços. Na concessão mercantil, o concessionário é simples intermediário entre aquele que concede o uso do produto e o consumidor.

Na franquia, o franqueado pode produzir bens ou prestar serviços, mas também há um completo sistema de organização empresarial, que vai desde o organograma de pessoal até a própria contabilidade do franqueado, passando pelo controle de estoques integrado às compras. Ademais, na franquia o franqueado goza dos efeitos da publicidade montada em torno da marca ou de sinais distintivos de propaganda, de que o franqueador lhe concedeu a utilização, devendo fazer um pagamento adequado por esses serviços.

Elenco mais um argumento nessa diferenciação, que seria a exclusividade prevista na concessão mercantil, ao passo que na franquia pode não haver exclusividade na venda de produtos pelo franqueado, o que costuma ser exceção. Destaca-se, ainda, a franquia da concessão mercantil, porque na primeira há possibilidade da venda de serviços, por meio de assistência técnica, o que inexiste na concessão mercantil.

Não se confunde a franquia com o contrato de fornecimento, pois neste o fornecedor não é obrigado a prestar assistência técnica. Quando ocorre a prestação de serviços, compreendendo a franquia, pode não haver fornecimento de nenhuma mercadoria.

Também não se confunde com o contrato de distribuição, pois havendo prestação de serviços na franquia poderá não haver distribuição de mercadorias. A distribuição é feita pelos comerciantes por meio de agentes ou sucursais espalhados em vários recantos. Em tal caso, as sucursais são dependentes das empresas produtoras ou distribuidoras das mercadorias e os agentes ou representantes são simples intermediários nas vendas. O franqueado, ao contrário, é independente e age em nome próprio e não como representante do produtor. A este se liga porque dele recebeu o direito de comercializar o produto franqueado, muitas vezes usando do nome, do título do estabelecimento ou da insígnia do franqueador, de modo a induzir o consumidor a adquirir o produto com a mesma certeza de autenticidade com que o adquiriria do próprio produtor.

9.2.6 Objeto

O objeto da franquia é a comercialização, com assistência técnica, podendo ocorrer também a assistência financeira para venda dos produtos, mercadorias, ou para a prestação de serviços.

9.2.7 Contrato inominado

O *franchising* não estava regulado em lei, sendo, portanto, um contrato inominado. Como todo contrato, podia ser celebrado por escrito, embora vez ou outra fosse acordado verbalmente[11]. Somente com a edição da Lei n. 8.955/94 é que passou a ser regulado por lei, além de ter de ser feito por escrito (art. 6º). O art. 1º da Lei n. 13.966 também mostra que o contrato deve ser escrito, no qual será feita a autorização.

No nosso modo de ver, deveria continuar não sendo disciplinado por lei, em razão de ainda estar em desenvolvimento, sendo a lei aplicável em certos casos, e em outros não. Muitos países observam uma forma de *franchising* ainda não encontrada em nosso país.

Como salienta Tulio Ascarelli, é sempre o comerciante que cria a norma de Direito Comercial, e não o jurista. No presente caso, ocorre o mesmo. A franquia é proveniente das práticas comerciais, sendo regulada nos moldes dos usos e costumes e nas disposições estabelecidas pelo direito das obrigações ou por contratos, ou seja: pelo Código Civil. Apenas em alguns estados dos EUA e na Província de Alberta, no Canadá, é que vieram a regulamentar o *franchising*.

9.2.8 Lineamentos básicos

Os lineamentos básicos da franquia são os seguintes:

a) concessão do uso da marca e do título do estabelecimento, se for o caso, pelo franqueador;

b) promoção e publicidade em favor do franqueado, por parte do franqueador;

c) transferência dos direitos da franquia às pessoas expressamente designadas;

d) colocação, pelo franqueado, da marca em todos os recipientes, utensílios, papéis etc., necessários ao exercício do comércio.

Em regra, o franqueado é independente do franqueador e autônomo, possuindo empresa própria, empregados próprios, administração própria, não se confundindo com a empresa que lhe cede a marca.

O contrato de *franchising* engloba um contrato de assistência técnica a ser prestado pelo franqueador; pode conter um contrato de transferência de tecnologia

---

[11] CHERTO, Marcelo. O *franchising* e o contrato. *Revista do Advogado AASP*, n. 3, dez. 1989, p. 10; MARTINS, Fran. *Contratos e obrigações comerciais*. 6. ed. Rio de Janeiro: Forense, 1981, p. 590.

ou licença para uso do sistema ou método – que geralmente é gratuito – e um compromisso para fornecimento, pelo franqueador ao franqueado, dos bens e/ou serviços objeto do pacto, havendo, ainda, um contrato oneroso de prestação de serviços de assistência mercadológica.

O preço das mercadorias a serem vendidas pelo sistema examinado é comumente fixado pelo franqueador. Sobre esse preço é dado um abatimento ao franqueado, que vem a se constituir no lucro deste na comercialização realizada.

Sempre que o franqueador tiver interesse na implantação do sistema de franquia empresarial, deverá fornecer ao interessado em tornar-se franqueado uma Circular de Oferta de Franquia, por escrito e em linguagem clara e acessível. A Circular de Oferta é equivalente ao *basic disclosure document*, que é exigido dos franqueadores nos Estados Unidos. Nesse documento é apresentado um quadro da franquia e as obrigações assumidas pelas partes.

A Circular de Oferta de Franquia deverá conter o seguinte (art. 2º da Lei n. 13.966):

I – histórico resumido do negócio franqueado;

II – qualificação completa do franqueador e das empresas a que esteja ligado, identificando-as com os respectivos números de inscrição no Cadastro Nacional da Pessoa Jurídica (CNPJ);

III – balanços e demonstrações financeiras da empresa franqueadora, relativos aos 2 (dois) últimos exercícios;

IV – indicação das ações judiciais relativas à franquia que questionem o sistema ou que possam comprometer a operação da franquia no País, nas quais sejam parte o franqueador, as empresas controladoras, o subfranqueador e os titulares de marcas e demais direitos de propriedade intelectual;

V – descrição detalhada da franquia e descrição geral do negócio e das atividades que serão desempenhadas pelo franqueado;

VI – perfil do franqueado ideal no que se refere a experiência anterior, escolaridade e outras características que deve ter, obrigatória ou preferencialmente;

VII – requisitos quanto ao envolvimento direto do franqueado na operação e na administração do negócio;

VIII – especificações quanto ao:

a) total estimado do investimento inicial necessário à aquisição, à implantação e à entrada em operação da franquia;

b) valor da taxa inicial de filiação ou taxa de franquia;

c) valor estimado das instalações, dos equipamentos e do estoque inicial e suas condições de pagamento;

IX – informações claras quanto a taxas periódicas e outros valores a serem pagos pelo franqueado ao franqueador ou a terceiros por este indicados, detalhando as respectivas bases de cálculo e o que elas remuneram ou o fim a que se destinam, indicando, especificamente, o seguinte:

a) remuneração periódica pelo uso do sistema, da marca, de outros objetos de propriedade intelectual do franqueador ou sobre os quais este detém direitos ou, ainda, pelos serviços prestados pelo franqueador ao franqueado;

b) aluguel de equipamentos ou ponto comercial;

c) taxa de publicidade ou semelhante;

d) seguro mínimo;

X – relação completa de todos os franqueados, subfranqueados ou subfranqueadores da rede e, também, dos que se desligaram nos últimos 24 (vinte quatro) meses, com os respectivos nomes, endereços e telefones;

XI – informações relativas à política de atuação territorial, devendo ser especificado:

a) se é garantida ao franqueado a exclusividade ou a preferência sobre determinado território de atuação e, neste caso, sob que condições;

b) se há possibilidade de o franqueado realizar vendas ou prestar serviços fora de seu território ou realizar exportações;

c) se há e quais são as regras de concorrência territorial entre unidades próprias e franqueadas;

XII – informações claras e detalhadas quanto à obrigação do franqueado de adquirir quaisquer bens, serviços ou insumos necessários à implantação, operação ou administração de sua franquia apenas de fornecedores indicados e aprovados pelo franqueador, incluindo relação completa desses fornecedores;

XIII – indicação do que é oferecido ao franqueado pelo franqueador e em quais condições, no que se refere a:

a) suporte;

b) supervisão de rede;

c) serviços;

d) incorporação de inovações tecnológicas às franquias;

e) treinamento do franqueado e de seus funcionários, especificando duração, conteúdo e custos;

f) manuais de franquia;

g) auxílio na análise e na escolha do ponto onde será instalada a franquia; e

h) leiaute e padrões arquitetônicos das instalações do franqueado, incluindo arranjo físico de equipamentos e instrumentos, memorial descritivo, composição e croqui;

XIV – informações sobre a situação da marca franqueada e outros direitos de propriedade intelectual relacionados à franquia, cujo uso será autorizado em contrato pelo franqueador, incluindo a caracterização completa, com o número do registro ou do pedido protocolizado, com a classe e subclasse, nos órgãos competentes, e, no caso de cultivares, informações sobre a situação perante o Serviço Nacional de Proteção de Cultivares (SNPC);

XV – situação do franqueado, após a expiração do contrato de franquia, em relação a:

a) *know-how* da tecnologia de produto, de processo ou de gestão, informações confidenciais e segredos de indústria, comércio, finanças e negócios a que venha a ter acesso em função da franquia;

b) implantação de atividade concorrente à da franquia;

XVI – modelo do contrato-padrão e, se for o caso, também do pré-contrato--padrão de franquia adotado pelo franqueador, com texto completo, inclusive dos respectivos anexos, condições e prazos de validade;

XVII – indicação da existência ou não de regras de transferência ou sucessão e, caso positivo, quais são elas;

XVIII – indicação das situações em que são aplicadas penalidades, multas ou indenizações e dos respectivos valores, estabelecidos no contrato de franquia;

XIX – informações sobre a existência de cotas mínimas de compra pelo franqueado junto ao franqueador, ou a terceiros por este designados, e sobre a possibilidade e as condições para a recusa dos produtos ou serviços exigidos pelo franqueador;

XX – indicação de existência de conselho ou associação de franqueados, com as atribuições, os poderes e os mecanismos de representação perante o franqueador, e detalhamento das competências para gestão e fiscalização da aplicação dos recursos de fundos existentes;

XXI – indicação das regras de limitação à concorrência entre o franqueador e os franqueados, e entre os franqueados, durante a vigência do contrato de franquia, e detalhamento da abrangência territorial, do prazo de vigência da restrição e das penalidades em caso de descumprimento;

XXII – especificação precisa do prazo contratual e das condições de renovação, se houver;

XXIII – local, dia e hora para recebimento da documentação proposta, bem como para início da abertura dos envelopes, quando se tratar de órgão ou entidade pública.

A Circular de Oferta de Franquia deverá ser entregue ao candidato a franqueado no mínimo 10 dias antes da assinatura do contrato ou pré-contrato de franquia ou, ainda, do pagamento de qualquer tipo de taxa a franqueador, empresa ou pessoa ligada a este.

Na hipótese de não cumprimento do que foi anteriormente mencionado, o franqueado poderá arguir a anulabilidade do contrato e exigir devolução de todas as quantias já pagas ao franqueador ou a terceiros por ele indicados, a título de taxa de filiação e *royalties*, devidamente corrigidas pela variação da remuneração básica dos depósitos de poupança mais perdas e danos. Nas mesmas sanções incorrerá o franqueador que veicular informações falsas na sua Circular de Oferta de Franquia, sem prejuízo das sanções penais cabíveis (art. 4º da Lei n. 13.966).

Na franquia, há um contrato de colaboração entre o franqueado e o franqueador. O franqueado fica sujeito a prestar constantes informações, a comparecer a reuniões, a cumprir circulares, à visitas periódicas, abrangendo a fiscalização do franqueador. No *franchising* há pessoalidade, pois se contrata determinada e específica pessoa. É um contrato *intuitu personae*, de adesão e de trato sucessivo. O franqueado não pode subfranquear sem autorização do franqueador.

O franqueador faz um controle de qualidade, um gerenciamento no franqueado, pois lhe interessa manter seu bom nome e ter retorno na forma da taxa combinada ou *royalties*.

O franqueador não remunera o franqueado, mas este paga uma taxa pelo uso da marca do primeiro.

9.2.9 Vantagens

Existem muitas vantagens para as partes envolvidas na franquia. Enquanto o franqueado desfruta das vantagens da aceitabilidade do produto por ele comercializado, por ser uma consagrada marca, o franqueador expande seu campo de vendas, sem despesas adicionais com filiais, agências, sucursais ou lojas próprias e todos os seus encargos.

Dá-se, assim, a conjugação dos esforços do dono e fornecedor da marca e do colocador do produto ao alcance do consumidor, que passa inclusive a ter um negócio próprio, realizando esse sonho com um custo muito menor do que se fosse montar o negócio sozinho. Há uma forma de redução de custos, pois com a padronização e efetivação da franquia certos produtos podem ter redução substancial de preço, como nas cadeias de *fast food*.

9.2.10 Quem usa

Várias empresas, atualmente, utilizam-se da franquia para colocação no mercado de seus produtos ou serviços: Benetton, O Boticário, McDonald's, Vila Romana, Hugo Boss, Dunkin Donuts, Freios Varga, Yázigi, Coca-Cola, os distribuidores de combustíveis (Esso, Shell, Texaco), os fabricantes de veículos – nas revendedoras dos quais, em princípio, somente são encontradas unidades exclusivas que operam sob determinada marca –, os hotéis Sheraton e Holliday Inn.

9.2.11 Tipos

Levando em conta seu objeto, o *franchising* pode ser classificado como:

a) de indústria, como as fábricas da Coca-Cola e Pepsi-Cola;

b) de comércio, como as perfumarias O Boticário e as lojas Benetton;

c) de serviços, como as escolas Yázigi, os hotéis Holliday Inn, Sheraton, Hilton e Novotel, os serviços autorizados (Serviço Autorizado Brastemp – SAB) e as empresas locadoras de veículos, como a Aviz, Hertz-Rent a Car.

Podemos dividi-lo também quanto:

a) ao produto: em que se fabricam ou comercializam bens produzidos pelo próprio franqueado, sob supervisão de desenvolvimento do produto e controle de qualidade (ex.: Vila Romana, que fabrica produtos de grifes internacionais, como Pierre Cardin, Christian Dior, Yves St. Laurent. Ocorre também com a Calvin Klein e Giorgio Armani, que possuem pontos de venda exclusivos no Brasil);

b) à distribuição: o franqueador determinará quais são os produtos que serão fornecidos aos franqueados para distribuição em seus pontos de venda (postos de gasolina e álcool da Shell, Esso e outros distribuidores de petróleo).

9.2.12 Modalidades

O *franchising* também pode ser estudado sob a forma de suas modalidades:

a) *master franchising* ou franquia mestre – em que o franqueador original do produto ou serviço, por necessidade de expansão internacional de sua marca, delega a uma empresa local o direito de subfranqueá-la no país de destino. Seria uma forma de sublicenciamento, em que vai sendo feita uma série de franquias, desde o franqueador originário até aquele que irá vender ao consumidor final. Geralmente, nestes casos, o subfranqueado tem direito também de franquear a terceiros, como ocorre com a Hugo Boss Moda Masculina;

b) *area development franchise* – desenvolvimento de área de franquia. Tal modalidade é utilizada pelo restaurante Wienerschnitzel nos Estados Unidos e no Canadá, tendo por especialidade o frango empanado. Normalmente, uma ou mais empresas locais são contratadas pelo franqueador com o objetivo de desenvolver e explorar diretamente a marca num certo espaço geográfico;

c) *area controllership* – controle de área de franquia. O franqueador original delega a várias empresas que são subcontratadas o direito de franquear a marca, tendo como vantagem o fato de que é possível a subcontratação, não se fazendo a administração de cada franqueado individualmente;

d) *business format franchising* – sistema de franquia formatada. É tanto utilizada em franquias diretas como indiretas. O franqueador cede o uso das técnicas e métodos de administração e comercialização que foram por ele desenvolvidos, transferindo ao franqueado o uso da marca, ficando este sob a supervisão e assessoria técnica do franqueador. É o exemplo do McDonald's, que formatou tanto o pão como os demais ingredientes que acompanham o sanduíche, inclusive as embalagens;

e) *package franchise* – o franqueado fabrica produtos ou presta serviços sob a mesma marca, com sujeição ao controle e assistência do franqueador;

f) *traditional franchise* – o franqueado distribui produtos fabricados pelo franqueador com sua marca.

9.2.13 A relação do *franchising* com a terceirização

O *franchising* é uma forma de terceirizar serviços, ou procurar distribuir a comercialização ou serviços do franqueador por intermédio de uma terceira pessoa.

Hoje, a franquia é, também, feita para que ex-empregados, gerentes e diretores passem a fazer serviços que anteriormente eram realizados mediante relação de emprego. Essas pessoas passam a ter negócio próprio, liberdade e autonomia em seu novo negócio, embora seguindo certas regras do franqueador.

Na indústria automobilística isso vem ocorrendo principalmente em épocas de crise e de desemprego, em que serviços antes feitos por um empregado passam a ser feitos por essa pessoa já na qualidade de pequeno empresário, passando ela a produzir peças ou prestar outros serviços não só para a montadora onde trabalhava, mas para outras empresas, o que pode ser feito inclusive pelo sistema de franquia de certas marcas.

O *franchising* tem sido um meio importante de terceirização, principalmente para a privatização de estatais, como ocorreu com os Correios na Inglaterra, com a Japan Airlines, com as concessionárias de Energia Elétrica no Chile e na Tailândia etc. O nosso Correio também vem utilizando, em algumas localidades, o processo de *franchising* para expandir suas unidades de atendimento, dado que o custo nesses casos tem sido muito menor.

É em virtude do desemprego ou da formação de contratos de *franchising*, que na verdade não o são, que começam a surgir as relações com o Direito do Trabalho, decorrendo daí os problemas trabalhistas.

9.3 O contrato de trabalho

Para fazer a distinção entre o contrato de trabalho e o de *franchising*, é necessário especificar inicialmente as principais características do primeiro pacto.

9.3.1 Definição

Contrato de trabalho é o negócio jurídico entre empregado e empregador sobre condições de trabalho.

9.3.2 Partes

As partes, nesse contrato, são denominadas empregado e empregador (arts. 2º e 3º da CLT).

Empregador é a pessoa física ou jurídica que, assumindo os riscos da atividade econômica, admite, assalaria e dirige a prestação pessoal de serviços do empregado (art. 2º da CLT).

Empregado é toda pessoa física que presta serviços com continuidade a empregador, mediante subordinação e pagamento de salário (art. 3º da CLT).

9.3.3 Objeto

O objeto do contrato de trabalho é a prestação de serviço subordinado e não eventual ao empregador, mediante o pagamento de salário. O trabalho autônomo prestado à pessoa física ou jurídica não gera contrato de trabalho.

9.3.4 Natureza jurídica

A natureza jurídica do pacto laboral é controvertida. Para uns, é um contrato, pois há o ajuste de vontades entre as partes. Para Orlando Gomes, é um contrato de adesão, em que o empregado adere às cláusulas contratuais, sem possibilidade de discuti-las com o empregador[12].

Para outros, que esposam a teoria anticontratualista, o trabalhador vem a se incorporar à empresa, sem qualquer possibilidade de autonomia da vontade na discussão do contrato de trabalho; há outros, ainda, que sustentam ser a empresa uma instituição, havendo, em decorrência, uma situação estatutária e não contratual entre as partes do referido contrato, em que o estatuto prevê as condições de trabalho, mediante o poder de direção e disciplinar do empregador.

A lei brasileira define o contrato de trabalho como "o acordo tácito ou expresso, correspondente à relação de emprego" (art. 442 da CLT). Tal disposição indica uma ideia de contrato (acordo de vontades) combinada com a teoria institucionalista (relação de emprego).

A teoria predominante é a de que o contrato de trabalho tem natureza contratual, em virtude de acordo de vontades, pois o empregado só trabalhará na empresa se assim o desejar, o mesmo ocorrendo em relação à contratação do trabalhador por parte do empregador.

9.3.5 Requisitos

Para a configuração da relação de emprego, mister se faz o atendimento dos seguintes requisitos:

a) trabalho prestado por pessoa física. Não é possível a prestação de serviços por pessoa jurídica ou por animal;

b) continuidade na prestação de serviços. Aquele que presta serviços eventualmente não é empregado. É, portanto, o contrato de trabalho um pacto de trato sucessivo ou de duração;

c) subordinação do empregado ao empregador, ao receber ordens de serviços etc. O empregado é dirigido pelo empregador, que o fiscaliza. Essa subordinação pode ser jurídica ou hierárquica. O trabalhador autônomo não é empregado

---

[12] GOMES, Orlando. *Contratos*. 2. ed. Rio de Janeiro: Forense, 1966, p. 118; Gomes, Orlando; Gottschalk, Elson. *Curso de direito do trabalho*. 13. ed. Rio de Janeiro: Forense, 1990, p. 130 e 142.

justamente por não ser subordinado a ninguém, exercendo com autonomia suas atividades e assumindo os riscos de seu negócio;

d) pagamento de salário pelos serviços prestados. O contrato de trabalho não é gratuito, mas oneroso. O empregado recebe salário pelos serviços prestados ao empregador;

e) prestação pessoal de serviços. O trabalho prestado pelo empregado tem de ser pessoal. Ele próprio tem de prestar os serviços. Estes não podem ser desenvolvidos por outra pessoa. Daí se dizer que o contrato de trabalho é *intuitu personae*.

Não é necessária a exclusividade na prestação de serviços por parte do empregado ao empregador. O obreiro pode ter mais de um emprego, visando ao aumento de sua renda mensal. Em cada um dos locais de trabalho, será considerado empregado. Se houver possibilidade da prestação de serviços para mais de uma empresa em cada horário de trabalho, não haverá incompatibilidade.

O fato de o contrato de trabalho prever a exclusividade na prestação de serviços pelo empregado não o desnatura. Caso o trabalhador não cumpra tal disposição contratual, dará apenas ensejo à rescisão justa pelo empregador do pacto laboral.

O empregado presta serviços por conta alheia, daí advindo o conceito de alteridade. É um trabalho sem assunção de qualquer risco pelo trabalhador. O operário pode participar dos lucros da empresa, não dos prejuízos. Quando está prestando serviço para si ou por conta própria, não será empregado, podendo ocorrer apenas a realização de um trabalho, ou a configuração do trabalho autônomo.

O empregador pode ser uma pessoa física ou jurídica. Tanto o trabalhador autônomo como a sociedade sem fins lucrativos podem ser empregadores, desde que tenham empregados.

Quem assume os riscos da atividade econômica é o empregador. Quando tais riscos são assumidos pelo empregado, não há contrato de trabalho, mas uma das características do trabalho autônomo.

Sendo o empregado subordinado, é o referido trabalhador dirigido e fiscalizado pelo empregador. É este que o contrata e o remunera pelos serviços prestados.

A CLT não exige como requisito à configuração da relação de emprego que o empregado preste serviços no estabelecimento do empregador, tanto que existe o empregado em domicílio, que presta serviços em sua própria residência.

9.3.6 Características

O contrato de trabalho é bilateral, consensual, oneroso, comutativo e de trato sucessivo.

Não é o pacto laboral solene, pois independe de quaisquer formalidades, podendo ser ajustado verbalmente ou por escrito (art. 443 da CLT). Havendo consenso entre as partes, mesmo verbalmente, o contrato de trabalho estará acordado.

A um dever do empregado corresponde um dever do empregador. O dever de prestar o trabalho corresponde ao dever do empregador de pagar salário, que se constitui num direito do empregado, daí sua comutatividade e bilateralidade.

A prática de um único ato não extingue o contrato de trabalho, consubstanciando-se este em um pacto de trato sucessivo ou de duração[13].

É também o contrato de trabalho sinalagmático, pois as partes obrigam-se entre si à satisfação de prestações recíprocas.

O pacto laboral é um contrato de atividade (*locatio operarum*), em que o empregador exerce um poder de direção sobre a atividade do trabalhador, e não um contrato de resultado (*locatio operis*).

O ajuste das disposições contratuais pode ser tácito, mesmo que as partes não façam nenhum arranjo claro, inequívoco, nenhum entendimento direto e taxativo. Com a continuidade da prestação de serviços, revela-se a vontade, a concordância na pactuação do contrato de trabalho. Quando o empregador não se opõe à prestação de serviços feita pelo empregado, utiliza-se do serviço deste, e paga-lhe salário, está evidenciado o contrato de trabalho acordado tacitamente[14].

Pode o contrato de trabalho ser firmado por prazo determinado ou indeterminado.

9.4 Aspectos comuns dos dois contratos

Newton Silveira, estudando o *franchising*, percebeu a possibilidade de haver certa confusão entre o tal pacto e o contrato de trabalho[15].

Como se verifica do que já foi exposto, existem pontos em comum entre o *franchising* e o contrato de trabalho.

---

[13] GOMES, Orlando; GOTTSCHALK, Élson. *Curso de direito do trabalho*. 13. ed. Rio de Janeiro: Forense, 1990, p. 134.
[14] RUSSOMANO, Mozart Victor. *Comentários à CLT*. 13. ed. Rio de Janeiro: Forense, 1990, p. 394.
[15] O contrato de *franchising* e a transferência de tecnologia. *Revista do Advogado AASP*, São Paulo, n. 3, p. 23, dez. 1989.

O contrato de trabalho pode ser ajustado verbalmente (art. 443 da CLT). O *franchising* podia ser verbal até a edição da Lei n. 8.955/94; agora, deve ser escrito (arts. 1º e 2º da Lei n. 13.966/2019).

As partes no contrato de franquia e no de trabalho podem ser uma pessoa jurídica e uma pessoa física.

Os pactos, como qualquer contrato, podem ser de prazo determinado ou indeterminado.

A cláusula contratual sobre a fixação de um território exclusivo de vendas, determinado pelo franqueador, pode ser confundida com a "zona de trabalho", de que trata a Lei n. 3.207/57 (art. 2º), que regulamenta as atividades dos empregados vendedores, viajantes ou pracistas. A alínea *a* do inciso XI do art. 2º da Lei n. 13.966 garante ao franqueado a exclusividade ou a preferência sobre determinado território de atuação e, neste caso, sob que condições. A franquia pode assemelhar-se também ao contrato de trabalho do comissionista. O franqueado está sujeito a vender somente os produtos determinados pela empresa, realizando um mínimo de vendas, mensalmente, a ter fixado o preço de vendas das mercadorias pelo franqueador, e até a ter o suposto lucro determinado por este último.

A assunção dos riscos da atividade econômica é, praticamente, em muitos casos, toda do franqueador, e o suposto lucro auferido pelo franqueado poderia enquadrar-se como uma comissão pela venda dos produtos daquele, o que caracterizaria a relação de emprego.

O franqueador tem de zelar pelo bom nome de sua marca e pelo correto uso desta por parte do franqueado. Exemplifica Fran Martins[16] que a franquia pode ser rescindida quando o franqueado é ébrio contumaz. Essa figura também é prevista na rescisão do contrato de trabalho por justa causa (art. 482, *f*, da CLT).

Outros casos de rescisão do contrato de franquia podem configurar direito potestativo do franqueador, principalmente em razão do contrato de adesão. Noutras hipóteses, existe a possibilidade da ocorrência do *ius variandi* do franqueador, de fazer pequenas modificações no contrato, sem configurar alteração contratual, que tem correspondência no Direito do Trabalho.

O poder de direção do franqueador, muitas vezes, é demonstrado pela forma de arrumação das vitrinas, cor, decoração e materiais empregados na loja do franqueado; por somente admitir a alteração do contrato social da empresa franqueada mediante prévia aprovação do franqueador, quer para a admissão, quer para a

---

[16] *Contratos e obrigações comerciais*. 6. ed. Rio de Janeiro: Forense, 1981, p. 594.

retirada de sócios ou cessão de cotas entre estes ou terceiros estranhos à sociedade; por especificar que o franqueado deposite o produto da venda das mercadorias ou serviços apenas em determinado estabelecimento bancário; na manutenção e atendimento de determinadas regras especificadas pelo franqueador, como vender apenas certas mercadorias, com quota mínima de vendas estipulada e sempre mantendo em nível baixo os estoques.

A fixação do horário de trabalho do franqueado consta, algumas vezes, do contrato de franquia, embora Rubens Requião entenda ser descabida tal exigência, conflitando com a prerrogativa do Poder Municipal nesse sentido[17].

Outra hipótese a ser lembrada é a de um franqueador, da Bahia, cujos sócios controladores e dirigentes são adventistas, levando a sério as determinações de sua religião. Ficou acordado no contrato que a loja do franqueado somente poderia funcionar aos sábados, após o pôr do sol[18], o que daria ensejo à fixação da jornada de trabalho do empregado pelo empregador.

Muitas vezes, pensa-se que duas "filiais" pertencem a uma mesma empresa, ou duas empresas pertencem a um mesmo grupo econômico, consubstanciando-se a solidariedade entre a empresa principal e cada uma das subordinadas (§ 2º do art. 2º da CLT).

Exemplo específico nesse sentido são duas lojas do McDonald's. Uma localiza-se no Shopping Iguatemi e outra no Shopping Ibirapuera, ambas na cidade de São Paulo. Parece que são empresas pertencentes ao mesmo grupo econômico (McDonald's), ou são filiais da mesma empresa, quando na verdade são empresas completamente distintas, com razão social e sócios completamente diversos, que apenas utilizam-se da franquia da marca McDonald's. Seria o caso de um funcionário de uma das empresas pleitear equiparação salarial ao da outra empresa, com a alegação de que este percebe salário superior ao daquele. Contudo, ocorre um fator impediente a tal pedido, que é a existência do mesmo empregador (art. 461 da CLT). No caso, existem empregadores diversos, que celebraram um contrato de franquia com a McDonald's, inexistindo qualquer direito, até mesmo de transferência do suposto empregado de uma "filial" para outra, quanto mais à isonomia salarial.

Um último ponto em comum é o de que tanto o *franchising* como o contrato de trabalho são *intuitu personae*, isto é, ambos os contratos são estabelecidos

---

[17] Contrato de franquia ou de concessão de vendas. *RT*, n. 513, p. 57-58, jul. 1978.
[18] CHERTO, Marcelo. O *franchising* e o contrato. *Revista do Advogado AASP*, n. 3, p. 12, dez. 1989.

em função de uma determinada pessoa. O franqueador vai fazer a seleção dos interessados na franquia em razão de certa e específica pessoa e não em relação a qualquer um.

Normalmente, não se admite que a franquia seja passada para outra pessoa, mas é realizada em relação a uma específica pessoa, que é o franqueado, nem mesmo havendo sucessão *inter vivos* ou *causa mortis*, a não ser que haja autorização do franqueador, pois este exige que o novo franqueado passe pelo mesmo processo de seleção por que passou o antigo[19]. Verifica-se que a relação entre franqueador e franqueado é *intuitu personae* e não meramente obrigacional, decorrente do pactuado no contrato.

O franqueado exerce, porém, sua atividade por conta própria e não por conta alheia, como ocorre no contrato de trabalho.

Outro elemento diferenciador entre os dois contratos é o fato de que os franqueados assumem os riscos de suas atividades, enquanto em relação ao empregado isso não ocorre. O franqueado não presta serviços ao franqueador.

9.5 O *franchising* discutido na Justiça do Trabalho

O mascaramento da relação de emprego é um fator constante nos processos trabalhistas, como na diferença entre o verdadeiro empregado e o trabalhador autônomo ou eventual; nos casos de locação de táxi, em que a empresa é constituída com o objetivo de locar táxis e não de ter uma frota de veículos com empregados prestando serviços para si; ou quando se constitui uma microempresa entre marido e mulher para a venda de mercadorias de terceiros, mediante comissão, em que a esposa sequer participa de qualquer atividade da sociedade, apenas lhe empresta o nome, e o marido, na verdade, é totalmente subordinado, não tendo qualquer autonomia, vendendo somente produtos designados por aquela empresa, configurando-se num verdadeiro empregado e não em pequeno empresário. Entre a franquia e a relação de emprego existe a possibilidade de ocorrer o mesmo.

Há hipótese, por exemplo, de uma pessoa que pretenda o reconhecimento do vínculo empregatício com uma agência de viagens. Essa agência de viagens cede o uso de sua marca a outras empresas, sob o sistema de franquia. Essas empresas podem utilizar-se do nome daquela, por meio de um contrato verbal entre as partes, fazendo propaganda, atendendo telefone, gravando o nome do franqueador nos

---

[19] LEITE, Roberto Cintra. Franchising *na criação de novos negócios*. São Paulo: Atlas, 1990, p. 58-61.

cartões de visita e em todos os impressos de publicidade, apesar de terem sede e endereço completamente diversos dos do franqueador, bem como razão social e sócios completamente distintos, havendo total autonomia e independência entre uma e outra empresa.

O suposto empregado não tinha sido admitido, não era dirigido, não era assalariado, não recebia ordens de qualquer pessoa que trabalhasse para o franqueador, nem prestava serviços para este, mas para a franqueada. Nesse caso, não há relação de emprego, mas um verdadeiro contrato de *franchising*. Inexiste a relação de emprego, pois as empresas são distintas, a subordinação dá-se com a franqueada e não com a franqueadora, sendo a primeira a que lhe paga salários.

Outro exemplo é o de um contrato de franquia entre duas pessoas jurídicas para o comércio de roupas. A franqueada era dirigida por quatro pessoas, que chamaremos de "franqueadas".

Havia exclusividade de vendas dos produtos determinados pela franqueadora, não podendo as franqueadas vender mercadorias de terceiros. A franqueadora escolhia os empregados que lá iam trabalhar, a indumentária dos empregados vendedores (pijamas). Os empregados das franqueadas não podiam fumar por determinação da franqueadora. A decoração e demais características da loja e a contabilidade eram determinadas e supervisionadas totalmente pela franqueadora.

Todas as ordens de compra e venda de mercadorias eram ditadas pela franqueadora, que estava em estado diverso do das supostas franqueadas. As franqueadas deveriam comparecer, em horário designado pela franqueadora, a reuniões, para estabelecimento de diretrizes que deveriam ser seguidas à risca, realizadas em outro estado da Federação, não podendo deixar de comparecer, sob pena de severa reprimenda.

Havia controle de horário de entrada das franqueadas e fiscalização sobre o comparecimento diário delas à loja, por parte da franqueadora. Não existia qualquer liberdade ou autonomia para que as franqueadas agissem sem prévia consulta à franqueadora, que estipulava o preço de venda das mercadorias e a margem de lucro, e que de certa forma assumia os riscos da atividade econômica. A dependência e subordinação das franqueadas à franqueadora eram tão grandes que não havia qualquer autonomia daquelas em relação a esta.

A forma de remuneração, por meio de lucro das mercadorias vendidas, nada mais era do que uma maneira indireta de pagamento de comissão, e que, no conjunto, caracterizava o contrato de trabalho. Os elementos típicos do contrato de trabalho estavam configurados: subordinação, continuidade, salário etc., demonstrando que as franqueadas nada mais eram do que empregadas. Nesse caso, os funcionários das franqueadas também eram empregados da franqueadora, que era o verdadeiro empregador.

Não é o fato de a franqueadora manter funcionários seus na franqueada que implicará vínculo com esta. Nada impede que pessoas prestem serviços de instalação de franquia, de *layout*, de arrumação de vitrinas, ou expliquem o processo de fabricação do produto a ser vendido na franquia, inclusive prestando assistência técnica. Isso não vai vincular os empregados da franqueadora mediante relação de emprego com a franqueada.

Apesar de esses empregados estarem praticamente sob as ordens da franqueada, o vínculo não se forma com ela, pois quem o remunera é a franqueadora, que os admitiu e pode direcionar a prestação de serviço, inclusive transferindo-os para outras instalações do produtor em diversas franqueadas. Não haverá, nesse caso, o vínculo de emprego, nem poderá ser considerada a exploração de mão de obra.

Em caso decidido que dizia respeito à empresa de entregas rápidas (Vaspex), não se configurou vínculo de emprego entre o trabalhador e a citada empresa. O trabalhador atendia ao telefone usando a palavra Vaspex. Usava uniforme Vaspex. A fachada do prédio tinha o logotipo Vaspex. Entretanto, não houve prova de subordinação com a Vaspex, nem pessoalidade direta. A Vaspex não fiscalizava nem advertia ou suspendia o trabalhador. Quem pagava o trabalhador era a franqueada da Vaspex, que era o real empregador.

Há jurisprudência entendendo inexistir o vínculo de emprego:

> Sistema de franquia. Vínculo de emprego. O instituto do *franchising* se aproxima do contrato de trabalho, mas com ele não deve ser confundido. A franquia se caracteriza pela concessão do uso do título do estabelecimento, prestação de assistência técnica através de reuniões de planejamento e desenvolvimento e a fixação de tarifas pelo franqueador. Tais adjetivos longe estão de configurar poder de direção da franqueadora sobre a franqueada, ou mesmo subordinação, de molde a corroborar a tese de relação empregatícia mascarada. Cumpre apreciar, substancialmente, a relação de molde a identificar o grau destes requisitos. Nesta esteira, a existência de independência pela franqueada na contratação de recursos humanos, de autonomia em determinar estratégias, objetivando o maior lucro, e o investimento com seus próprios recursos no negócio se incompatibilizam com a hipótese de subordinação ou da evidência de poder de mando da franqueadora. A franqueada na verdade adota postura de verdadeiro empregador e não de empregado, pois age determinando as diretrizes da empresa otimizando o desempenho das tarefas empresariais (TRT 9ª R, 5ª T., RO 12.923/97, Ac. 009558/98, rel. Juiz Antonio Lucio Zarantonello, j. 25-3-1998).

Não haverá responsabilidade solidária ou subsidiária da franqueadora pelo inadimplemento da franqueada para com os empregados desta, pois não pertencem ao mesmo grupo econômico, salvo se houver fraude. O empregado, muitas vezes, sequer trabalha na empresa franqueadora, mas nas dependências da empresa franqueada. Não há lei prevendo responsabilidade trabalhista solidária ou subsidiária entre franqueado e franqueador.

O art. 455 da CLT trata de responsabilidade subsidiária entre empreiteiro e subempreiteiro, que não é o caso. O art. 16 da Lei n. 6.019 versa sobre responsabilidade solidária apenas para trabalho temporário. A Súmula 331 do TST não regula o tema. Não há grupo de empresas para se observar o § 2º do art. 2º da CLT. Inexiste sucessão para serem utilizados os arts. 10 e 448 da CLT. Não ocorre responsabilidade subsidiária, pois a franqueadora não foi beneficiária direta do serviço do empregado, nem o trabalho foi desenvolvido em suas dependências.

O franqueador não é tomador dos serviços para se falar em responsabilidade subsidiária.

A jurisprudência assim se posiciona:

> Contrato de franquia. Inexistência de responsabilidade solidária. Evidenciada a avença de contrato de franquia entre as empresas reclamadas, regido por legislação específica – Lei n. 8.955, de 15-12-94, descaracteriza-se a hipótese de grupo econômico ou terceirização – elementos ensejadores da responsabilidade subsidiária ou solidária, conforme disposto no § 2º do art. 2º da CLT e Enunciado 331 do C. TST (TRT 10ª R., 3ª T., RO 1.560/98, rel. Juiz Marcos Roberto Pereira, j. 24-9-1998, *DJU* 16-10-1998, p. 43).

> Franquia. Responsabilidade solidária ou subsidiária da licenciadora da marca. Inexistência. Comprovado nos autos que a primeira reclamada autorizou a utilização de sua marca e do seu sistema de prestação de serviços, através de sistema de franquia, inexiste responsabilidade solidária ou subsidiária daquela com relação às empresas franqueadas, posto que ausentes os pressupostos legais para a caracterização de responsabilidade na hipótese, bem como por não tratar de caso de prestação de serviços, vez que a primeira reclamada não trata de "tomadora dos serviços", como exige o Enunciado n. 331/TST e máxime considerando que a relação de emprego se desenvolveu apenas com a empresa franqueadora, como esclarecido na inicial (TRT 10ª R, 2ª T., RO 0724/98, rel. Juiz Braz Henriques de Oliveira).

> *Franchising*. Responsabilidade subsidiária da empresa franqueadora. A franqueadora não é responsável pelos créditos trabalhistas inadimplidos

pela empresa franqueada, porquanto o contrato de franquia não é figura jurídica capaz de atrair a responsabilidade solidária/subsidiária. Embora exista uma comunhão de interesses entre franqueadora e franqueada, ela é restrita às peculiaridades do contrato (TRT 3ª R., 5ª T., RO 19.692/98, rel. Juiz Fernando Antonio de Menezes Lopes, j. 14-6-1999, *DJ* MG 26-6-1999, p. 17).

Contrato de franquia. Responsabilidade da franqueadora. Os contratos de franquia constituem-se numa forma de terceirização de serviços, tendo em vista que o franqueador, por meio de uma terceira pessoa – em quem deposita a fidúcia necessária à reprodução da atividade essencial do negócio – nada mais objetiva que distribuir produtos ou serviços, visando ampliar vendas e expandir negócios, sem ter de arcar com maior amplitude empresarial. O franqueador figura, assim, como tomador de serviços e o franqueado, como prestador de serviços, de modo que deve ser reconhecida a responsabilidade subsidiária do primeiro por possíveis débitos trabalhistas do segundo. Aplica-se, pois, o entendimento cristalizado do Enunciado n. 331, IV, do Col. TST (TRT 3ª R., 4ª T., RO 19068/00, rel. Juiz Luiz Otávio Linhares Renault, *DJMG* 16-12-2000, p. 26).

Franquia. Responsabilidade. Não se verifica, no caso, ingerência da franqueadora na administração dos negócios do franqueado, quanto mais nas relações de trabalho que este mantém com seus empregados. Além disso, a franqueadora e a franqueada são pessoas jurídicas distintas, não existindo prova da existência de sócios coincidentes, resultando na falta de qualquer liame legal que possa vincular as empresas sob a forma de grupo econômico, nos moldes do parágrafo 2º do artigo 2º da CLT. A comunhão de interesses entre as empresas é decorrente da particularidade do contrato de franquia, inclusive no que diz respeito ao atingimento de metas. Não há responsabilidade solidária ou subsidiária da franqueadora (TRT 2ª R., 18ª T., Proc. 0002421-58.2012.5.02.0002, Ac. 20150346373, rel. Juiz Sergio Pinto Martins, j. 29-4-2015, *DJ*e 4-5-2015).

Franchising. Responsabilidade solidária. Grupo econômico. O contrato mercantil de *franchising*, de que trata a Lei n. 8.955/94, em especial o art. 2º, caracterizado entre as empresas demandadas, autônomas, com personalidades jurídicas próprias e diversidade de sócios, impede a caracterização do grupo econômico, e, por consequência, o reconhecimento da responsabilidade solidária prevista no artigo 2º, § 2º, da CLT (TST, 2ª T, RR 565.433/99.1-10. R, rel. Juiz Aloysio Corrêa da Veiga, j. 23-5-2001, *DJU* 1 22-6-2001, p. 414).

9.6 Conclusões

Na prática, como serão diferenciadas as situações decorrentes do *franchising* e do contrato de trabalho? Como verificar se a franquia é realmente lícita e não representa uma forma de mascaramento da relação de emprego, ou se realmente é uma forma correta de terceirização?

É na autonomia das partes e no grau de subordinação entre os pactuantes da franquia – principalmente se a franqueada for pessoa física, ou for criada uma pessoa jurídica para o desvirtuamento da relação – que se irá distingui-la da relação de emprego. O verdadeiro *franchising* não pode caracterizar vínculo de emprego (art. 1º da Lei n. 13.966/2019).

Não são meramente cerebrinas as hipóteses referidas, mas podem muito bem confundir o contrato de trabalho com o de franquia, sendo em muitos casos difícil sua distinção, pois apresentam elementos de um e de outro acordo de vontades, ou faltam fatores para a caracterização dos distintos contratos: um de natureza comercial, outro de natureza trabalhista. Assim, há necessidade de se verificar se a franquia é uma forma de terceirização lícita ou ilícita.

O que distinguirá as duas situações – contrato de trabalho e contrato de franquia – são dois elementos: o poder de direção do empregador e a subordinação. Ressalte-se que o contrato de trabalho é informado pelo princípio da primazia da realidade sobre o intrincado nome que foi dado ao pacto. Deve-se, nesse caso, *to lift the corporate veil* (levantar o véu da corporação ou manto que envolve o contrato), analisar a realidade dos fatos e descobrir se existe contrato de trabalho ou de franquia.

É o caso, inclusive, de se utilizar da teoria do *disregard of legal entity*, ou seja, da desconsideração da pessoa jurídica da franqueada, considerando-se as franqueadas empregadas de quem recebe a prestação do serviço, tal como se não existisse a empresa franqueada.

O art. 9º da CLT é claro no sentido de que são "nulos de pleno direito os atos praticados com o objetivo de desvirtuar, impedir ou fraudar a aplicação dos preceitos contidos na CLT". A existência da subordinação e o mascaramento da relação dita de *franchising* importarão a aplicação do citado preceito legal.

Se o franqueador fizer um contrato de franquia com o objetivo de desvirtuar a aplicação da CLT, o referido art. 9º será aplicado, principalmente quando verificada a hipótese de exploração de mão de obra, o que atrairia a aplicação da Súmula 331 do TST, formando-se vínculo diretamente com a empresa franqueadora.

A fixação do preço e a estimativa de lucros das mercadorias vendidas, determinadas pela franqueadora, podem evidenciar a ocorrência de uma relação de emprego. Como circunstâncias excludentes para o caso da relação de emprego, lembramos: o poder da franqueada de admitir e demitir seus empregados livremente; de controlar seus horários de trabalho; de direção (gestão) normal da empresa, sem qualquer interferência alheia; a assunção efetiva dos riscos da atividade econômica pela franqueada; o fato de esta representar ou comercializar produtos de outras empresas; a fixação por ela do preço e do lucro das mercadorias vendidas. É sabido que tais hipóteses são um pouco raras na prática, em virtude das determinações baixadas pelo franqueador.

Os elementos subordinação e autonomia das partes são essenciais nessa diferenciação e irão, inclusive, indicar se a terceirização será válida ou não.

Se o grau de subordinação da franqueada à franqueadora for acentuado, não tendo aquela qualquer autonomia na realização de seus negócios, tem-se caracterizado um contrato de trabalho e não de franquia, principalmente se a primeira for pessoa física.

Daí ressaltar-se o cuidado que se deve ter na elaboração de contratos de franquia, a fim de se evitar lacunas, assim como na situação fática realmente existente, que poderiam descaracterizar o contrato comercial e configurar a relação de emprego.

10
A Terceirização e as Cooperativas

10.1 Histórico

As cooperativas foram encontradas na França, por volta do século XIX, quando os trabalhadores reagiram à Revolução Industrial.

O cooperativismo iniciou-se em 1844, na cidade de Rochdale, próxima a Manchester, na Inglaterra, quando um grupo de 28 operários fundou a Sociedade dos Probos Pioneiros de Rochdale, instalando um armazém, de maneira a ajudar mutuamente as pessoas. Foram estabelecidos princípios, como:

a) adesão livre ou porta aberta;

b) gestão democrática;

c) distribuição das sobras líquidas;

d) taxa limitada de juros sobre o capital social;

e) constituição de um fundo de educação para os cooperados e o público em geral;

f) ativa cooperação entre os cooperativistas, tanto local quanto nacional e internacionalmente.

Essas cooperativas surgiram porque os trabalhadores perderam seus postos de trabalho com a Revolução Industrial, passando a prestar serviços às indústrias locais, por meio do próprio grupo e não individualmente. Num primeiro momento, as cooperativas não tinham objetivo de lucro, mas o de, mediante esforços em comum, satisfazer suas necessidades.

As cooperativas suprimem o intermediário, sendo que os serviços são realizados ou prestados pelos próprios sócios. Elas têm, muitas vezes, como objetivo, a diminuição de despesas e custos, com os quais os associados sozinhos não poderiam arcar.

No Brasil, as cooperativas nasceram juntamente com o movimento sindical.

O art. 10 da Lei n. 1.637, de 1907, estabelecia que:

> as sociedades cooperativas, que poderão ser anônimas, em nome coletivo ou em comandita, são regidas pelas leis que regulam cada uma destas formas de sociedades, com as modificações estatuídas na presente lei.

Tal norma foi regulamentada pelo Decreto n. 22.239, de 19 de dezembro de 1932. A partir desse momento, passaram a ser consideradas instituto autônomo.

O art. 1º do Decreto n. 22.239 dispunha que o contrato de sociedade cooperativa é formado quando sete ou mais pessoas naturais mutuamente se obrigam a combinar seus esforços, sem capital fixo predeterminado, para lograr fins comuns de ordem econômica. Eram sociedades de pessoas e não de capitais (art. 2º).

Poderiam adotar por objeto qualquer gênero de operações ou de atividades na lavoura, na indústria, no comércio, no exercício de profissões e todos e quaisquer serviços de natureza civil e mercantil, podendo ter ou não lucro (§ 2º do art. 16).

Rezava o art. 24 do Decreto n. 22.239/32 que:

> são cooperativas de trabalho aquelas que, constituídas entre operários de uma determinada profissão ou ofício ou de ofícios vários de uma mesma classe, têm como finalidade primordial melhorar os salários e as condições de trabalho pessoal de seus associados e, dispensando a intervenção de um patrão ou empresário, se propõem contratar obras, tarefas, trabalhos ou serviços públicos ou particulares, coletivamente por todos ou por grupos de alguns.

O Decreto n. 22.239 foi diversas vezes revogado e revigorado. Com o Decreto-Lei n. 59, de 21 de novembro de 1966, foi definitivamente revogado.

A Lei n. 5.764, de 16 de dezembro de 1971, define a política nacional de cooperativismo, instituindo o regime jurídico das sociedades cooperativas. O art. 117 da referida norma revoga o Decreto-Lei n. 59/66.

A Constituição de 1988 versa também, em alguns dispositivos, sobre regras gerais a respeito das cooperativas. A alínea *c* do inciso III do art. 146 dispõe que a lei complementar irá dar adequado tratamento tributário ao ato cooperativo praticado pelas sociedades cooperativas. O § 2º do art. 174 determina que a lei apoiará e estimulará o cooperativismo e outras formas de associativismo.

A Recomendação n. 127 da OIT, de 21 de junho de 1966, tratava das cooperativas de trabalho, mencionando os vários setores de cooperativas, como de serviços, de artesãos, operárias de produção e de trabalho. Faz menção à necessidade de se estabelecerem objetivos de uma política referente a cooperativas para "melhorar a situação econômica, social e cultural das pessoas". Seu item II mencionava que:

> com a finalidade de melhorar as oportunidades de emprego, as condições de trabalho e as receitas dos trabalhadores agrícolas sem-terras, deveriam estes ser ajudados, quando for conveniente, a organizarem-se, voluntariamente, em Cooperativas de Trabalho.

A Lei n. 12.690/2012 regula as cooperativas de trabalho.

10.2 Conceito

Cooperativa é a sociedade de pessoas que têm por objetivo a organização de esforços em comum para a consecução de determinado fim[1].

Considera-se:

> cooperativa de Trabalho a sociedade constituída por trabalhadores para o exercício de suas atividades laborativas ou profissionais com proveito comum, autonomia e autogestão para obterem melhor qualificação, renda, situação socioeconômica e condições gerais de trabalho (art. 2º da Lei n. 12.690/2012).

Os membros da cooperativa não têm subordinação entre si, mas vivem num regime de colaboração.

10.3 Distinção

Distinguem-se as cooperativas dos sindicatos, pois aquelas visam à prestação de serviços a seus associados – por exemplo: de distribuição da produção. O sindicato tem por objetivo a defesa dos interesses coletivos e individuais da categoria, judicial ou extrajudicialmente.

Diferenciam-se as cooperativas das demais sociedades, pelas seguintes características:

---

[1] MARTINS, Sergio Pinto. *Cooperativas de trabalho.* 6. ed. São Paulo: Atlas, 2015, p. 41.

a) adesão voluntária, com número ilimitado de associados, salvo impossibilidade técnica de prestação de serviços;

b) variabilidade do capital social representado por cotas-partes;

c) limitação do número de cotas-partes do capital para cada associado, facultado, porém, o estabelecimento de critérios de proporcionalidade, se assim for mais adequado para o cumprimento dos objetivos sociais;

d) inacessibilidade das cotas-partes do capital a terceiros, estranhos à sociedade;

e) singularidade de voto, podendo as cooperativas centrais, federações e confederações de cooperativas, com exceção das que exerçam atividades de crédito, optar pelo critério da proporcionalidade;

f) *quorum* para o funcionamento e deliberação da assembleia geral baseado no número de associados e não no capital;

g) retorno das sobras líquidas do exercício, proporcionalmente às operações realizadas pelo associado, salvo deliberação em contrário da assembleia geral;

h) indivisibilidade dos fundos de reserva e de assistência técnica, educacional e social;

i) neutralidade política e indiscriminação religiosa, racial e social;

j) prestação de assistência aos associados e, quando previsto nos estatutos, aos empregados da cooperativa;

k) área de admissão de associados limitadas às possibilidades de reunião, controle, operações e prestações de serviços.

10.4 Denominação social

O art. 5º da Lei n. 5.764/71 estabelece que as cooperativas poderão adotar por objeto qualquer gênero de serviço, operação ou atividade, assegurando-se-lhes o direito exclusivo e exigindo-se-lhes a obrigação do uso da expressão *cooperativa* em sua denominação. Tal dispositivo abrange qualquer tipo de cooperativa e não somente as cooperativas de trabalho.

10.5 Classificação

O cooperativismo pode ter dois aspectos: o cooperativismo como política social e as cooperativas de trabalho.

As cooperativas podem ser classificadas da seguinte forma:

a) de consumo: que têm por objetivo fornecer aos associados artigos de consumo a preços baixos;

b) de produção: tendo a finalidade de colocar a produção em outros locais, sem intermediários, que encareceriam o preço do produto. Há cooperativas de produção coletiva, que eram comuns na antiga Iugoslávia. No Brasil, surgiram as Cooperativas de Produção Agropecuária (CPAs), visando aos assentamentos dos sem-terra;

c) de crédito: visando proporcionar crédito aos associados;

d) de serviço: proporcionando a prestação de serviços aos associados, como transporte, abastecimento, distribuição etc.

Podem as cooperativas ser instituídas de diversas formas:

a) cooperativas de produção, como ocorria na Iugoslávia. No Brasil, houve a criação de cooperativas de produção agropecuárias;

b) organizações comunitárias de trabalho, como *Kibutz* em Israel;

c) cooperativas de trabalho, que podem ser de produção agrícola, industrial e artesanal. Têm por objetivo a venda de bens e serviços para o mercado;

d) cooperativas de profissionais liberais, como as Unimeds (de médicos ou de medicina), Uniodontos (de dentistas) etc.;

e) cooperativas de mão de obra. Na Argentina, são denominadas cooperativas de "mano de obra". São cooperativas que operam nas instalações de outras empresas, fornecendo a mão de obra.

São as cooperativas singulares constituídas pelo número mínimo de vinte pessoas físicas, caracterizando-se pela prestação direta de serviços aos associados.

A Lei n. 12.690/2012 divide as cooperativas de trabalho em:

I – de produção, quando constituída por sócios que contribuem com trabalho para a produção em comum de bens e a cooperativa detém, a qualquer título, os meios de produção;

II – de serviço, quando constituída por sócios para a prestação de serviços especializados a terceiros, sem a presença dos pressupostos da relação de emprego (art. 4º).

As cooperativas centrais e federações de cooperativas objetivam organizar, em comum e em maior escala, os serviços econômicos e assistenciais de interesse das filiadas, integrando e orientando suas atividades, bem como facilitando a utilização recíproca dos serviços.

São as cooperativas centrais ou federações de cooperativas constituídas, pelo menos, por três cooperativas singulares, podendo, excepcionalmente, admitir associados individuais. As confederações de cooperativas são constituídas por, no mínimo, três federações de cooperativas ou cooperativas centrais, da mesma ou de diferentes modalidades.

A relação nas cooperativas é associativa, sendo os atos praticados denominados atos cooperativos.

Caracterizam-se as cooperativas singulares pela prestação direta de serviços aos associados (art. 7º da Lei n. 5.764/71).

As cooperativas, de modo geral, são constituídas para prestar serviços aos associados (art. 4º da Lei n. 5.764/71). É o princípio da dupla qualidade, em que o cooperado é, ao mesmo tempo, sócio e destinatário dos serviços da cooperativa.

10.6 Responsabilidade

As sociedades cooperativas serão de responsabilidade limitada quando a responsabilidade do associado pelos compromissos da sociedade limitar-se ao valor do capital por ele subscrito.

Haverá responsabilidade ilimitada quando a responsabilidade do associado pelos compromissos da sociedade for pessoal, solidária e sem limite.

A responsabilidade do associado para com terceiros, como membro da sociedade, somente poderá ser invocada depois de judicialmente exigida da cooperativa.

O art. 4º da Lei n. 5.764 dispõe que a cooperativa não está sujeita à falência, mas sim à liquidação extrajudicial, nos termos do art. 75 da mesma norma.

10.7 Características

O contrato de sociedade cooperativa é considerado celebrado entre pessoas que reciprocamente se obrigam a contribuir com bens ou serviços para o exercício de uma atividade econômica, de proveito comum, sem objetivo de lucro (art. 3º da Lei n. 5.764).

Nota-se que o objetivo da cooperativa é o exercício de uma atividade econômica, sem natureza lucrativa.

Verifica-se também que a relação entre cooperado e cooperativa é de associação.

São as sociedades cooperativas sociedades de pessoas, com forma e natureza jurídicas próprias, tendo natureza civil. Possuem capital variável.

10.8 Terceirização

A cooperativa pode ser uma forma de terceirização, quando a empresa necessita de serviços ou bens que são produzidos por aquela.

Ultimamente, o uso de cooperativas também não deixa de ser uma forma de se tentar evitar o desemprego, proporcionando trabalho às pessoas. Constata-se que a terceirização, inclusive sob a forma de cooperativa, surge de condições de desemprego, de modo a tornar ocupadas as pessoas e lhes proporcionar remuneração.

Qualquer atividade pode ser realizada por meio da cooperativa, até mesmo a de profissionais liberais, como médicos, advogados, dentistas, engenheiros etc.

O objetivo do Projeto de Lei n. 3.383/92 foi reduzir o desemprego, principalmente na área rural, em virtude do êxodo rural. Visava beneficiar imensa massa de desempregados no campo, proporcionando-lhes o benefício de serem trabalhadores autônomos. Tal projeto resultou na Lei n. 8.949.

A Lei n. 8.949, de 9-12-1994, acrescentou parágrafo único ao art. 442 da CLT, atual § 1º do art. 442 da CLT, determinando que "qualquer que seja o ramo de atividade da sociedade cooperativa, não existe vínculo empregatício entre ela e seus associados, nem entre estes e os tomadores de serviços daquela". Sem dúvida, vão surgir muitos problemas trabalhistas decorrentes do referido preceito legal.

Já dispunha o art. 90 da Lei n. 5.764 que, "qualquer que seja o tipo de cooperativa, não existe vínculo empregatício entre ela e seus associados", o que agora é repetido no parágrafo único do art. 442 da CLT.

A diferença entre os dois preceitos legais é que a Lei n. 8.949 acrescentou a expressão relativa à inexistência de vínculo de emprego entre os associados da cooperativa e seus tomadores de serviços.

Quando a cooperativa tem empregados que lhe prestam serviços, iguala-se às demais empresas para os fins trabalhistas e previdenciários (art. 91 da Lei n. 5.764).

O parágrafo único do art. 442 da CLT, ao empregar a expressão *qualquer ramo de atividade*, indica que tal regra se aplica a qualquer cooperativa e não somente às cooperativas de trabalho.

Estabelece, ainda, o parágrafo único do art. 442 da CLT uma presunção *iuris tantum* (relativa) da inexistência do vínculo de emprego, que pode ser elidida por prova em sentido contrário, diante do princípio da realidade que informa o Direito do Trabalho.

Não se poderá utilizar da cooperativa para substituir mão de obra permanente ou interna da empresa, pois seu objetivo é ajudar seus associados. A cooperativa não poderá ser, portanto, intermediadora de mão de obra.

O empregador não poderá dispensar seus empregados para posteriormente recontratá-los sob a forma de cooperados, se persistirem o elemento subordinação e os demais pertinentes à relação de emprego.

O importante é que os cooperados prestem serviços pela cooperativa com total autonomia, isto é, sem subordinação. A cooperativa terá por objetivo central a prestação de serviços a seus associados (art. 4º da Lei n. 5.764/71).

Os serviços devem ser especializados. Nem sempre, contudo, será possível distinguir a atividade-fim da atividade-meio. O ideal, portanto, é que o associado não os preste de maneira individualizada, pessoalmente, pois poderá ficar evidenciada a pessoalidade, caracterizando-se o vínculo de emprego, se estiverem presentes os demais requisitos do art. 3º da CLT.

Cumpridos, porém, os requisitos da Lei n. 5.764, não se formará o vínculo de emprego, nos termos do § 1º do art. 442 da CLT.

Haverá, na verdade, sociedade entre as partes, com o objetivo de um empreendimento comum ou da exploração de uma atividade. Inexistirá vínculo de emprego entre os associados da cooperativa e esta, justamente em razão da condição de prestadores de serviços que são os associados da cooperativa, além de inexistir subordinação.

Entretanto, se não houver esse interesse comum de sociedade entre as partes, mas, ao contrário, existir subordinação, e os demais elementos previstos no art. 3º da CLT, existirá vínculo de emprego com a empresa tomadora dos serviços. Na prática, as empresas vão utilizar-se desse procedimento, e serão criadas cooperativas com o objetivo de evitar a configuração da relação de emprego.

Por exemplo, um hospital pode reunir irregularmente vários médicos, denominando-os cooperados, ou fazê-los constituir sociedade cooperativa, embora existindo subordinação, caso em que haverá vínculo de emprego dos cooperados com o hospital, principalmente se a situação for igual à de outros empregados. Se há continuidade na prestação de serviços pela mesma pessoa e o serviço é por tempo indeterminado e permanente, pode-se configurar o vínculo de emprego, pois o certo seria haver rodízio dos cooperados na prestação dos serviços, e não serem os serviços prestados sempre pelas mesmas pessoas.

No campo, é comum a utilização das cooperativas para a contratação de trabalhadores visando à colheita das safras. Muitas vezes, é usada de forma abusiva, com o "gato" (intermediário na colocação de mão de obra) arregimentando o "boia-fria". Finda a colheita, em vez de se distribuir os lucros entre os associados, fica o "gato" com a maior parte e paga migalhas aos trabalhadores, descaracterizando a existência da cooperativa. Havendo subordinação entre o trabalhador e o "gato", não há que se falar em cooperativa.

Na área rural, o próprio art. 4º da Lei n. 5.889/73 (lei do trabalhador rural) equipara ao empregador rural a pessoa física ou jurídica que, habitualmente, em caráter profissional e por conta de terceiros, execute serviços de natureza agrária mediante utilização do trabalho de outrem. Ocorrendo isso com a cooperativa, presentes os requisitos da relação de emprego, poderá ser considerada empregadora rural.

Provada a existência de fraude, o vínculo de emprego formar-se-á normalmente, sendo aplicado o art. 9º da CLT, que impede procedimentos escusos com objetivo de burlar a configuração da relação de emprego ou preterir direitos trabalhistas dos empregados. Os abusos, assim, serão coibidos pela Justiça do Trabalho. Na jurisprudência, é verificada a contratação de cooperativa nessas condições em que, na verdade, o trabalhador presta serviços, configurando vínculo de emprego:

> Imprópria a denominação de cooperativa na contratação de trabalho entre associados e beneficiário dos serviços, configurando evidente fraude aos direitos das reclamantes, por afastá-las da proteção do ordenamento jurídico trabalhista – Reconhecimento de vínculo empregatício entre cooperativados e tomador dos serviços (TRT 4ª R., 4ª T., RO 7.789/83, rel. Juiz Petrônio Rocha Velino, j. 8-5-1984, *LTr* 49-7/839).

> Cooperativa. Relação de emprego. Quando o fim almejado pela cooperativa é a locação de mão de obra de seu associado, a relação jurídica revela uma forma camuflada de um verdadeiro contrato de trabalho (TRT 2ª R., 1ª T., RO 02930463800, Ac. 02950210648, rel. Juiz Floriano Corrêa Vaz da Silva, *DOE-SP*, 7-6-1995, p. 41).

> Inadequada intermediação na contratação de trabalho entre cooperativado e destinatário da prestação, a pretexto de locação de serviços, em aberta infração à ordem jurídica – Reconhecimento da relação de emprego entre o prestador e o beneficiário do serviço, assegurada a sua eficácia legal (TRT 4ª R., 1ª T., RO 2.035/80, rel. Juiz Ermes Pedro Pedrassani, j. 10-11-1980, *LTr* 45-5/601).

Assim, para que haja a real prestação de serviços por intermédio da sociedade cooperativa e não exista o vínculo de emprego, é mister que os serviços sejam geralmente de curta duração, de conhecimentos específicos. Quando a prestação dos serviços é feita por prazo indeterminado, deve haver rodízio dos associados na prestação de serviços, para não se discutir a existência do vínculo de emprego.

A sociedade cooperativa não pode revestir a condição de agenciadora ou de locadora de mão de obra, pois desvirtuaria plenamente seus objetivos, e tal procedimento contrariaria a Lei n. 6.019/74, que tem por objetivo disciplinar o trabalho temporário.

O § 1º do art. 442 da CLT abre, por conseguinte, a possibilidade de terceirização de serviços por intermédio de cooperativas, já que não se forma o vínculo de emprego entre estas e seus associados, qualquer que seja o ramo de atividade da sociedade cooperativa, nem entre os cooperados e os tomadores de serviços daquela, desde que atendidos os requisitos legais.

O cooperativismo não deixa, porém, de ser uma forma de solucionar os problemas de produção em empresas que tenham por objetivo reduzir seus custos. Trata-se de terceirização lícita, devidamente autorizada por lei, desde que observados seus requisitos.

Uma forma de bem utilizar as sociedades cooperativas foi a do § 1º do art. 163 da Constituição do Rio Grande do Sul, dispondo que, "na hipótese de privatização das empresas públicas e sociedades de economia mista, os empregados terão preferência em assumi-las sob forma de cooperativas".

11
Trabalho Temporário

A Lei n. 6.019/74 passa a regular tanto o trabalho temporário como as relações de trabalho nas empresas de prestação de serviços e nas tomadoras de serviço (art. 1º). Tudo, portanto, é tratado na mesma norma. A ementa da Lei n. 6.019/74 está errada, pois só faz referência a trabalho temporário, mas com a Lei n. 13.429/2017, a Lei n. 6.019/74 passou a tratar também de terceirização.

Trabalho temporário é o prestado por pessoa física contratada por uma empresa de trabalho temporário que a coloca à disposição de uma empresa tomadora de serviços, para atender à necessidade de substituição transitória de pessoal permanente ou à demanda complementar de serviços (art. 2º da Lei n. 6.019/74). Considera-se complementar a demanda de serviços que seja oriunda de fatores imprevisíveis ou, quando decorrente de fatores previsíveis, tenha natureza intermitente, periódica ou sazonal (§ 2º do art. 2º da Lei n. 6.019/74). Fator previsível de natureza periódica pode ser o afastamento da grávida durante 120 dias. Natureza sazonal pode ser a safra.

É proibida a contratação de trabalho temporário para a substituição de trabalhadores em greve, salvo nos casos previstos em lei (§ 1º do art. 2º da Lei n. 6.019/74). A contratação de trabalho temporário para substituição de grevistas inviabilizaria a greve, que é considerada um direito dos trabalhadores.

É proibido às empresas de prestação de serviço temporário a contratação de estrangeiros com visto provisório de permanência no país (art. 17 da Lei n. 6.019/74).

Empresa de trabalho temporário é a pessoa jurídica, devidamente registrada no Ministério do Trabalho, responsável pela colocação de trabalhadores à disposição de outras empresas temporariamente (art. 4º da Lei n. 6.019/74). Empresa de trabalho temporário é pessoa jurídica. Não é mais pessoa física ou pessoa jurídica urbana, como dispunha a redação original do referido dispositivo. Agora é possível a contratação em âmbito rural do trabalho temporário.

A empreitada de lavor não se confunde com o trabalho temporário. Naquela, há apenas o fornecimento de mão de obra, sem material, mas não há subordinação com o empreiteiro. No trabalho temporário, há subordinação entre o trabalhador temporário e a empresa de trabalho temporário.

Não se confunde a empresa de trabalho temporário com a agência de colocação. Esta apenas coloca o trabalhador num emprego, não o remunerando, nem o dirigindo, cobrando uma taxa pelos serviços prestados. A empresa de trabalho temporário coloca o trabalhador na empresa tomadora ou cliente, porém o remunera e dirige. O vínculo de emprego se forma com a empresa de trabalho temporário, que é o empregador.

O trabalho temporário é uma forma lícita de intermediação de mão de obra. A empresa de trabalho temporário tem característica de intermediadora de mão de obra para colocar o trabalhador no tomador dos serviços. Entretanto, tem também característica de terceirização, pois a empresa tomadora dos serviços contrata terceiros para prestar serviços nas suas dependências por intermédio da empresa de trabalho temporário.

Há uma dupla subordinação: ao tomador (indireta) e ao prestador de serviços (direta), pois é este que determina onde vai ser realizado o trabalho.

A atividade da empresa de trabalho temporário integra o plano básico do enquadramento sindical a que se refere o art. 577 da CLT (art. 3º da Lei n. 6.019/74).

São requisitos para funcionamento e registro da empresa de trabalho temporário no Ministério do Trabalho:

I – prova de inscrição no Cadastro Nacional da Pessoa Jurídica (CNPJ), do Ministério da Fazenda;

II – prova do competente registro na Junta Comercial da localidade em que tenha sede (art. 6º da Lei n. 6.019/74). A empresa de trabalho temporário fica, portanto, sujeita à falência.

A empresa de trabalho temporário deverá ter capital mínimo de R$ 100.000,00 (art. 6º, III, da Lei n. 6.019/74), que visa assegurar o cumprimento de obrigações trabalhistas pela referida empresa, pois muitas empresas prestadoras de serviços têm capital irrisório, que não garante dívidas trabalhistas. A empresa de trabalho temporário é intermediadora de mão de obra, pois não é especializada em nada, nem em segurança, nem em limpeza. O capital anterior era de 500 salários mínimos à época do registro (art. 6º, *b*, da Lei n. 6.019/74). Hoje, o valor do capital seria maior do que o da nova redação, mas a Constituição veda a vinculação do salário mínimo para qualquer fim (art. 7º, IV), além do que inscrições velhas de empresas na Junta Comercial podem ter capitais que não foram corrigidos.

Empresa tomadora de serviços é a pessoa jurídica ou entidade a ela equiparada que celebra contrato de prestação de trabalho temporário com a empresa de trabalho temporário (art. 5º da Lei n. 6.019/74).

O contrato celebrado pela empresa de trabalho temporário e a tomadora de serviços de trabalho temporário será feito por escrito (art. 9º), para ter validade e também para evitar fraudes. Isso já ocorria anteriormente, conforme a redação do art. 11 da Lei n. 6.019. Ficará o pacto à disposição da autoridade fiscalizadora no estabelecimento da tomadora de serviços e conterá:

I – qualificação das partes;

II – motivo justificador da demanda de trabalho temporário;

III – prazo da prestação de serviços;

IV – valor da prestação de serviços;

V – disposições sobre a segurança e a saúde do trabalhador, independentemente do local de realização do trabalho (art. 9º da Lei n. 6.019/74).

Na redação original da Lei n. 6.019/74, o contrato entre a empresa de trabalho temporário e a empresa tomadora ou cliente, com relação a um mesmo empregado, não poderia exceder três meses, salvo autorização conferida pelo órgão local do Ministério do Trabalho e Previdência Social, segundo instruções a serem baixadas pelo Departamento Nacional de Mão de Obra (art. 10 da Lei n. 6.019/74).

Havia necessidade de autorização para a prorrogação do contrato de trabalho temporário. Isso implicava a existência de um ato administrativo concedendo a prorrogação. Não poderia haver prorrogação automática, como se fazia. Na prática, o Ministério do Trabalho concedia mais seis meses para a prorrogação.

Agora, o prazo do contrato de trabalho temporário será de 180 dias, consecutivos ou não (§ 1º do art. 10 da Lei n. 6.019/74), podendo ser prorrogado por mais 90 dias, consecutivos ou não (§ 2º do art. 10 da Lei n. 6.019/74). Isso permite a substituição de empregada grávida por 120 dias mediante a contratação de trabalho temporário e também em outras situações.

O trabalhador somente pode ser colocado à disposição do mesmo tomador depois de 90 dias do contrato anterior, o que visa a evitar fraudes (§ 5º do art. 10 da Lei n. 6.019/74).

A contratação anterior ao prazo de 90 dias previsto no § 5º do art. 10 da Lei n. 6.019/74 caracteriza vínculo empregatício com a tomadora (§ 6º do art. 10 da Lei n. 6.019/74).

Será nula de pleno direito qualquer cláusula de reserva, proibindo a contratação do trabalhador pela empresa tomadora ou cliente ao fim do prazo em que tenha sido colocado à sua disposição pela empresa de trabalho temporário (parágrafo único do art. 11 da Lei n. 6.019/74).

É permitido o trabalho temporário na atividade-meio e na atividade-fim (§ 3º do art. 9º da Lei n. 6.019/74). A lei não faz distinção. Não cabe, portanto, ao intérprete fazê-la.

O art. 170 da Constituição permite a livre iniciativa e não se faz distinção entre atividade-meio e atividade-fim. A realidade mostra que a indústria automobilística já terceiriza na atividade-fim e as construtoras administram a obra e contratam empresas prestadoras de serviço para a sua atividade-fim (terraplenagem, estaqueamento, fundação, pintura, azulejos etc.).

O contrato de trabalho celebrado entre empresa de trabalho temporário e cada um dos assalariados colocados à disposição de uma empresa tomadora ou cliente será obrigatoriamente escrito e deverão constar, expressamente, os direitos conferidos aos trabalhadores pela Lei n. 6.019/74 (art. 11 da referida lei).

Os direitos trabalhistas são pagos pela empresa prestadora de serviços (art. 12 da Lei n. 6.019/74):

a) remuneração equivalente à percebida pelos empregados de mesma categoria da empresa tomadora ou cliente calculados à base horária, garantida, em qualquer hipótese, a percepção do salário mínimo regional;

b) jornada de oito horas, remuneradas as horas extraordinárias não excedentes de duas, com acréscimo de 20%;

c) férias proporcionais;

d) repouso semanal remunerado;

e) adicional por trabalho noturno;

f) indenização por dispensa sem justa causa ou término normal do contrato, correspondente a 1/12 do pagamento recebido;

g) seguro contra acidente do trabalho;

h) proteção previdenciária.

Será registrada na Carteira de Trabalho e Previdência Social do trabalhador sua condição de temporário.

A empresa tomadora ou cliente é obrigada a comunicar à empresa de trabalho temporário a ocorrência de todo acidente cuja vítima seja um assalariado posto à sua disposição, considerando-se local de trabalho, para efeito da legislação específica, tanto aquele onde se efetua a prestação do trabalho, quanto a sede da empresa de trabalho temporário (§ 2º do art. 12 da Lei n. 6.019/74).

Qualquer que seja o ramo da empresa tomadora de serviços, não existe vínculo de emprego entre ela e os trabalhadores contratados pelas empresas de trabalho temporário (art. 10 da Lei n. 6.019/74).

É responsabilidade da empresa contratante garantir as condições de segurança, higiene e salubridade dos trabalhadores, quando o trabalho for realizado em suas dependências ou em local por ela designado (§1º do art. 9º da Lei n. 6.019/74).

A contratante estenderá ao trabalhador da empresa de trabalho temporário o mesmo atendimento médico, ambulatorial e de refeição destinado aos seus empregados, existente nas dependências da contratante, ou local por ela designado (§ 2º do art. 9º da Lei n. 6.019/74). Não poderá haver distinção entre o empregado da tomadora e o trabalhador temporário.

É vedado à empresa de trabalho temporário cobrar do trabalhador qualquer importância, mesmo a título de mediação, podendo apenas efetuar os descontos previstos em lei (art. 18 da Lei n. 6.019/74), como contribuição previdenciária da parte do empregado, imposto de renda retido na fonte, contribuição sindical, pensão alimentícia etc. A infração ao art. 18 da Lei n. 6.019/74 importa o cancelamento do registro para funcionamento da empresa de trabalho temporário, sem prejuízo das sanções administrativas e penais cabíveis.

A contratante é subsidiariamente responsável pelas obrigações trabalhistas referentes ao período em que ocorrer o trabalho temporário, e o recolhimento das contribuições previdenciárias observará o disposto no art. 31 da Lei n. 8.212/91 (§ 7º do art. 10 da Lei n. 6.019/74). A responsabilidade subsidiária diz respeito a qualquer obrigação trabalhista. Não se refere à obrigação civil ou comercial. O art. 31 da Lei n. 8.212/91 trata da retenção de 11% feita pelo tomador sobre o pagamento feito à empresa de trabalho temporário.

Haverá solidariedade da empresa tomadora com a empresa de trabalho temporário em caso de falência da última para efeito do recolhimento da contribuição previdenciária, no tocante ao tempo em que o trabalhador esteve sob suas ordens, assim como quanto ao mesmo período da remuneração e indenização prevista na Lei n. 6.019/74 (art. 16 da Lei n. 6.019/74).

As empresas de trabalho temporário são obrigadas a fornecer às empresas tomadoras ou clientes, a seu pedido, comprovante da regularidade do recolhimento da contribuição previdenciária (art. 14 da Lei n. 6.109/74).

Competirá à Justiça do Trabalho dirimir os litígios entre as empresas de serviço temporário e seus trabalhadores (art. 19 da Lei n. 6.019/74).

12

A Súmula 257 do TST e as Empresas de Vigilância

12.1 Introdução

Pretendo iniciar o estudo da terceirização na jurisprudência verificando a orientação da Súmula 257 do TST. Penso que seria melhor começar pelo referido verbete, porque ele tem que ser estudado a partir da Lei n. 7.102/83 (hoje, Lei n. 14.967/2024), que trata das empresas de segurança e vigilância, pois, posteriormente, irei verificar outras orientações ligadas à referida norma, e é preciso que já tenha feito considerações em torno dela para que possa passar ao assunto seguinte.

As Súmulas 256 e 331 do TST fazem referência à Lei n. 7.102 (hoje, Lei n. 14.967). Assim, o estudo da Súmula 257 do TST é precedente ao das demais, não pelo critério de ordem numérica a ser observado, mas pelo ponto de vista lógico e antecedente do estudo do trabalho dos vigilantes, pois posteriormente far-se-á apenas referência a ela nos capítulos que tratam das Súmulas 256 e 331 do TST.

Para a análise da Súmula 257 do TST, não basta apenas verificar seu texto, mas também observar quais foram os precedentes que lhe deram origem, o que irá possibilitar compreender sua correta interpretação. Fiz da mesma forma em relação à análise dos demais verbetes do TST, pois é de suma importância esse dado.

12.2 Desenvolvimento do tema

A Súmula 257 do TST foi editada pela Resolução Administrativa n. 5/86 e publicada no *Diário da Justiça da União* de 4-11-1986. Tem a seguinte redação:

"O vigilante, contratado diretamente por banco ou por intermédio de empresas especializadas, não é bancário".

As referências para a edição do referido verbete foram feitas com base no art. 3º da Lei n. 7.102/83 (hoje, Lei n. 14.967/2024) e no art. 40 do Decreto-Lei n. 1.034/96. Este estabelecia de forma alternativa uma faculdade de contratação dos vigilantes diretamente pelo banco ou por meio de empresas de vigilância ou segurança.

Teve o referido verbete os seguintes precedentes:

> O vigilante em serviço em banco, vinculado a empresa especializada (Lei n. 7.102/83), não frui vantagens do regime de trabalho bancário (Precedentes – E-RR 485/80 – Ac. TP 274/83 e RR 5.364/81, Ac. 1ª T 174/83). Pretensão improcedente (TST, E- RR 5.644/82, Ac. TP 2.149/86, rel. Min. Ildélio Martins j. 28-8-1986).

> Vigilante não se confunde com vigia, estando sujeito à jornada de oito horas. Não conhecidos os embargos (TST, E-RR 1.374/78, Ac. TP 2.203, rel. Min. Orlando Coutinho, j. 3-9-1980, *Dj* 17-10-1980).

> Embargos não conhecidos porque o vigilante contratado por empresa especializada não é bancário, não havendo que se falar em responsabilidade solidária, conforme reiterados pronunciamentos do E. Tribunal Pleno. Incidência do Enunciado n. 42 deste TST (TST, E-RR 766/82, Ac. TP 2.375/80, rel. Min. Orlando Lobato, j. 2-10-1986).

> A vigilância bancária tem disciplinação específica, hoje consubstanciada na Lei n. 7.102, de 20-6-83. O vigilante em serviço no banco, vinculado a empresa especializada (Lei n. 7.102/83) não frui as vantagens do regime de trabalho bancário (TST, 1ª T., RR 3.713/82, rel. Min. Ildélio Martins, *DJU* 3-8-1984, p. 12.078).

Outros precedentes do referido verbete foram: E-RR 666/80, TP, rel. Min. Marco Aurélio; E-RR 3.012/80, TP, rel. Min. Nelson Tapajós; E-RR 3.628/79, rel. Min. Coqueijo Costa; RR 4.540/81, 1ª T., rel. Min. Marco Aurélio; RR 589/82, 1ª T., rel. Min. Ildélio Martins; RR 2.919/81, 1ª T., rel. Min. Coqueijo Costa; RR 5.364/81, 1ª T., rel. Min. Marco Aurélio; RR 1.042/83, 1ª T., rel. Min. Marco Aurélio; RR 3.391/82, 1ª T., rel. Min. Ildélio Martins; RR 1.307/81, 1ª T., rel. Min. Marco Aurélio; RR 4.578/81, 2ª T., rel. Min. Nelson Tapajós; RR 1.218/82, 2ª T., rel. Min. Prates de Macedo; RR 3.290/81, 3ª T., rel. Min. Expedito Amorim.

Antigamente, o Decreto-Lei n. 1.304, de 21 de outubro de 1969, previa que o vigilante tinha prerrogativas de policial. A Lei n. 7.102, de 20 de julho de 1983, revogou o referido decreto-lei em seu art. 27, tratando o trabalho do vigilante como de cunho paramilitar.

A edição da Lei n. 7.102/83 decorreu da necessidade de os estabelecimentos bancários terem vigilância especializada, em decorrência dos assaltos a bancos, como medida de prevenção. As instituições financeiras deveriam manter, necessariamente, serviços especializados de segurança, contando com pessoas adequadamente preparadas para esse fim. Não era atividade da instituição financeira ter serviços de vigilância, mas não pode funcionar sem tais serviços, que passaram a ser obrigatórios.

A Lei n. 7.102 foi regulamentada pelo Decreto n. 89.056, de 24 de novembro de 1983.

Do exame da Lei n. 7.102, verificava-se que os serviços de vigilância não estavam inclusos entre as atividades normais dos estabelecimentos bancários, podendo ser contratados não só por estes, como também por outros estabelecimentos não financeiros (art. 53 do Decreto n. 89.056/83).

Considerava o art. 15 da Lei n. 7.102 como vigilante o empregado contratado para fazer a vigilância patrimonial das instituições financeiras e de outros estabelecimentos, públicos ou privados, bem como a segurança de pessoas físicas, para realizar o transporte de valores ou garantir o transporte de qualquer outro tipo de carga.

Difere, portanto, o vigia do vigilante, pois este exerce funções semelhantes às da polícia, tendo natureza paramilitar, que exige certos requisitos: ser brasileiro, ter idade mínima de 21 anos, ter instrução correspondente à quarta série do primeiro grau, ter sido aprovado em curso de formação de vigilante realizado em estabelecimento com funcionamento autorizado, ter sido aprovado em exame de saúde física, mental e psicotécnico, não ter antecedentes criminais e estar quite com as obrigações eleitorais e militares (atual art. 28 da Lei n. 14.967/2024); já o vigia é simplesmente um guarda de bens, sem regras definidas em lei.

Permitia o art. 3º da Lei n. 7.102 que a vigilância ostensiva e o transporte de valores sejam feitos:

a) por empresa especializada, para esse fim contratada;

b) pelo próprio estabelecimento financeiro, desde que organizado e preparado para tal fim, e com pessoal próprio.

Consideram-se estabelecimentos financeiros os bancos oficiais ou privados, caixas econômicas, sociedades de crédito, associações de poupança, suas agências, subagências e seções (art. 10, parágrafo único). Nos estabelecimentos financeiros federais ou estaduais, o serviço de vigilância ostensiva poderá ser desempenhado pelas Polícias Militares, a critério do governo do respectivo Estado, Território ou Distrito Federal (parágrafo único do art. 3º). Isso revela que nada impede que os estabelecimentos federais ou estaduais contratem empresas especializadas em vigilância.

A Lei n. 7.102 foi editada, principalmente, com o objetivo de dar segurança aos estabelecimentos financeiros mediante a expedição de regras específicas, vindo a evidenciar, indiretamente, que a atividade das empresas prestadoras de serviços de vigilância e transporte de valores é lícita, e, em consequência, que é possível terceirizar os referidos serviços.

O § 2º do art. 10 da Lei n. 7.102/83, com redação da Lei n. 8.863, de 28-3-1994, permitiu expressamente a prestação de serviços de empresas de vigilância e segurança e outras entidades privadas e particulares, além de órgãos e empresas públicas.

Verifica-se que a orientação da Súmula 257 do TST é coerente com a Lei n. 7.102, pois esta permite a terceirização de serviços de vigilância e transporte de valores. Logo, não se poderia falar que o vigilante que presta serviços em banco seria bancário, diante daquele comando legal, pois o trabalho do vigilante não seria mais extenuante que o do bancário, de modo a ser contemplado com jornada de 6 horas.

A Lei n. 7.102 não dispunha, inclusive, que o vigilante deveria ter jornada de trabalho de 6 horas, o que mostra que sua jornada de trabalho seria a normal, de 8 horas. De outro lado, não há que se falar em tratamento isonômico, pois as situações são diversas e as categorias também são diversas, merecendo, portanto, tratamento distinto. O fato de o vigilante trabalhar no banco e não na empresa de vigilância não desnatura o contrato, pois o que importa é que a subordinação do vigilante seja com a empresa de vigilância e não com a instituição bancária.

O disposto na Lei n. 6.019/74 não se aplica às empresas de vigilância e transporte de valores, permanecendo as respectivas relações de trabalho reguladas atualmente pela Lei n. 14.967 e, subsidiariamente, pela Consolidação das Leis do Trabalho (art. 19-B da Lei n. 6.019/74). Na Lei n. 7.102/83 ou na Lei n. 14.967/2024 não há regras sobre responsabilidade subsidiária, não podendo ser aplicada a Lei n. 6.019/74, quanto à responsabilidade subsidiária, em relação à vigilância e transporte de valores.

13

A Súmula 239 do TST e as Empresas de Processamento de Dados

13.1 Introdução

Foi aprovada a Súmula 239 do TST por intermédio da Resolução Administrativa n. 15/85 do TST, publicada no *Diário da Justiça da União* de 9 de dezembro de 1985 (p. 22758). Tem a seguinte redação: "É bancário o empregado de empresa de processamento de dados que presta serviço a banco integrante do mesmo grupo econômico".

Tal verbete também mostra que a terceirização dos serviços nos bancos chegou ao ponto de serem criadas empresas apenas com a finalidade de prestação de serviços de processamento de dados para todo o grupo bancário, tendo por intuito conseguir trabalhadores prestando serviços em jornada de 8 e não 6 horas, além da redução de custos.

Os precedentes da Súmula 239 do TST foram, entre outros, os seguintes:

> I – Empregado que trabalha em empresa de processamento de dados, do mesmo grupo econômico do banco para o qual quase exclusivamente presta serviços, é bancário. II – Não se conhece de tema de revista que se apoia em divergência de julgados que não enfocam o ponto fulcral da questão (RR 4.673/83, Ac. 3ª T 4.064/84, rel. Min. Orlando Teixeira da Costa, j. 30-10-1984).

> I – Empregado de empresa de processamento de dados do mesmo grupo econômico do banco para o qual são prestados os serviços de computação é

bancário. II – Não se conhece de revista que ataca matéria sumulada (RR 6.310/82, Ac. 3ª T 681/84, rel. Min. Orlando Teixeira da Costa, j. 21-3-1984).

Empresa de processamento de dados, criada com capital majoritário de banco comercial, realizando os serviços que anteriormente eram executados pelo setor mecanizado, atuando nas próprias dependências do estabelecimento bancário. Fraude aos direitos que a lei assegura aos bancários (RR 2.110/82, Ac. 3ª T. 2.493/83, rel. *ad hoc* Min. Guimarães Falcão, j. 13-9-1983).

Outros precedentes foram: RR 2.147/80, Ac. 2ª T. 1.534/81, j. 16-6-1981, rel. Min. Orlando Coutinho; RR 2.519/81, Ac. 2ª T. 689/82, rel. Min. Marcelo Pimentel; RR 2.137/83, Ac. 1ª T. 3.455/84, rel. Min. Marco Aurélio Mendes de Farias Mello; RR 5.440/82, Ac. 3ª T. 3.858/83; RR 2.519/81, Ac. 2ª T. 689/82; RR 6.310/82, Ac. 3ª T. 681/84; E-RR 3.105/81, Ac. TP 1.969/85; E-RR 4.529/79, Ac. TP 12/84, rel. Min. Marco Aurélio Mendes de Farias Mello.

Um dos objetivos principais da edição da Súmula 239 do TST foi coibir a fraude que se entendia estar havendo no sistema bancário. Os bancos constituíam empresas de processamento de dados, nas quais registravam empregados que passavam a ter 8 horas de trabalho e não as 6 horas dos bancários. Entretanto, não se pode dizer que em todos os casos é possível presumir-se a referida fraude.

A Súmula 239 do TST foi gerada por doze precedentes jurisprudenciais. Com exceção do Ac. n. 4.064/84, da 3ª Turma do TST, proferido no processo TST RR 4.673/83, em que era parte o Unibanco, todos os demais tiveram origem em ações trabalhistas ajuizadas contra o Banrisul Processamento de Dados Ltda.

No acórdão que deu origem à súmula (Ac. 2ª T. 1.534/81, RR 2.147/80, j. 16-6-1981, rel. Min. Orlando Coutinho), como em todos os outros, salientou-se que o banco fazia sua própria contabilidade. Com a criação da empresa Processul, a contabilidade passou a ser feita por esta. Posteriormente, ela foi transformada na Banrisul Processamento de Dados Ltda., passando a realizar os serviços de computação, principalmente de contabilidade.

Entendeu-se que a atividade de processamento de dados, era um serviço vital às atividades do recorrente. Mencionava o acórdão proveniente do Tribunal Regional que 99,80% das atividades da Banrisul provinham de serviços prestados às empresas do mesmo grupo, sendo que o próprio diretor da Banrisul era funcionário do banco, recebendo salários e pagamento de honorários pela Banrisul, que tem sua sede no edifício do banco, que também lhe cede os móveis, utensílios e equipamentos necessários, além de parte da mão de obra.

Foi levado em conta que:

houve concomitância entre a extinção do setor de processamento de dados do Banco e o surgimento da reclamada, tendo sido absorvidos os serviços realizados pelo setor que deixou de existir. Parte de seu pessoal era originário do Banco, justamente do Setor de Processamento de Dados, a que se deu fim. Estava instalada no prédio do próprio Banco, sem pagar aluguel, usando os mesmos arquivos, fazendo mais de 90% dos serviços para a *holding* do grupo (RR 2.519/81, Ac. 2ª T. 689/82, rel. Min. Marcelo Pimentel).

Entendeu-se que a atividade de computação eletrônica é uma atividade-fim do banco, pois este não pode operar sem a atualização de dados (RR 6.310/82, Ac. 3ª T. 681/84), ou seja, é um serviço tipicamente bancário (RR 2.519/81, Ac. 2ª T. 689/82).

A Súmula 239 do TST versou, em verdade, sobre um caso particular do Banco Banrisul, ocorrido no âmbito exclusivo dessa empresa, pretendendo os tribunais trabalhistas sua aplicação generalizada, sem antes examinar se realmente houve fraude na contratação dos trabalhadores (art. 9º da CLT), fato ensejador, inclusive, da aplicação da antiga Súmula 256 do TST, em razão da contratação do obreiro por empresa interposta.

Ao tratar de um caso específico do Banco Banrisul, o citado verbete não pode pretender estender sua solução a todos os casos de empresas de processamento de dados examinados pelo Judiciário trabalhista. Mister se faz que em cada caso seja analisada a real existência de fraude, principalmente se o empregado não era bancário, não sendo enquadrado como bancário, mas como empregado de empresa de processamento de dados, mesmo tratando-se da prestação de serviços a banco integrante do mesmo grupo econômico. Deve-se interpretar cada caso em particular, *cum granum salis*, buscando em cada hipótese concreta se houve ou não fraude.

Por exceção à regra, ficou patente pela Resolução n. 15/85 (*DJ* de 9-12-1985, p. 22.758), por meio dos precedentes jurisprudenciais, que houve a inclusão por equívoco também do Banrisul, pois foi dado provimento ao recurso de revista do Banrisul "para excluir da condenação as vantagens pertinentes aos bancários", pelo fato de não ter havido fraude a dispositivo de lei naquele caso específico (RR 2.137/83, Ac. 1ª T. 3.455/84, rel. Min. Marco Aurélio Mendes de Farias Mello).

13.2 Da análise de cada caso concreto

Ao se dizer que o "serviço de processamento de dados é atividade bancária, indispensável ao funcionamento de qualquer banco comercial", visando exclusivamente à burla da lei (RR 5.440/82, Ac. 3ª T. 3.858/83), com a criação de empresas prestadoras de serviços bancários, deve-se verificar, hodiernamente, que o serviço de processamento de dados é atividade imprescindível a qualquer empresa, seja um banco, um escritório de advocacia, uma indústria ou comércio, para a elaboração de faturas e duplicatas, cadastro de clientes, controle de fluxo de caixa, de duplicatas a receber, de contas a pagar, e, inclusive, nos próprios tribunais, em que se tornou serviço indispensável ao funcionamento das referidas cortes.

É o que acontece hoje em qualquer grande tribunal e até nos pequenos. Não se diga que as empresas que prestam serviços aos tribunais trabalhistas têm seus empregados considerados funcionários públicos. Evidencia-se que o enquadramento como bancário deve ser feito à luz do permissivo consolidado e de acordo com a determinação da Comissão de Enquadramento Sindical, conforme quadro anexo à CLT, que ainda continua em vigor, nunca se podendo estabelecer uma presunção *iuris et de iure*, portanto, absoluta, para todos os casos e situações possíveis.

Seria o caso de se dizer que, à medida que a empresa de processamento de dados vai prestando serviços a outras empresas, como indústrias, empresas públicas, de profissionais liberais, seus empregados também iriam passando a metalúrgicos, servidores públicos etc., o que se mostraria uma falácia. Daí a ocorrência de casos que serão díspares com a realidade, se não existir fraude.

Dessa forma, o serviço de processamento de dados não pode ser considerado serviço tipicamente bancário, pois é necessário a qualquer empresa, seja grande ou pequena, inclusive aos tribunais, para o controle de processos, arquivo de acórdãos, andamento de processos, listagens de funcionários, classificação alfabética da jurisprudência etc.

Trata-se, na verdade, o serviço de processamento de dados, de uma atividade-meio, para a consecução de um fim, que no caso dos bancos implica atividades inerentes a eles, ou seja, prestação de serviços a clientes. Mesmo na atividade de uma empresa que se dedica especificamente à computação eletrônica pode, ainda, ser considerado uma atividade-meio, sendo atividade-fim a prestação de serviços a terceiros.

Por isso, não pode haver equiparação dos empregados de uma pessoa física ou jurídica aos empregados prestadores de serviços de computação eletrônica, que devem ser enquadrados sindicalmente como pertencentes à atividade-fim da empresa de processamento de dados, jamais podendo ser equiparados aos empregados de quem contratou os serviços.

Se a empresa de processamento de dados presta serviços a todas as empresas do banco, ao próprio grupo econômico, não o fazendo ao banco ou também a ele, não pode o funcionário ser considerado bancário, a não ser que haja fraude. Não é possível considerá-lo bancário, pois não exercia nem prestava serviços de bancário, mas sim de processamento de dados, para uma empresa de processamento de dados.

O § 2º do art. 2º da CLT apenas prevê a responsabilidade solidária das empresas do grupo, mas mostra que cada uma possui autonomia própria e, assim, têm categorias próprias. Se a empresa de processamento de dados presta serviços a outras empresas integrantes do mesmo grupo econômico, não significa que seus empregados ora sejam bancários, ora empregados das empresas de seguros, das empresas financeiras, das empresas corretoras de valores, das empresas de *leasing*, das empresas distribuidoras de títulos e valores mobiliários etc.

13.3 Enquadramento sindical

Ensina Cesarino Jr. que enquadramento sindical é:

> o ato de colocação, seja de um empregado ou um trabalhador autônomo no quadro de categoria econômica ou profissional (o enquadramento individual), seja de uma associação profissional reconhecida de grau superior (enquadramento coletivo)[1].

Délio Maranhão adverte que o enquadramento sindical é evidenciado pela "natureza da exploração econômica do empregador, em que o trabalho é utilizado como fator de produção, que servirá para caracterizá-lo, ou não, como rural"[2].

A Emenda Constitucional n. 1, de 1969, já dispunha, no art. 166, que a associação profissional ou sindical é livre, depreendendo-se que a representação legal e demais consequências seriam reguladas em lei. A Constituição de 1988 também informa que é livre a associação profissional, porém não é possível a criação de mais de um sindicato em dada base territorial, que não poderá ser inferior a um município (art. 8º, II).

O art. 570 da CLT estabeleceu que os sindicatos irão se constituir por categorias profissionais e econômicas, de acordo com o quadro anexo a que se refere o art. 577 da CLT, conforme proposta da Comissão de Enquadramento Sindical. Assim, o Poder Executivo é que irá fazer o enquadramento sindical, permanecendo em vigor o referido quadro até que nova determinação legal o modifique, já que é vedada a interferência do Poder Executivo no sindicato (art. 8º, I, da Constituição).

---

[1] *Direito social*. São Paulo: LTr, 1980, p. 526.
[2] *Direito do trabalho*. 14. ed. Rio de Janeiro: FGV, 1987, p. 60.

Em 27 de setembro de 1985, foi publicada, no *Diário Oficial*, a Portaria n. 3.449 do Sr. Ministro do Trabalho, conforme fls. 14.110, criando no 3º grupo de agentes autônomos do comércio, no plano da Confederação Nacional do Comércio, a categoria econômica "Empresas de processamento de dados".

No 2º grupo – empregados de agentes autônomos no comércio –, foi estabelecida a categoria profissional dos "empregados de empresas de processamento de dados". Logo, não se pode dizer que a atividade dessas empresas é ilícita, mormente sob o prisma de seu enquadramento sindical.

Criada a categoria econômica e profissional, não é possível querer aplicar norma coletiva dos bancários, diversa da categoria de processamento de dados. Daí a impossibilidade de se atentar contra a lei, caso se reconheça que um empregado de empresa de processamento de dados seja considerado bancário, sem que tenha havido intuito de fraudar a norma legal. Nesse ponto, a Justiça do Trabalho deve apenas observar o enquadramento feito pelo Poder Executivo, não sendo possível apreciar se tal enquadramento é ou não lícito.

Ao serem estabelecidas as categorias econômica e profissional respectivas, e reconhecido o Sindicato dos Empregadores e de Empregados de Empresas de Processamento de Dados, não há como dizer que é bancário o empregado que presta serviços à empresa de processamento de dados que trabalha para banco integrante do mesmo grupo econômico, a não ser que haja fraude, que deve ser provada, e não presumida.

A única conclusão a que se chega é a de que o empregado de empresa de processamento de dados – que tem sua classificação atribuída pelo Poder Executivo, por intermédio da antiga Comissão de Enquadramento Sindical, e pelo princípio da unicidade sindical, consagrado tanto no inciso II do art. 8º da Constituição como no art. 516 da CLT, de que somente um sindicato pode representar uma categoria profissional ou econômica dentro de uma mesma base territorial – não pode ter mudado seu enquadramento sindical para bancário.

Se a prestação dos serviços do empregado não se desenvolve nas dependências do banco, nem o empregado prestava serviços anteriormente à empresa de crédito do grupo do banco – que inclusive não foi desmembrada do setor de processamento de dados do banco, mas constituída autonomamente –, se a empresa de processamento de dados não presta serviços com exclusividade ao banco, ou presta serviços a inúmeras outras empresas, não se pode falar que o vínculo se forma com o banco. Assim, cada caso tem que ser examinado com cuidado, principalmente sobre a existência de fraude em particular de modo a se atrair a aplicação do art. 9º da CLT.

Afirma José Maria de Souza Andrade que:

> seja pela natureza de seu trabalho, seja pela natureza da exploração econômica de sua empregadora, os empregados das empresas de processamento de dados devem ser considerados empregados no comércio; e esse enquadramento não pode ser alterado pelo fato de sua empregadora prestar serviços a banco do mesmo grupo econômico, porque a solidariedade passiva, prevista no art. 2º, § 2º, da CLT, prevê a responsabilidade das empresas coligadas, para os efeitos da relação de emprego com uma delas, mas não induz à conclusão de que haja relação de emprego entre o empregado de uma das empresas *subordinadas* e a *empresa principal*[3].

O enquadramento sindical da empresa terceirizada será feito de acordo com a sua atividade preponderante e não com a atividade preponderante da empresa que terceiriza. Não há que se falar em aplicação do princípio da igualdade, pois o empregado da empresa terceirizada não é igual ao da tomadora de serviços. Assim, deve ser observada a norma coletiva da sua empresa.

13.4 O princípio da igualdade

Há necessidade de se verificar que em situações iguais deve haver o mesmo tratamento. Já dizia Rui Barbosa que:

> a regra da igualdade não consiste senão em aquinhoar desigualmente aos desiguais, na medida em que sejam desiguais. Nessa desigualdade social, proporcionada à desigualdade natural, é que se acha verdadeira lei da igualdade. Tratar como desiguais a iguais, ou a desiguais com igualdade, seria desigualdade flagrante, e não igualdade real[4].

Poderia admitir que quatro situações podem ser verificadas nas empresas de processamento de dados que prestam serviços a banco integrante do mesmo grupo econômico:

1) a da empresa de processamento de dados que pertence a grupo econômico de que participa um banco, mas presta serviços apenas a bancos alheios a esse grupo;

---

[3] Reflexões sobre o Enunciado jurisprudencial de n. 239, do TST. *Revista LTr*, v. 54, p. 2-200, 1990.

[4] *Oração aos moços*. Rio de Janeiro: Ediouro, 1997, p. 55.

2) a da empresa de processamento de dados que também só presta serviços a bancos, porém não participa de nenhum grupo empresarial;

3) a da empresa de processamento de dados que pertence a grupo econômico e que presta serviços exclusivamente ao banco do grupo econômico ou também a todo grupo;

4) a da empresa de processamento de dados, pertencente a grupo econômico, que presta serviço ao grupo e a empresas fora do grupo.

Existe alguma diferença entre os empregados de cada uma dessas empresas? Não. Nesses casos, os empregados são trabalhadores de empresas de processamento de dados, não havendo possibilidade de considerá-los como bancários.

Não se pode entender, à primeira vista, que os empregados de empresa de processamento de dados que prestam serviços a banco do mesmo grupo econômico sejam bancários. Admitir tal argumento seria uma falácia, porque a filiação de uma empresa de processamento de dados a grupo econômico de que participa um banco não leva à conclusão de que seus empregados sejam bancários. Existem outras súmulas do TST que mostram entendimento diverso, por exemplo, a Súmula 117, segundo a qual "não se beneficiam do regime legal relativo aos bancários os empregados de estabelecimento de créditos pertencentes a categorias profissionais diferenciadas"; e a Súmula 119, que assim dispõe: "os empregados de empresas distribuidoras e corretoras de títulos e valores mobiliários não têm direito à jornada especial dos bancários".

Por que esses empregados não se beneficiam da jornada de trabalho dos bancários ou de seu regime legal? Porque simplesmente não são bancários.

Havendo igualdade naquelas situações jurídicas retroapontadas, não se pode considerar a desigualdade criada pela Súmula 239 do TST, que tomou por base apenas uma empresa, esquecendo-se do universo de empresas semelhantes, que não são consideradas bancárias, apesar de prestarem serviços a bancos, mesmo do próprio grupo econômico.

A responsabilidade solidária, decorrente do grupo econômico, na forma do § 2º do art. 2º da CLT, não gera a presunção de que tais empregados são bancários, apenas possibilita que os obreiros reclamem seus direitos contra qualquer das empresas do grupo, à mais de uma empresa do grupo, ou à própria *holding* do grupo, mas isso não significa que tais empregados são considerados bancários.

Pode-se dizer, ainda, que a orientação da Súmula 239 do TST, seguida à risca, fere a liberdade de trabalho e a liberdade de contratar das empresas de processamento de dados, que não podem sujeitar-se a uma presunção da orientação jurisprudencial, que realmente só poderia ser aplicada em caso de fraude, pois inexiste obrigação nesse sentido decorrente de lei.

Tal presunção de fraude não pode ser estendida de maneira genérica a todos os casos, sem antes examinarem-se as provas de uma situação em particular, pois desta forma toda empresa que preste serviços a bancos terá seus empregados considerados bancários, o que importa verdadeiro silogismo.

Por exemplo, se automóvel é movido por combustível, avião também o é. Então, automóvel é igual a avião? Com a aplicação generalizada da citada hipótese, chegar-se-ia à conclusão de que todas as empresas que prestam serviços a banco têm seus empregados enquadrados como bancários. Daí, ao se fazer o cotejo entre as Súmulas 117, 119 e 239 do TST, verificar-se-ia que este último está em descompasso com os anteriores, implicando flagrante desigualdade.

Logo, deve-se apurar a fraude em cada caso concreto, não devendo haver qualquer presunção, se duas empresas forem criadas simultaneamente – a empresa de prestação de serviços e o banco, dentro de um mesmo grupo econômico –, de que todos os empregados desse grupo sejam considerados bancários. Mesmo não havendo fraude no caso concreto, haverá a incidência da citada súmula em todos os casos que forem submetidos à apreciação do TST, a não ser que se dê a correta interpretação do citado verbete.

Ressalte-se que no próprio Decreto-Lei n. 546, de 18 de abril de 1969, que trata do trabalho noturno nos estabelecimentos bancários, nas hipóteses pertinentes ao movimento de compensação de cheques ou à computação eletrônica (art. 1º), inclusive em relação às mulheres, não ficou disposto que quem trabalha com computação eletrônica é bancário. Apenas admitiu-se a existência de bancos que, como o Banco do Brasil, por exemplo, têm departamentos de computação eletrônica em que são utilizados os serviços de empregados de estabelecimento de crédito. Não cometeu o citado decreto-lei nenhuma desigualdade; apenas tratou igualmente situações iguais.

De outra maneira, ninguém pensaria em enquadrar o advogado de uma empresa de assessoria jurídica que presta serviços a bancos como bancário, mesmo quando se tratasse de assessoria e consultoria especializadas em questões relativas aos problemas de estabelecimento de crédito.

O serviço de assessoria jurídica em bancos também é indispensável à atividade bancária, sujeita ao cipoal legislativo de normas, circulares, portarias, ordens de serviços e comunicados do Banco Central, que somente um advogado especializado na área pode decifrar, e, mesmo assim, o citado advogado pertencente a empresa de assessoria jurídica não é considerado bancário. Dir-se-ia: situações iguais estão sendo tratadas desigualmente. Aí é que há engano. As situações não são iguais, devendo ser tratadas desigualmente, à medida que se desigualam.

Demonstra-se, portanto, que duas situações distintas têm que ser tratadas desigualmente, como é o caso do empregado de processamento de dados e do empregado em estabelecimento bancário. O primeiro não é bancário, o segundo é.

13.5 O princípio da legalidade

Ninguém é obrigado a fazer ou deixar de fazer alguma coisa a não ser em virtude de lei. É o princípio da legalidade. Assim, aquilo que não é proibido é permitido. Está estampado o referido princípio na atual Constituição de 1988, no inciso II do art. 5º.

Deve-se atentar para cada caso em particular antes de se aplicar a Súmula 239 do TST, que, antes de tudo, não é lei, mas a reiterada aplicação da jurisprudência que se deu para determinado caso e se pretende aplicar, indistintamente, a todos as hipóteses semelhantes.

Além de tudo, não há lei que determine que "é bancário o empregado de empresa de processamento de dados que presta serviço a banco integrante do mesmo grupo econômico". Deve-se observar tal súmula com cuidado. Estando o empregado devidamente enquadrado nas normas coletivas de sua categoria de empregado de empresa de processamento de dados, não pode ser considerado, à primeira vista, bancário.

Se os arts. 570, 575 e 577 da CLT foram aplicados no que diz respeito ao enquadramento sindical, não há que se falar em seguir a orientação do referido verbete, salvo se houver fraude.

Inexiste norma, lei ou preceito proibindo a prestação de serviços a terceiros. A prestação de serviços é livre, desde que respeitada a lei. Há de se lembrar de algumas formas de prestação de serviços a terceiros, que são lícitas e que não implicam dizer ser o empregado das empresas prestadoras funcionário público, metalúrgico etc., pois são atividades lícitas: a empreitada (arts. 610 a 626 do Código Civil), a prestação de serviços (arts. 593 a 609 do Código Civil), a prestação de serviços a terceiros por meio de sociedades regulares que pagam o ISS (Lei Complementar n. 116/2003), a contratação pela Administração Pública de prestadoras de serviços para obras públicas ou de natureza especializada, como já era previsto no Decreto-Lei n. 200/67. Nenhum desses serviços é proibido.

Como adverte José Celso de Mello Filho:

> apenas lei em sentido formal, portanto, pode impor às pessoas um dever de prestação ou de abstenção. Normas infralegais, ainda que vinculadoras de regras gerais, impessoais e abstratas, não atendem à exigência constitucional[5].

13.6 Conclusão

O TST vinha moderando a aplicação da Súmula 239, aplicando-a apenas nos casos de fraude, como é o mais correto.

A Resolução n. 129/2005 (*DJ* 20-4-2005) deu nova redação à Súmula 239 do TST:

> É bancário o empregado de empresa de processamento de dados que presta serviços a banco integrante do mesmo grupo econômico, exceto quando a empresa de processamento de dados presta serviços a banco e a empresas não bancárias do mesmo grupo econômico ou a terceiros.

As orientações Jurisprudenciais 64 e 126 da SBDI-1 do TST foram canceladas.

Mostrava a orientação jurisprudencial 126 da SBDI-1 do TST que: "É inaplicável o Enunciado n. 239 quando a empresa de processamento de dados presta serviços a banco e a empresas não bancárias do mesmo grupo econômico ou a terceiros".

Previa a Orientação Jurisprudencial 64 da SBDI-1 do TST: "PROBAM. Enunciado n. 239. Inaplicável. Não são bancários seus empregados".

Conclui-se, portanto, que os serviços de processamento de dados são necessários a qualquer empresa e não apenas a bancos, sendo, por isso, atividade-meio e não atividade-fim. De outro lado, se o serviço é prestado para o grupo e não só para o banco, e principalmente para terceiros, será considerada lícita a terceirização efetuada. É claro que seria possível a contratação de empresa de processamento de dados que não pertença ao grupo econômico do banco, sendo que nesse caso não haveria a aplicação da Súmula 239 do TST.

As considerações expendidas mostram que é plenamente lícita a terceirização de atividades de processamento de dados nas empresas, inclusive nos bancos, independente da posição da Súmula 239 do TST. Esta, portanto, não deve ser interpretada literalmente, mas há necessidade de se verificar se houve fraude numa certa hipótese para se observá-la.

---

[5] *Constituição Federal anotada*. 2. ed. São Paulo: Saraiva, 1986, p. 429.

14

A Súmula 256 do TST e as Empresas Prestadoras de Serviços

A Súmula 256 do TST foi aprovada pela Resolução Administrativa n. 4/86, publicada no *Diário da Justiça da União* de 30 de setembro de 1986 e retificada no mesmo veículo em 10 de outubro de 1986 e 4 de novembro do mesmo ano. Tem a seguinte redação:

> Salvo os casos de trabalho temporário e de serviço de vigilância, previstos nas Leis n. 6.019, de 3-1-1974, e 7.102, de 20-6-1983, é ilegal a contratação de trabalhadores por empresa interposta, formando-se o vínculo empregatício diretamente com o tomador dos serviços.

As referências para a edição do verbete foram: Convenção Internacional n. 122 de 1964 – OIT (Decreto n. 66.499, de 27-4-1970), que, entretanto, não trata de terceirização, mas de política de emprego, e nada veda sobre o assunto; Constituição de 1967, conforme a Emenda Constitucional n. 1, de 1969, arts. 160, II, IV e VI, e 165, V; Consolidação das Leis do Trabalho, arts. 2º, §§ 2º, 3º e 9º, 442 e 444; Leis n. 6.019/74, 7.102/83, 5.645/70, art. 3º, parágrafo único; Decreto-Lei n. 200/67, art. 10, §§ 7º e 8º; RO-DC 203/84 – TP 2.488/85, Min. Fernando Franco; RO-DC 535/83 – TP 968/85, Min. Nelson Tapajós, em que por meio de sentença normativa proibiu-se às empresas promover a locação de mão de obra.

Os precedentes que deram origem ao referido verbete foram:

> Empregado que sempre trabalhou para ou no mesmo estabelecimento, em atividade necessária ao seu funcionamento. Não se caracteriza o trabalho temporário. Decreto-Lei n. 1.034, alegado apenas na revista. Relação de

emprego com o tomador do serviço. Revista não conhecida (RR 138/79, Ac. 2ª T 2.176/80, rel. Min. Marcelo Pimentel, j. 7-10-1980).

Nesse acórdão admitiu-se o vínculo de emprego com o banco, em razão de que o trabalhador estava ligado à sua atividade permanente, embora tivesse sido contratado por empresa de intermediação de mão de obra. A revista não foi conhecida, pois dizia respeito a matéria fática.

> O trabalho de conservação e asseio não pode ser objeto de contratação pela Lei n. 6.019, por não se tratar de trabalho temporário. Menos ainda pela locação prevista no Código Civil, por ser atividade permanente, indispensável à vida da empresa. A contratação de locadora constitui fraude ao regime da CLT. Vínculo empregatício com o tomador do serviço quando há continuidade e o trabalho é prestado a uma única empresa. Quando o empregado trabalha em uma jornada subdividida em duas, o longo intervalo entre ambas deve ser remunerado como extra, porque o empregado ficou à disposição do empregador. Revista a que se nega provimento (RR 889/81, Ac. 2ª T. 377/82, rel. Min. Marcelo Pimentel j. 2-3-1982).

Nesse caso, houve a formação do vínculo com a empresa de energia elétrica, que se beneficiou do trabalho de conservação e asseio dos empregados por meio de empresa locadora de mão de obra.

> Contratação de empresa para execução de serviços inerentes à atividade da reclamada. Ou há fraude ou mão de obra locada em situação não prevista na Lei n. 6.019/74 (RR 402/81, Ac. 3ª T. 3.874/81, rel. Min. Guimarães Falcão j. 4-12-1981).

O que se entendeu nesse acórdão é que há fraude à lei quando o empreiteiro de mão de obra é um "testa de ferro" da empresa contratante.

Os demais precedentes foram: RR 5.492/80, Ac. 1ª T. 3.694/81, rel. Min. Guimarães Falcão, em que se discutia relação de emprego de trabalhador que prestava serviços de limpeza e portaria a banco por meio de empresa locadora de mão de obra, entendendo-se que não poderia fazê-lo de forma permanente, por empresa locadora de serviços; RR 6.713/83, Ac. 1ª T. 1.615/85, rel. Min. Marco Aurélio, que tratava da relação de emprego entre banco e zeladora, que prestava serviços por meio de empresa de locação de mão de obra; RR 1.474/85, Ac. 1ª T. 41/86, rel. Min. Marco Aurélio, em que foi responsabilizado o dono da obra, que era empresa que se dedicava à exploração mercantil de imóvel, quanto aos direitos trabalhistas sonegados pela empreiteira; RR 2.150/74, Ac. 2ª T. 1.161/74, rel. Min. Resende de Puech, que versou sobre a formação do vínculo com a empresa tomadora, pois o prazo do contrato de trabalho temporário excedeu 90 dias; RR 189/79, Ac. 2ª T. 2.177/80, rel. Min. Marcelo Pimentel, em que foi definida a responsabilidade de empresa de crédito e financiamento em relação aos empregados que ali prestavam serviços, colocados por empresa de conservação e administração de prédios de forma permanente; RR 4.137/78, Ac. 1ª T. 596/79, rel. Min. Marcelo Pimentel, em que se entendeu que o trabalho do vigia não se equipara ao serviço de vigilância bancária.

No acórdão que deu origem à Súmula 256 (RR 3.442/84), no qual foi relator o Min. Marco Aurélio, ficou evidenciado que a contratação de empresa interposta só poderia ser admitida em casos excepcionais, pois a locação da força de trabalho é ilícita, visto que os homens não podem ser objeto desse tipo de contrato, apenas as coisas. Verificava-se que o TST proibia a intermediação de mão de obra tanto na atividade-fim como na atividade-meio, salvo nas hipóteses do trabalho temporário e de vigilância (atual Lei n. 14.967/2024).

A maioria dos precedentes entendeu que a atividade de asseio e conservação é essencial a qualquer empresa. Se a atividade da empresa é permanente, não poderia haver locação de mão de obra. Em outros casos, entendeu-se que, se o empregado trabalhava no mesmo local do tomador e em atividade de caráter permanente da empresa, não poderia ser o liame estabelecido como de trabalho temporário, sendo empregado da empresa tomadora dos serviços.

Uma das preocupações principais do verbete em análise foi a de não permitir o *leasing* de mão de obra ou *marchandage*, no sentido da exploração do homem pelo próprio homem, mediante contratação de trabalhadores por empresa interposta.

No voto do Min. Marco Aurélio Mendes de Farias Mello, de 4-9-1986, no Incidente de Uniformização no Proc. TST RR 3.442/84, verifica-se que:

> é do conhecimento geral que as empresas prestadoras de serviços dedicam-se a arregimentar pessoas, mediante contrato, para o fim de prestar serviço, em caráter permanente, e uma terceira empresa, dita cliente, por força de um contrato de natureza civil, adrede firmado. [...] A empresa prestadora de serviços quer fazer da tarefa de empregar trabalhadores um fim em si mesmo, pois não se apropria do resultado do trabalho por eles prestado, muito menos sofre o risco proveniente do exercício da atividade econômica para a qual o serviço contribuiu, de uma forma ou de outra.

Na França, o *marchandage* é lícito, em princípio, sendo reprimível apenas quando abusivo[1]. Tais contratos multiplicaram-se na França, e, como leciona Verdier:

---

[1] BRUN, A.; GALLAND, H. *Droit du travail*. Paris: Sirey, 1958, p. 197.

cada vez com maior frequência, as empresas que desenvolvem elas próprias todas as funções necessárias à realização do processo produtivo, à exceção de tarefas essenciais muito específicas, recorrem a locadoras de serviços para a realização de tarefas essenciais de organização e de gestão, tais como a de recrutamento e formação de pessoal, manutenção, limpeza, segurança, serviços de informática etc.[2].

O antigo Precedente em dissídios coletivos n. 52 afirma a proibição da contratação de mão de obra locada, ressalvadas as hipóteses previstas nas Leis n. 6.019/74 e 7.102/83 (hoje, Lei n. 14.967/2024).

Há necessidade, porém, de se analisar a Súmula 256 do TST do ponto de vista legal e até mesmo constitucional.

Reza o parágrafo único do art. 170 da Constituição que: "é assegurado a todos o livre exercício de qualquer atividade econômica, independentemente de autorização dos órgãos públicos, salvo nos casos previstos em lei".

À primeira vista, todas as atividades das empresas são lícitas, não dependendo de autorização de órgãos públicos, desde que cumpridas as formalidades legais. Essa orientação decorre, portanto, do princípio da livre-iniciativa (art. 170 da Lei Maior), que inclusive já era previsto como liberdade de iniciativa no inciso I do art. 160 da Emenda Constitucional n. 1, de 1969.

Na Emenda Constitucional n. 1, de 1969, já se verificava que era livre o exercício de qualquer trabalho, ofício ou profissão, observadas as condições de capacidade que a lei estabelecesse (§ 23 do art. 153). Ressalte-se que o inciso XIII do art. 5º da Constituição mostra também que: "é livre o exercício de qualquer trabalho, ofício ou profissão, atendidas as qualificações profissionais que a lei estabelecer".

O inciso XVI do art. 22 da mesma norma esclarece que competirá privativamente à União legislar sobre "organização do sistema nacional de emprego e condições para o exercício de profissões". Tal fato mostra que, à primeira vista, também o exercício de qualquer trabalho será lícito, salvo se a lei o vedar.

A prestação de serviços e a empreitada são autênticos contratos, com expressa previsão legal no Código Civil (arts. 593 a 609 e arts. 610 a 626, respectivamente). Esclarece, por exemplo, o art. 594 do Código Civil que "toda a espécie de serviço ou trabalho lícito, material ou imaterial, pode ser contratada mediante retribuição".

---

[2] *Droit du travail*. Paris: Dalloz, 1986, p. 231.

A Súmula 256 do TST e as Empresas Prestadoras de Serviços

Não é, portanto, ilegal a celebração de autênticos contratos de prestação de serviços ou de empreitada, regidos pelo Direito Civil, como de conservação de elevadores, estipulado com empresa especializada em elevadores, contrato de empreitada para a pintura de edifícios, de execução de serviços de hidráulica, de assentamento de azulejos, de alvenaria etc. Tais pactos não constituem simulação de modo a violar princípios ou normas trabalhistas.

A locação mercantil também é livre, inclusive em relação à locação do trabalho. É o que revelava o art. 226 do Código Comercial:

> A locação mercantil é o contrato pelo qual uma das partes se obriga a dar à outra, por determinado tempo e preço certo, o uso de alguma coisa, ou do seu trabalho. O que dá a coisa ou presta serviço chama-se locador, e o que toma ou aceita o serviço, locatário.

Hodiernamente, qualquer empresa de construção civil contrata serviços especializados de terceiros, não importando qualquer presunção de fraude. As construtoras, normalmente, não assumem a obrigação de executar, por si, todas as tarefas decorrentes da construção. Dessa forma, contratam outras empresas para executar os diversos serviços de uma obra.

É comum a terceirização de serviços de eletricidade, hidráulica, fundação, alvenaria, azulejos, pintura, piso, carpintaria, pastilhas etc. Fica a construtora com algumas tarefas básicas e com a administração do condomínio de construção. Nada há, por conseguinte, de ilícito.

O art. 455 da CLT demonstra a legalidade do trabalho do empreiteiro e do subempreiteiro, assegurando aos empregados o direito de ajuizar ação contra o empreiteiro principal em caso de inadimplemento do subempreiteiro quanto às obrigações trabalhistas, cabendo, ainda, ao empreiteiro principal ação civil em relação ao subempreiteiro, inclusive com a retenção de importância a este devida, visando à garantia das obrigações que saldar em nome daquele.

Prevê o inciso III do art. 156 da Constituição a competência dos Municípios para instituir imposto sobre serviços de qualquer natureza (ISS), de acordo com a redação determinada pela Emenda Constitucional n. 3, de 17 de março de 1993.

A Lei Complementar n. 116, de 31 de julho de 2003, estabelece as regras gerais para a instituição, pelo legislador ordinário, do ISS, demonstrando a licitude das atividades das empresas prestadoras de serviços a terceiros, que inclusive recolhem o imposto municipal (ISS).

A própria lista de serviços submetidos ao ISS, prevista inicialmente no Decreto-Lei n. 406, de acordo com as modificações do Decreto-Lei n. 834, e a Lei

Complementar n. 56/88, que deu nova redação à referida lista, elencavam no primeiro caso 67 atividades de prestação de serviços que pagam ISS, e no segundo caso 101 itens. A atual lista de serviços, determinada pela Lei Complementar n. 116/2003, estabelece 40 atividades sujeitas ao ISS, com vários subitens, demonstrando que tais atividades também são lícitas.

O Decreto-Lei n. 200, de 1967, modificado pelo Decreto-Lei n. 2.300 e outras alterações, deixa claro a legalidade da prestação de serviços por empresas particulares ao Estado, como ocorre com as concessionárias e permissionárias de serviço público. Mesmo assim, essas empresas têm por atividade serviços considerados lícitos.

O entendimento que era predominante no TST era o de que:

> salvo nos casos de trabalho temporário e de serviço de vigilância, previstos nas Leis n. 6.019, de 3 de janeiro de 1974, e 7.102, de 20 de junho de 1983, é ilegal a contratação de trabalhadores por empresa interposta, formando-se o vínculo empregatício diretamente com o tomador dos serviços (Súmula 256 do TST).

Assim, segundo a orientação jurisprudencial contida naquele verbete, só seriam lícitas as atividades de trabalho temporário (Lei n. 6.019) e de vigilância bancária ou transporte de valores (Lei n. 7.102, hoje Lei n. 14.967/2024). Nas demais atividades, haveria a exploração da mão de obra: "formando-se o vínculo empregatício diretamente com o tomador de serviços".

O RR 3.442/84, que deu origem à Súmula 256 do TST, esclarece que:

> quaisquer atos praticados com o objetivo de desvirtuar ou impedir a aplicação de preceitos consolidados são nulos [...]. A possibilidade de o tomador dos serviços não assumir diretamente os ônus trabalhistas, valendo-se para tanto do contrato de natureza civil, só poderá ser permitida excepcionalmente, em caso de serviço transitório e não vinculado à atividade normal da tomadora. Assim não sendo, a relação jurídica mantida entre a locadora dos serviços e o contratado com as características de arrendamento, locação ou aluguel da força de trabalho reveste-se de ilicitude, pois os homens não podem ser objeto – ainda que velado – deste tipo de contrato, mas somente as coisas.

No RR 10.879/90.3 da 2ª Turma do TST foi afirmado:

> não ser possível desenvolver atividades essenciais aos objetivos de uma entidade, sejam atividades-fins ou atividades-meios, senão através de servido-

res seus, salvo previsão legal. Delegar a realização das tarefas vinculadas a estas atividades a terceiros, quer haja assumido a locação de mão de obra ou mediante contratos com as atualmente denominadas empresas prestadoras de serviços, caracteriza desvirtuamento dos preceitos da legislação trabalhista (art. 9º da CLT), sendo que a relação de emprego se dá com quem usufrui da força de trabalho do empregado [...].

Não era essa a orientação a ser seguida. Mister se faz observar a correta interpretação a ser dada à citada Súmula 256 do TST, que deve ocorrer de maneira restrita e exemplificativa e não taxativa, sob pena, até mesmo, de que as empresas prestadoras de serviços não mais possam exercer esse ramo de atividade.

Existem empregados que prestam serviços em seus próprios domicílios (art. 6º da CLT), sendo mesmo assim empregados de determinada empresa, onde nem sequer chegam a comparecer diariamente. Outros obreiros prestam serviços para empresas de trabalho temporário, trabalhando efetivamente na empresa tomadora de serviços ou clientes; certos funcionários laboram em bancos, vigiando-os, mas são empregados das empresas de vigilância.

Os empregados vendedores ou pracistas muitas vezes nunca foram onde a empresa mantém sua sede, trabalhando em cidades distantes, não deixando, porém, de ser empregados daquela (Lei n. 3.207). Os motoristas prestam serviços em várias localidades, viajando constantemente, vinculando-se a determinada empresa, embora passem a maior parte do tempo nas ruas ou estradas. Em todos esses casos, são essas pessoas empregadas da empresa prestadora de serviços e não da tomadora dos serviços, independente do fato de trabalharem fora da empresa ou em outro local.

Podemos lembrar outro exemplo: o de uma funcionária que serve café e lanche aos juízes no fórum trabalhista, além de fazer limpeza nesse local. Presta serviços no fórum há vários anos. Aufere rendimentos da empresa prestadora de serviços, que a admitiu. Recebe ordens técnicas, contudo, de todos os juízes e do funcionário encarregado de coletar o valor do café que cabe a cada magistrado.

Não se pode dizer, porém, que seja funcionária pública, com as garantias inerentes a tal regime. Ao contrário, é funcionária da empresa prestadora de serviços de limpeza, que a coloca no fórum trabalhista, tendo o poder de transferi-la de posto de serviço quando o desejar, exercitando o poder diretivo do empregador; ou seja, verifica-se a existência da subordinação jurídica ou hierárquica em relação à empresa prestadora de serviços.

Dessa forma, não pode ser considerada funcionária pública, mas de empresa privada que presta serviços para o Tribunal Regional do Trabalho, mediante contrato de prestação de serviços, de fornecer pessoas para limpeza do prédio da Justiça do Trabalho.

Quanto às atividades de segurança, não seria preciso que os bancos tivessem em seu quadro funcional empregados especializados em segurança, podendo esta atividade ser perfeitamente delegada a terceiros. Não constitui atividade-fim do banco prestar serviços de vigilância. Logo, tal atividade pode ser repassada a terceiros. O objetivo da criação da Lei n. 7.102 (hoje, Lei n. 14.967) foi coibir o aumento da marginalidade e estabelecer regras para as referidas empresas, que, muitas vezes, não tinham qualquer idoneidade na prestação dos serviços.

Não se pode dizer que é ilícita a prestação de serviços por representante comercial autônomo, tanto que existe a Lei n. 4.886, de 9 de dezembro de 1965, que trata do tema. O essencial nessa situação é que inexista subordinação ao tomador de serviços, que haja autonomia. Atendidos esses requisitos, a prestação de serviços por representante comercial autônomo é plenamente lícita.

Inexistindo preceito de lei proibindo o trabalho de empresas prestadoras de serviços, não se poderia falar na utilização, em todos os casos, da Súmula 256 do TST, pois ninguém é obrigado a fazer ou a deixar de fazer alguma coisa a não ser em virtude de lei (art. 5º, II, da Constituição).

Por outro lado, deveria ser respeitado o princípio da igualdade, pois se a prestação de serviços temporários (Lei n. 6.019) e de vigilância (Lei n. 7.102/83, hoje Lei n. 14.967/2024) são consideradas lícitas, não se poderia falar que as empresas prestadoras de serviços de limpeza teriam atividade ilícita, o que mostraria uma flagrante desigualdade, pois se as duas primeiras têm considerados como lícitos seus objetivos, para efeito do Direito do Trabalho, a última também o deveria ter.

A orientação da Súmula 256 do TST deveria, pois, ser direcionada no sentido de impedir a fraude à lei, e não prestação lícita de serviços a terceiros. Em cada caso é que se irá verificar a existência ou não de burla à norma legal. Ocorrendo fraude é que será levantado o véu que encobre as relações empresariais (*to lift the corporate veil*) para descobrir a verdade, inclusive observando a teoria da desconsideração da personalidade jurídica (*disregard of legal entity*), para descaracterizar a terceirização em empresa prestadora de serviço, quando os trabalhadores, na verdade, não deixam de ser empregados da empresa que faz a terceirização.

Assim, não são taxativas, mas meramente exemplificativas, as hipóteses contidas na Súmula 256 do TST. O que se deve evitar é a formação de empresas existentes apenas no papel, que têm total falta de idoneidade financeira, quando aí irá responder aquele que escolheu a empresa prestadora de serviços, pois houve culpa *in eligendo*.

A análise da Súmula 256 do TST deveria ser feita com cuidado. Como leciona Arnaldo Süssekind, ao comentar o referido verbete:

> cumpre notar, desde logo, que em nenhum dos textos aprovados nas três sessões plenárias foi inserida a proibição de uma empresa contratar sociedade prestadora de serviços ou obras pertinentes a esses contratos[3].

O próprio acórdão que deu origem à Súmula 256 do TST (Ac. TP 220/86) esclareceu que "não há um diploma normativo que disponha, diretamente, acerca de empresas prestadoras de serviço". Logo, aquilo que não é proibido pela lei é permitido, pois ninguém é obrigado a fazer ou deixar de fazer alguma coisa senão em virtude de lei (art. 5º, II, da Norma Ápice).

O que a jurisprudência trabalhista condena é a locação permanente de mão de obra, em desrespeito à lei, como ocorre com o contrato celebrado com empresa de trabalho temporário por mais de 180 dias contínuos ou não (art. 10, § 1º, da Lei n. 6.019). Ao contrário, admite-se como lícita, entre outras, a atividade das empresas de limpeza, a qual é prestada, normalmente, fora do horário de funcionamento comum das empresas tomadoras, necessitando-se de material e equipamentos próprios, que não têm seus funcionários dirigidos pelos da tomadora e recebem salários diretamente da prestadora de serviços, que assume os riscos de sua atividade.

As empresas de limpeza são enquadradas, inclusive, no 5º Grupo, Turismo e Hospitalidade, da Confederação Nacional do Comércio, de acordo com o quadro a que se refere o art. 577 da CLT, havendo a categoria econômica de "Empresas de asseio e conservação" e a categoria profissional de "Empregados de empresas de asseio e conservação".

Muitas vezes, os empregados da empresa de limpeza prestam serviços durante a mesma jornada para várias pequenas tomadoras ao mesmo tempo. O fato, porém, de os empregadores da empresa de limpeza trabalharem fora da sede não desnatura tal atividade, pois o contrato de trabalho não tem por requisito que o obreiro preste serviços na sede do empregador, pois mesmo na construção civil os empregados da construtora prestam serviços, às vezes, no local pertencente ao dono da obra, que não é o mesmo da empresa construtora. Assim, a atividade das empresas é lícita, como admite a jurisprudência:

---

[3] O Enunciado n. 256: mão de obra contratada e empresas de prestação de serviços. *Revista LTr* 51-3/276.

Empregado contratado por empresa prestadora de serviços, para sob seu comando e responsabilidade executar a atividade-fim da mesma, de limpeza e conservação para outras empresas. Vínculo de emprego que não se estabelece com o cliente (tomador) a quem só interessa a prestação de serviços (TST, 1ª T., RR 16.530/90, Ac. 2.440/91, *DJ* 5-8-1991).

A atividade de limpeza e conservação não se inclui entre as essenciais para que o Banco obtenha seus resultados: assim, tal contratação de prestação de serviços não se confunde com a hipótese tratada pela Lei n. 6.019/74 e Enunciado 256 do TST (TST, 1ª T., RR 14.967/90.8, Ac. 2.400/91, Red. Design. Min. Cnéa Moreira, *LTr* 55-10/1.238).

Inexistindo, por consequência, norma ou preceito proibindo a prestação de serviços a terceiros, esta é livre, não havendo qualquer presunção de fraude. Há, portanto, licitude no ato jurídico praticado (art. 104 do Código Civil) quando da contratação de um terceiro para prestar serviços à empresa.

Lembre-se de que a lei do FGTS (Lei n. 8.036/90) admite como empregador o fornecedor de mão de obra (§ 1º do art. 15 e inciso I do art. 2º do RFGTS), descaracterizando a hipótese de fraude na contratação com terceiros. Tal norma evidencia que as atividades de fornecimento de mão de obra são lícitas, o que compreende não só as empresas de trabalho temporário e de vigilância, mas também as de limpeza. O próprio § 2º do art. 15 da mesma norma menciona que é também trabalhador a pessoa que presta serviços a locador de mão de obra, evidenciando como lícita tal atividade.

Ressalte-se, também, que o quadro anexo ao art. 577 da CLT prevê, no 5º grupo, uma série de empresas que prestam serviços a terceiros, como os de limpeza e conservação, de administração de imóveis, de conservação de elevadores etc., que, portanto, têm suas atividades consideradas lícitas para efeito de enquadramento sindical, inclusive para o pagamento da contribuição sindical. Logo, são lícitas, também, essas atividades.

A presunção de fraude deve estar totalmente comprovada. Não se pode estender a fraude aos preceitos trabalhistas de maneira genérica e aplicada a toda e qualquer hipótese, sem antes serem examinadas as provas de uma situação particular, pois se acompanhássemos esse raciocínio, toda pessoa prestadora de serviços a bancos, como o guarda contratado por empresa de segurança, seria bancário, contrariando o entendimento da Súmula 257 do TST. Assim, a Súmula 256 do TST não poderia ser aplicada indiscriminadamente, mas apenas em casos de fraude, que deveria ser comprovada.

Não se poderia também falar em responsabilidade solidária entre o tomador dos serviços e a empresa prestadora dos serviços, pois a solidariedade surge como exceção à regra, não se presume, resulta da lei ou da vontade das partes (art. 264 do Código Civil).

É de se ressaltar que inexiste qualquer lei que informe que o empregado contratado por empresa prestadora de serviços vem a se tornar empregado de outra empresa apenas porque presta os serviços nas dependências físicas da empresa tomadora. Logo, esse procedimento, se adotado, não será considerado ilegal.

Considera-se que a "contratação de trabalhadores por empresa interposta" quer, portanto, dizer da hipótese de existência de fraude, quando os trabalhadores estão sob o poder de direção da empresa tomadora dos serviços, razão pela qual, nesse caso, o vínculo formar-se-á com esta.

Já estava havendo um abrandamento da aplicação rigorosa da Súmula 256 do TST, passando-se a adotar o entendimento de que o referido verbete só se observaria em casos de fraude:

> Locação de mão de obra. Aplicação do Enunciado 256. O Enunciado 256 não pode ser aplicado indiscriminadamente, mas apenas naqueles casos em que fica demonstrado que a intermediação teve o objetivo fraudulento. Recurso de revista conhecido e improvido (TST, RR 5.708/89, Ac. 1ª T. 757/90, rel. Min. Almir Pazzianotto).

A Súmula 256 do TST devia, assim, ser interpretada de forma exemplificativa e não taxativa, como passou a fazer a jurisprudência.

> Existindo legalmente empresas prestadoras de serviços, é ilegal que se lhes negue a qualificação de empregadoras, salvo as hipóteses de fraude. A enumeração contida no Enunciado 256, da Súmula desta Colenda Corte, há que ser considerada de forma exemplificativa, não taxativa, comportando, assim, o reconhecimento da legalidade do vínculo formado entre o empregado e o prestador de serviços em espécies outras que não as expressamente elencadas no verbete sumulado. O intérprete há que buscar, na aplicação dos próprios precedentes jurisdicionais, interpretação compatibilizadora daqueles com a legislação em vigor. Recurso de revista conhecido, a que se nega provimento (TST, RR 226/89.3, Ac. 1ª T. 2.608/89, rel. Min. José Luiz Vasconcellos).

Por esses motivos, havia necessidade de se rever a Súmula 256 do TST, o que foi feito pela Súmula 331 da mesma Corte.

A Súmula 256 do TST foi cancelada pela Resolução n. 121 do TST, de 19 de novembro de 2003.

15
A Súmula 331 do TST

15.1 Introdução

A Súmula 331 do TST foi aprovada pela Resolução Administrativa n. 23/93, de 17 de dezembro de 1993, de acordo com a orientação do órgão Especial do Tribunal Superior do Trabalho, tendo sido publicada no *Diário da Justiça da União* de 21 de dezembro de 1993 (p. 28.358). Tem a seguinte redação:

> *Contrato de prestação de serviços – Legalidade – Revisão do Enunciado n. 256.*
>
> I – A contratação de trabalhadores por empresa interposta é ilegal, formando-se o vínculo diretamente com o tomador dos serviços, salvo no caso de trabalho temporário (Lei n. 6.019, de 3-1-74);
>
> II – A contratação irregular de trabalhador, através de empresa interposta, não gera vínculo de emprego com os órgãos da Administração Pública Direta, Indireta ou Fundacional (art. 37, II, da Constituição da República);
>
> III – Não forma vínculo de emprego com o tomador a contratação de serviços de vigilância (Lei n. 7.102, de 20-6-1983), de conservação e limpeza, bem como a de serviços especializados ligados à atividade-meio do tomador, desde que inexistentes a pessoalidade e a subordinação direta.
>
> IV – O inadimplemento das obrigações trabalhistas, por parte do empregador, implica a responsabilidade subsidiária do tomador dos serviços quanto àquelas obrigações, desde que este tenha participado da relação processual e conste também do título executivo judicial.

Os Ministros José Ajuricaba, José Luiz Vasconcellos, Francisco Fausto e Almir Pazzianotto fizeram algumas ressalvas quanto ao inciso I. Os Ministros José Calixto, Francisco Fausto e José Luiz Vasconcellos fizeram ressalvas quanto ao item II. Quanto ao inciso III, foi adotada, por maioria, a primeira opção apresentada, vencidos os Ministros José Calixto, que era contra a proposta, José Ajuricaba, Ursulino Santos e Ney Doyle, que votavam pela segunda opção, e com ressalvas dos Ministros Orlando Teixeira da Costa e Francisco Fausto. Referente ao inciso IV, houve ressalva do Ministro Francisco Fausto.

A fundamentação para a edição do verbete teve por base o Decreto-Lei n. 200/67, art. 10, § 7º; a Lei n. 5.645/70, art. 3º, parágrafo único; as Leis n. 6.019/74 e 7.102/83; e a Constituição de 1988, art. 37, II.

Os precedentes foram:

> Contrato de prestação de serviços. Legalidade. Salvo os casos de trabalho temporário e de serviço de vigilância, previstos na Lei n. 6.019, de 3-1-1974, e 7.102, de 20-6-1983, é ilegal a contratação de trabalhadores por empresa interposta, formando-se o vínculo empregatício diretamente com o tomador dos serviços (Enunciado 256/TST) (E-RR 0211/90.6, Ac. SDI 2.333/993, rel. Min. Cnéa Moreira, j. 10-8-1993, *DJ* 3-9-1993).
>
> Locação de mão de obra. Enunciado 256/TST. A Sociedade de Economia Mista, no caso a Companhia Energética do Ceará, pode, amparada pelo art. 10, § 7º, do Decreto-Lei n. 200/67, realizar contratos de locação de serviços. O Enunciado 256 veio para evitar a ocorrência de fraudes e não para impedir contratos legais. Recurso de revista parcialmente conhecido e provido para excluir da condenação o reconhecimento do vínculo empregatício, mantendo-se a solidariedade (RR 44.058/92.6, Ac. 1ª T. 3.308/92, rel. Min. Afonso Celso, j. 28-10-1992, *DJ* 4-12-1992).
>
> Não se há que falar na aplicação do Enunciado 256 do TST, especialmente pela ausência de fraude, já que tanto a contratação do obreiro quanto a celebração do convênio estão dentro dos parâmetros legais. Revista conhecida e provida, para julgar improcedente o pedido (RR 62.835/92.0, Ac. 1ª T. 2.340/93, rel. Min. Ursulino Santos, j. 19-8-1993, *DJ* 1º-10-1993).

Esse acórdão tratou do fato de que o empregado foi contratado pela empresa Prosasco, sociedade de economia mista criada pela Lei Municipal n. 1.036, de 14 de julho de 1971, em que o Município de Osasco é seu maior acionista e recebe a prestação de serviços. Prevê o art. 9º da referida norma municipal a possibilidade de celebração de convênios com entidades de direito público e privado. Não se verificou fraude, principalmente porque a contratação do empregado foi feita com respaldo na própria lei.

A contratação de mão de obra, mediante empresa interposta, em se tratando de órgão público, está autorizada pelo Decreto-Lei n. 200/67 e pela Lei n. 5.645/70. Ademais, nos termos do parecer do ilustre representante do Ministério Público, Dr. Ives Gandra da Silva Martins Filho, no caso dos autos, além do serviço locado ser de vigilância – hipótese prevista na própria Súmula 256 do TST como legal por força da Lei n. 7.102/63 –, a Lei n. 5.645/70 chega a recomendar que os serviços de custódia, conservação e assemelhados sejam contratados por via indireta no âmbito da administração pública direta, autárquica e fundacional. Dessa forma, o INAMPS é parte ilegítima, não cabendo a solidariedade imposta (RR 45.956/92A, Ac. 3ª T. 5.251/92, rel. Min. Roberto Della Manna, *DJ* 6-8-1993).

A Lei n. 5.645/70, na esteira do estabelecido pelo DL 200/67 (art. 10, § 7º), facultou à Administração Pública a contratação de serviços de empresa do ramo de limpeza, entre outros, afastando, assim, a possibilidade de aplicação do Enunciado n. 256/TST para o fim de declarar-se a existência de relação de emprego entre o prestador de serviços e a tomadora (no caso, a União Federal) (TST, RR 41.486/91.2, Ac. 3ª T. 46/92, rel. Min. Manoel Mendes de Freitas, *DJ* 26-3-1993).

Tratando-se de empresa de serviços de limpeza e conservação que mantém contrato com Entidade de Serviço Público, não há que se falar em atividade fraudulenta, ante o disposto no art. 1º, parágrafo único, da Lei n. 5.645/70. Logo, incabível a responsabilidade solidária para pagamento das parcelas a que foi condenada a empresa prestadora de serviços (RR 42.286/91.9, Ac. 4ª T. 2.936/92, rel. Min. Leonaldo Silva, *DJ* 12-2-1993).

O art. 1º da Lei n. 5.645/70 combinado com o § 7º do art. 10 do Decreto-Lei n. 200/67, autorizam a Administração Pública a efetuar contrato de prestação de serviço, nos casos em que especificam. Não se aplica, portanto, o Enunciado 256 do TST, naquelas hipóteses especificadas (RR 43.279192.2, Ac. 2ª T. 631/93, rel. Min. João Tezza, *DJ* 18-6-1993).

O que veda o verbete 256/TST é a contratação do trabalhador e não do serviço por interposta pessoa, pelo que, para que se reconheça o vínculo laboral entre o obreiro e a empresa contratante, há que se perquirir da existência de subordinação direta daquele a esta e de pessoalidade na prestação de serviços sob a ótica da empresa contratante (RR 24.086/91.7, Ac. 2ª T. 806/92, rel. Min. Vantuil Abdala, *DJ* 8-5-1992).

Os demais precedentes foram: RR 41.974/91, Ac. 4ª T. 1.420/93, rel. Min. Marcelo Pimentel, *DJ* 18-6-1993; RR 35.607/91, Ac. 5ª T. 1.275/93, rel. Min. José Ajuricaba, *DJ* 25-6-1993.

Verificando-se os acórdãos do TST que levaram à edição da Súmula 256, nota-se que muitos dos precedentes foram sobre os empregados de empresas de limpeza terem vínculo com a empresa tomadora de serviços. Entendia-se que havia fraude em tal procedimento, pois o empregado trabalhava na tomadora dos serviços, embora fosse funcionário da prestadora dos serviços, deixando de ter os benefícios da empresa tomadora.

Num primeiro plano, só era, portanto, válida a terceirização em relação ao trabalho temporário e ao serviço de vigilância, sendo ilegal a contratação de trabalhadores pela empresa tomadora dos serviços, formando-se o vínculo de emprego diretamente com o beneficiário dos serviços prestados. A atividade de vigilância foi, porém, tida por legal (Lei n. 7.102/83, hoje Lei n. 14.967/2024), porque os bancos não poderiam ter pessoal especializado a tal nível, como se exige na referida legislação, permitindo, assim, a contratação de terceiros para essa finalidade.

O que se observa, contudo, do texto da Súmula 256 do TST e das propostas de sua redação é que não foi proibido a uma empresa contratar serviços de outras; contudo, pela redação do referido verbete, a terceirização de limpeza e conservação estaria proibida.

A Seção de Dissídios Coletivos do TST também embasava seus julgamentos de dissídios coletivos no ex-Precedente n. 35, que tinha a mesma orientação da Súmula 256 da mesma Corte: "Mão de obra (positivo). Fica proibida a contratação de mão de obra locada, ressalvadas as hipóteses previstas nas Leis n. 6.019/74 e 7.102/83" (Resolução Administrativa n. 37/92, *DJ* 15-9-1992, p. 15.106).

O Banco do Brasil contratava prestadores de serviço sem concurso público, principalmente para atividade de limpeza, ascensorista, telefonista, copa, gráfica, estiva e digitação. Houve denúncias por parte dos Sindicatos dos Bancários, que afirmavam estar o citado banco contratando diretamente empregados para atividades de caráter permanente.

O Ministério Público do Trabalho, com base no inciso VI do art. 83 da Lei Complementar n. 75/93, vinha ajuizando inquéritos civis públicos contra o Banco do Brasil e a Caixa Econômica Federal, que contratavam principalmente estagiários, com o objetivo de eximirem-se da realização de concursos públicos para admissão de trabalhadores estudantes ou desqualificados.

Aqueles órgãos afirmavam que havia decisões do próprio TST, que de fato existem, mitigando a aplicação da Súmula 256 do TST, além de permitir que fizessem contratações de serviços de limpeza e outros, de acordo com a Lei n. 5.645/70. O inquérito ajuizado contra a Caixa Econômica Federal acabou dando origem à ação civil pública, que teve pedido parcialmente acolhido em primeira instância, reconhecendo-se as irregularidades existentes.

O Banco do Brasil, porém, firmou compromisso com a Procuradoria-Geral do Trabalho, em 20 de maio de 1993, de acordo com o § 6º do art. 5º da Lei n. 7.347/85, de que a empresa iria, no prazo de 240 dias, abrir concurso público para regularizar as atividades de limpeza, ascensorista, telefonista, copa, gráfica, estiva e digitação.

A Procuradoria-Geral do Trabalho já havia encaminhado expediente ao Presidente do TST, protocolado sob o n. 31.696/93.4, em 6-10-1993, requerendo a revisão parcial da Súmula 256 do TST, para retirar de sua órbita as empresas públicas, as sociedades de economia mista e os órgãos da Administração direta, indireta, autárquica e fundacional e, também, os serviços de limpeza.

O TST optou por editar a Súmula 331, que revê a Súmula 256, em vez de criar novo verbete sobre o tema. Posteriormente, a Súmula 256 foi cancelada.

A Resolução TST n. 96, de 11-9-2000, deu nova redação ao inciso IV da Súmula 331 do TST, estando assim redigido:

> IV – O inadimplemento das obrigações trabalhistas, por parte do empregador, implica na responsabilidade subsidiária do tomador dos serviços, quanto àquelas obrigações, inclusive quanto aos órgãos da administração direta, das autarquias, das fundações públicas, das empresas públicas e das sociedades de economia mista, desde que hajam participado da relação processual e constem também do título executivo judicial (art. 71 da Lei n. 8.666/93).

A Resolução TST n. 174, de 24-5-2011, deu nova redação ao inciso IV e acrescentou os incisos V e VI à Súmula 331 do TST:

> IV – O inadimplemento das obrigações trabalhistas, por parte do empregador, implica a responsabilidade subsidiária do tomador dos serviços quanto àquelas obrigações desde que haja participado da relação processual e conste também do título executivo judicial.
>
> V – os entes integrantes na Administração Pública direta e indireta respondem subsidiariamente, nas mesmas condições do item IV, caso evidenciada a sua conduta culposa no cumprimento das obrigações da Lei n. 8.666, de 21-6-1993, especialmente na fiscalização do cumprimento das obrigações

contratuais e legais da prestadora de serviço como empregadora. A aludida responsabilidade não decorre de mero inadimplemento das obrigações trabalhistas assumidas pela empresa regularmente contratada.

VI – A responsabilidade subsidiária do tomador de serviços abrange todas as verbas decorrentes da condenação referentes ao período da prestação laboral.

A Súmula 331 do TST foi dividida em seis tópicos, cada qual tratando de vários assuntos, inclusive aqueles que não eram previstos na antiga Súmula 256 da mesma Corte, como os serviços prestados à Administração Pública e os serviços de limpeza, o que mostra ter a revisão efetuada trazido também novidades, ampliando seu conteúdo. Irei analisar o citado verbete sem necessariamente observar a mesma ordem dos incisos. Quanto à terceirização na Administração Pública, o tema será tratado em capítulo à parte.

Não trata a Súmula 331 do TST da terceirização sob a forma de cooperativas, pois a Lei n. 8.949, de 9 de dezembro de 1994, que acrescentou parágrafo único ao art. 442 da CLT, foi editada posteriormente ao citado verbete.

A limpeza é uma atividade essencial de qualquer empresa, mas não é atividade-fim.

A Súmula 331 do TST não pode, assim, ser entendida como taxativa, pois podem existir outras atividades passíveis de terceirização ou pode existir fraude nas atividades nela indicadas.

15.2 Trabalho temporário

Prevê o inciso I da Súmula 331 do TST que a contratação de trabalhadores por empresa interposta é ilegal, formando-se o vínculo diretamente com o tomador dos serviços, salvo no caso de trabalho temporário.

A contratação de trabalhadores por empresa interposta não é, na verdade, ilegal, a não ser quando existir fraude, com o objetivo de frustrar a aplicação da lei trabalhista. Nesses casos, o vínculo de emprego pode formar-se com o tomador dos serviços.

A terceirização pode ser feita em qualquer área e não apenas no trabalho temporário. A Lei n. 6.019 não trata apenas de trabalho temporário, mas também de terceirização. O seu art. 1º mostra que se aplica à empresa de prestação de serviços.

Se houver reconhecimento de vínculo com a empresa tomadora, automaticamente será aplicada a norma coletiva da atividade preponderante da tomadora.

O prazo do contrato de trabalho temporário será de 180 dias, consecutivos ou não (§ 1º do art. 10), podendo ser prorrogado por mais 90 dias, consecutivos ou não (§ 2º do art. 10 da Lei n. 6.019/74).

15.3 Atividade-meio

Atividade-fim é a que diz respeito aos objetivos da empresa, incluindo a produção de bens ou serviços, a comercialização etc. É a atividade central da empresa, direta, de seu objeto social.

É a atividade principal da empresa, a nuclear ou essencial para que possa desenvolver seu mister.

A atividade-fim da empresa não é o lucro. Este é o seu objetivo.

Para o Direito Comercial, atividade-fim é a que consta do objeto do contrato social. É a atividade principal.

Atividade necessária é a útil à atividade-fim.

O § 1º do art. 60 da Lei n. 9.472/97 dispõe que:

> telecomunicação é a transmissão, emissão ou recepção por fio, radioeletricidade, meios ópticos ou qualquer outro processo eletromagnético, de símbolos, caracteres, sinais, escritos, imagens, sons ou informações de qualquer natureza.

Essas seriam as atividades-fim.

O art. 94, II, da Lei n. 9.472/97 permite a terceirização da atividade-fim.

Poderia ser usada por analogia a regra do § 2º do art. 581 da CLT, no sentido de que:

> entende-se por atividade preponderante a que caracterizar a unidade de produto, operação ou objetivo final, para cuja obtenção todas as demais atividades convirjam, exclusivamente, em regime de conexão funcional.

A atividade-meio pode ser entendida como a atividade desempenhada pela empresa que não coincide com seus fins principais. É a atividade não essencial da empresa, secundária, que não é seu objeto central. É uma atividade de apoio a determinados setores da empresa ou complementar.

São exemplos da terceirização na atividade-meio: a limpeza, a vigilância etc. Já a atividade-fim é a atividade em que a empresa concentra seu mister, isto é, na qual é especializada. À primeira vista, uma empresa que tem por atividade a

limpeza não poderia terceirizar os próprios serviços de limpeza. Certas atividades-
-fins da empresa podem, porém, ser terceirizadas, principalmente se compreendem
a produção, como ocorre na indústria automobilística, ou na compensação de
cheques, em que a compensação pode ser conferida a terceiros, por abranger operações interbancárias.

Serviços especializados são de limpeza e conservação, zeladoria, segurança
e transporte de valores, trabalho temporário, contabilidade, jurídicos, refeitórios,
auditoria etc.

A atividade da empresa deve ser especializada. A radiologia é um serviço
especializado e, portanto, pode ser terceirizado. A fundação na construção civil é
serviço especializado, pois necessita de máquinas próprias, de tecnologia e do como
fazer. Não é a atividade do empregado que deve ser especializada, pois, no caso de
limpeza, geralmente o empregado não tem qualquer especialização.

O Código Brasileiro de Aeronáutica, art. 102, Capítulo X, faz referência a
serviços auxiliares, que, portanto, podem ser terceirizados.

Permite o § 3º do art. 31 da Lei n. 8.212/91, na redação determinada pela Lei
no 9.711/98, a terceirização na atividade-fim:

> Para os fins desta Lei, entende-se como cessão de mão de obra a colocação
> à disposição do contratante, em suas dependências ou nas de terceiros, de
> segurados que realizem serviços contínuos, relacionados ou não com a
> atividade-fim da empresa, quaisquer que sejam a natureza e a forma de
> contratação.

O inciso II do art. 94 da Lei n. 9.472/97 permite a terceirização de "atividades
inerentes, acessórias ou complementares ao serviço, bem como a implementação
de projetos associados". Inerente é o que diz respeito a acessório, complementar. É
permitida, portanto, a terceirização na atividade-fim.

O TST entendia que não era possível terceirizar a atividade-fim com base no
inciso II do art. 94 da Lei n. 9.472/97:

> 1. Consoante entendimento consolidado pela Subseção I Especializada em
> Dissídios Individuais do Tribunal Superior do Trabalho, a Lei Geral de
> Telecomunicações (Lei n. 9.472/97), ao regulamentar matéria estranha ao
> direito do trabalho, não possibilitou, em seu art. 94, II, a terceirização ampla
> e irrestrita das atividades desempenhadas pelas concessionárias de serviço
> de telecomunicações. 2. A terceirização de serviços ligados à atividade-fim
> do empregador enseja a declaração de ilicitude, conforme entendimento

consubstanciado na Súmula n. 331 do TST. 3. Em observância à diretriz perfilhada na Súmula n. 331, I, do TST, impõe-se, como consequência lógica, o reconhecimento do vínculo empregatício entre o trabalhador terceirizado e a empresa tomadora de serviços. [...] (TST, 4ª T., AIRR 301-24.2011.5.09.0021, rel. Min. João Oreste Dalazen, *DEJT* 15-8-2014).

O § 1º do art. 25 da Lei n. 8.987/95 prevê que "a concessionária poderá contratar com terceiros o desenvolvimento de atividades inerentes, acessórias ou complementares ao serviço concedido, bem como a implementação de projetos associados". Permite, portanto, a terceirização da atividade-fim no setor de energia elétrica.

O inciso III da Súmula 331 do TST mostra que não há vínculo de emprego com o tomador quando se contratam serviços de vigilância (Lei n. 7.102/83, hoje Lei n. 14.967/2024), de conservação e limpeza, bem como quanto a serviços especializados que dizem respeito a atividade-meio do tomador, mas, para tanto, não pode haver a pessoalidade e a subordinação direta, pois, caso haja, o vínculo formar-se-á com o tomador dos serviços. Permite também o inciso I do mesmo verbete a contratação de trabalhadores por empresas de trabalho temporário (Lei n. 6.019/74).

É possível também afirmar não haver necessidade de contratação direta de pessoal de limpeza, vigilância e assemelhados nos bancos, salvo em relação aos serviços de digitação, que não podem ser considerados, à primeira vista, atividade-meio, visto que há necessidade permanente de processamento de dados na atividade bancária, como nos caixas, terminais de consulta etc., aplicando-se assim a Súmula 239 do TST.

Só se admitiria a terceirização de processamento de dados em atividade bancária se os serviços fossem realizados fora do estabelecimento bancário, como no estabelecimento da empresa prestadora dos serviços, ou prestados a várias empresas do grupo, bancário ou não, que não apenas o banco, como foi visto.

Na indústria automobilística acontece o mesmo, quando a indústria repassa a fabricação das partes dos veículos a terceiros, que lhes devolvem o produto já acabado, mas sendo o trabalho realizado no próprio estabelecimento do prestador dos serviços.

Pode-se dizer que os serviços ligados à atividade-meio da empresa poderão ser terceirizados, segundo o inciso III da Súmula 331 do TST. A atividade-meio diz respeito à atividade secundária da empresa (não se referindo à sua própria atividade normal), como serviço de limpeza, de alimentação de funcionários, de vigilância etc.

Entende-se que, se os serviços referem-se à atividade-fim da empresa, não haverá especialização, mas a delegação da prestação de serviços da própria atividade principal da empresa.

A Súmula 331 do TST acabou condenando a terceirização na atividade-fim da empresa. Entretanto, não há como negar que ampliou a possibilidade do leque de terceirizações.

O TST entendeu que é ilícita a terceirização de atendimento de aeronaves, movimentação de carga, despacho operacional de voo, reboque de aeronaves, *check-in* e *check-out*, entrevista de passageiros, varredura de aeronaves, controle e proteção de carga quando a tomadora é empresa de transporte aéreo (6ª T., RR 28.140-17.2004.5.03.0092, rel. Min. Mauricio Godinho Delgado, j. 10-3-2010, *DEJT* 7-5-2010).

A entrega de bebidas por motoristas não pode ser objeto de terceirização, quando a tomadora é empresa cujo objeto social, além da produção, inclui a comercialização e distribuição de bebidas (TST, 5ª T., RR 15.300-67.2004.5.06.0002, rel. Min. Kátia Arruda, j. 5-5-2010, *DEJT* 14-5-2010).

Não se pode afirmar, entretanto, que a terceirização deva restringir-se à atividade-meio da empresa, ficando a cargo do administrador decidir tal questão, desde que a terceirização seja lícita, sob pena de ser desvirtuado o princípio da livre iniciativa contido no art. 170 da Constituição.

A indústria automobilística é exemplo típico de delegação de serviços de atividade-fim, decorrente, em certos casos, das novas técnicas de produção e até da tecnologia, pois uma atividade que antigamente era considerada principal pode hoje ser acessória. Contudo, ninguém acoimou-a de ilegal.

Na construção civil, são terceirizadas atividades essenciais da empresa construtora, que dizem respeito à sua atividade-fim, como a fundação, a pintura, a colocação de azulejos etc. As costureiras que prestam serviços em sua própria residência para as empresas de confecção, de maneira autônoma, não são consideradas empregadas, a menos que exista o requisito subordinação, podendo aí ser consideradas empregadas em domicílio (art. 6º da CLT), o que também mostra a possibilidade da terceirização da atividade-fim.

O art. 25 da Lei n. 8.987/95 permite a terceirização de atividade-fim na concessão telefônica.

O STF julgou constitucional o § 1º do art. 25 da Lei n. 8.987/95 (Lei de Concessões) (Pleno, ADC 26, DF, rel. Min. Edson Facchin, 6-9-2019). Entendeu aplicável o inciso II do art. 94 da Lei n. 9.472/97 (Lei de Telecomunicações) (STF, Pleno, ARE 791.932/DF, rel. Min. Alexandre de Moraes, public. 1º-3-2019).

A Súmula 331 do TST

Franca terceiriza a atividade-fim de pesponto em relação a sapatos. Costuras são feitas em casa no Bom Retiro, em São Paulo, e em muitas cidades do interior, como Jacutinga e Monte Sião (MG) e em Serra Negra (SP).

Em decorrência do princípio da livre iniciativa, previsto no art. 170 da Constituição, cabe ao empresário definir quais as áreas que pretende terceirizar, inclusive da atividade-fim, se assim entender. Cabe a ele escolher, portanto, a área que pretende terceirizar.

Uma atividade-fim da empresa pode ser até mesmo transformada em atividade acessória, em virtude das mudanças tecnológicas.

A Associação Brasileira do Agronegócio (ABAG) ajuizou a ADPF 324 para que o STF reconheça a inconstitucionalidade da interpretação adotada em relação à terceirização pelo TST.

No ARE 791.932/DF, rel. Min. Teori Zavaschi, foi reconhecida a repercussão geral na possibilidade de terceirização de *call center* de empresas de telefonia.

No ARE 713.211/MG, o Min. Luiz Fux reconheceu a repercussão geral em relação à terceirização na atividade-fim com base no art. 5º, II, da Constituição, no recurso apresentado pela Cenibra.

O § 3º do art. 9º da Lei n. 6.019/74 afirma que o contrato de trabalho temporário pode versar sobre o desenvolvimento de atividades-meio e atividades-fim nas dependências da contratante, ou no local por ela designado. O STF afirmou que "é lícita a terceirização ou qualquer outra forma de divisão do trabalho entre pessoas jurídicas distintas, independentemente do objeto social das empresas envolvidas, mantida a responsabilidade subsidiária da empresa contratante" (Tema 725, RE 958.252, j. 30-8-2018, rel. Min. Luiz Fux). Na ADPF 324, o Ministro Barroso afirmou que a decisão não afeta os processos em relação aos quais tenha havido coisa julgada.

Considera-se prestação de serviços a terceiros a transferência feita pela contratante da execução de quaisquer de suas atividades, inclusive sua atividade principal, à pessoa jurídica de direito privado prestadora de serviços que possua capacidade econômica compatível com a sua execução (art. 4º-A da Lei n. 6.019/74). É, portanto, possível dizer que a terceirização pode ser feita em qualquer área, pois a lei não proíbe nada nesse sentido, além do que, o conceito de empresa prestadora de serviços a terceiros é claro no sentido de a execução do serviço poder ser feita na atividade principal. Logo, é possível terceirizar em qualquer atividade, inclusive na atividade-fim.

Para que inexista, contudo, o vínculo de emprego com a tomadora dos serviços, é mister que a pessoalidade e a subordinação direta se deem com a pessoa que fornece a mão de obra. Caso o serviço seja feito no estabelecimento da tomadora, deve ser executado sob as ordens de prepostos da prestadora, e não da tomadora.

15.4 Igualdade salarial entre empregado de empresa terceirizada e da tomadora de serviços

Reza o art. 461 da CLT que: "sendo idêntica a função, a todo trabalho de igual valor, prestado ao mesmo empregador, na mesma localidade, corresponderá igual salário, sem distinção de sexo, nacionalidade ou idade".

Exige, portanto, o referido dispositivo que o trabalho entre dois trabalhadores seja prestado ao mesmo empregador para que haja direito a equiparação salarial. Empregador é a pessoa física ou jurídica que, assumindo os riscos da atividade econômica, admite, assalaria e dirige a prestação pessoal de serviços do empregado (art. 2º da CLT). Se os empregadores são distintos, não se pode falar em equiparação salarial, por proibição do art. 461 da CLT.

No caso da terceirização, um empregado pertence à empresa prestadora de serviços ou terceirizada e o outro à empresa tomadora de serviços. Impossível, portanto, ser feita a equiparação salarial, pois os empregadores são distintos.

Dispõe o art. 12 da Lei n. 6.019/74:

> Ficam assegurados ao trabalhador temporário os seguintes direitos:
>
> a) remuneração equivalente à percebida pelos empregados da mesma categoria da empresa tomadora ou cliente e calculados à base horária, garantida, em qualquer hipótese, a percepção do salário mínimo regional.

A regra acima é um direito do empregado da empresa de trabalho temporário.

Remuneração tem sentido amplo, que compreende salário mais gorjetas, segundo o art. 457 da CLT. O salário abrange as comissões, porcentagens, gratificações legais (§ 1º do art. 457 da CLT) etc.

Remuneração equivalente é a correspondente à do trabalhador que exerce igual função na empresa tomadora.

Tem-se aplicado por analogia a alínea *a* do art. 12 da Lei n. 6.019/74 a outras hipóteses de terceirização. Essa regra é específica para as empresas de trabalho temporário.

O fundamento de se aplicar analogia seria o *caput* do art. 8º da CLT, em razão da lacuna da lei: "as autoridades administrativas e a Justiça do Trabalho, na falta de disposições contratuais e legais, decidirão, conforme o caso, pela jurisprudência, por analogia...".

Não pode ser aplicada por analogia a regra da alínea *a* do art. 12 da Lei n. 6.019 em relação a outras empresas que fazem terceirização, como empresas de segurança, vigilância e transporte de valores, empresas de limpeza ou outras.

A Lei n. 7.102/83 dispunha sobre segurança para estabelecimentos financeiros, estabelece normas para constituição e funcionamento das empresas particulares que exploram serviços de vigilância e de transporte de valores e faz referência a certos aspectos do trabalho do vigilante. Não traz dispositivo semelhante a alínea *a* do artigo 12 da Lei n. 6.019/74. É norma posterior a esta última. Não trouxe regra assim porque não quis. Do contrário, teria sido expressa em igual sentido.

O serviço de limpeza e conservação não tem lei regulando a referida atividade ou de seus trabalhadores. Logo, também não se pode aplicar por analogia regra da alínea *a* do art. 12 da Lei n. 6.019/74.

A norma coletiva da categoria vale para as partes que a firmaram, na qual se estabelece a remuneração. As remunerações podem ser diferentes, porque as normas coletivas são diferentes da empresa de terceirização e das empresas de vigilância, limpeza ou de trabalho temporário. São categorias diferentes. Os salários podem ser ajustados livremente e ser diferentes.

O juiz pode ser um legislador negativo, no sentido de dizer o que não pode ser feito. Entretanto, não pode ser legislador positivo, no sentido de criar a norma quando ela não existe. Essa tarefa é do Poder Legislativo, do Congresso Nacional.

A orientação jurisprudencial 383 da SBDI-1 do TST afirma:

> A contratação irregular de trabalhador, mediante empresa interposta, não gera vínculo de emprego com ente da Administração Pública, não afastando, contudo, pelo princípio da isonomia, o direito dos empregados terceirizados às mesmas verbas trabalhistas legais e normativas asseguradas àqueles contratados pelo tomador dos serviços, desde que presente a igualdade de funções. Aplicação analógica do art. 12, *a*, da Lei n. 6.019, de 3-1-1974.

No meu entendimento, não é possível haver equiparação salarial ou igualdade de salário entre empregado de empresa prestadora de serviços e empregado pertencente à tomadora, pois os empregadores são distintos. A exceção diz respeito ao empregado da empresa de trabalho temporário, que tem de receber a mesma remuneração do empregado da tomadora, com fundamento na alínea *a* do art. 12 da Lei n. 6.019/74.

São asseguradas aos empregados da empresa prestadora de serviços a que se refere o art. 4º-A da Lei n. 6.019/74, quando e enquanto os serviços, que podem ser de qualquer uma das atividades da contratante, forem executados nas dependências da tomadora, as mesmas condições: I – relativas a: *a)* alimentação garantida aos empregados da contratante, quando oferecida em refeitórios; *b)* direito de utilizar os serviços de transporte; *c)* atendimento médico ou ambulatorial existente nas dependências da contratante ou local por ela designado (art. 4º-C da Lei n. 6.019/74). Essas regras são obrigatórias. A lei é imperativa no sentido de assegurar, mas não se refere à mesma remuneração.

Contratante e contratada poderão estabelecer, se assim entenderem, que os empregados da contratada farão jus a salário equivalente ao pago aos empregados da contratante, além de outros direitos (§ 1º do art. 4º-C da Lei n. 6.019/74). Trata-se, portanto, de faculdade e não de obrigação.

O STF entendeu que "a equiparação de remuneração entre empregados da empresa tomadora de serviços e empregados da empresa contratada (terceirizada) fere o princípio da livre-iniciativa, por se tratarem de agentes econômicos distintos, que não podem estar sujeitos a decisões empresariais que não são suas" (Tema 383, RE 635.546).

15.5 Responsabilidade solidária

15.5.1 Conceito

Há solidariedade quando, existindo multiplicidade de credores ou de devedores na obrigação, ou de uns e outros, cada credor tem direito à totalidade da prestação, como se fosse o único credor, ou cada devedor estará obrigado pelo débito todo, como se fosse o único devedor.

A solidariedade não se presume. Decorre da lei ou da vontade das partes. Era a regra prevista no art. 896 do Código Civil de 1916. É a determinação do art. 265 do Código Civil de 2002.

No Direito do Trabalho, dificilmente a solidariedade decorre do contrato, pois o tomador não irá querer responder pela dívida do prestador dos serviços.

15.5.2 Distinção

A subsidiariedade não tem previsão no Código Civil, mas na Lei n. 6.019/74. Se o devedor não pagar a dívida, paga o responsável secundário, subsidiário.

A solidariedade tem fundamento na lei ou na vontade das partes.

15.5.3 Espécies

15.5.3.1 *Solidariedade ativa*

Na solidariedade ativa, cada um dos credores solidários tem direito de exigir do devedor o cumprimento da prestação por inteiro. A previsão está no art. 267 do Código Civil.

15.5.3.2 *Solidariedade passiva*

O credor tem direito de exigir e receber de um ou de alguns dos devedores, parcial ou totalmente, a dívida comum (art. 275 do Código Civil).

15.5.4 Solidariedade no Direito do Trabalho

No Direito do Trabalho não existem os conceitos acima mencionados, que são obtidos a partir do Direito Civil, por força do parágrafo único do art. 8º da CLT. Havendo omissão na CLT, aplica-se o Direito Civil.

15.5.4.1 *Solidariedade ativa*

A teoria da solidariedade ativa não é pacífica no âmbito do Direito do Trabalho.

Tal teoria considera o empregador único. Ele é o credor do trabalho do empregado.

Esta regra é encontrada no § 2º do art. 2º da CLT, que, a meu ver, trata da solidariedade ativa quando estabelece que o empregador é o grupo de empresas.

O grupo pode exigir o trabalho do empregado, entre as várias empresas do grupo. É possível a transferência do empregado de uma empresa para outra do grupo econômico. É contado o tempo de serviço de uma empresa para outra (*accessio temporis*), como para efeito de férias e indenização.

No âmbito rural, há a determinação do § 2º do art. 3º da Lei n. 5.889/73, que versa sobre o grupo de empresas rurais para fins de se considerar como empregador.

15.5.4.2 *Solidariedade passiva*

O § 2º do art. 2º da CLT e o § 2º do art. 3º da Lei n. 5.889/73 mostram também que existe solidariedade passiva no grupo de empresas, podendo o empregado exigir a obrigação de qualquer uma das empresas pertencentes ao grupo.

Dispõe o art. 16 da Lei n. 6.019/74 que há solidariedade no caso de falência da empresa de trabalho temporário com o tomador dos serviços.

No condomínio de empregadores rurais pessoas físicas, por força do contrato que foi estatuído, há solidariedade entre as pessoas físicas para fins da exigência da dívida de qualquer delas por parte do trabalhador.

Assim, somente nos casos previstos acima é que haverá solidariedade.

Outra hipótese pode ser aplicada subsidiariamente no Direito do Trabalho. É a prevista no art. 942 do Código Civil, que dispõe: "os bens do responsável pela ofensa ou violação do direito de outrem ficam sujeitos à reparação do dano causado; e, se a ofensa tiver mais de um autor, todos responderão solidariamente pela reparação".

Pode-se aplicar tal regra à terceirização trabalhista, quando há mais de um causador do dano, como a empresa prestadora de serviços e a empresa tomadora dos serviços.

O dano mencionado no Código Civil é genérico, tanto abrange o aspecto civil como o trabalhista, pois a lei não faz distinção, inclusive quanto ao aspecto moral.

Entretanto, para que tal dispositivo seja aplicado é preciso que haja causa de pedir específica para aplicação de solidariedade. Do contrário, não poderá ser observado de ofício pelo juiz, sob pena de violar os arts. 141 e 492 do CPC.

15.6 Responsabilidade subsidiária

A palavra subsidiária vem do latim *subsidiarius*, que significa secundário.

Responsabilidade subsidiária é a que vem em reforço de ou em substituição de. É uma espécie de benefício de ordem. Não pagando o devedor principal (empresa prestadora de serviços), paga o devedor secundário (a empresa tomadora dos serviços).

A lei não previa expressamente a responsabilidade subsidiária, que foi estabelecida na orientação do inciso IV da Súmula 331 do TST. Agora, o § 5º do art. 5º-A da Lei n. 6.019/74 estabelece que a empresa contratante é subsidiariamente responsável pelas obrigações trabalhistas referentes ao período em que ocorrer a prestação de serviços, e o recolhimento das contribuições previdenciárias observará o disposto no art. 31 da Lei n. 8.212/91. Agora, é uma previsão objetiva, decorrente de lei. Não se trata de orientação de súmula, que não tem característica vinculante.

A lei é que está estabelecendo a responsabilidade subsidiária da empresa contratante, o que traz maior segurança jurídica. Não se trata mais de orientação jurisprudencial. A responsabilidade subsidiária diz respeito a qualquer obrigação trabalhista em relação ao empregado, no período que houve a prestação de serviços, e não em relação à obrigação civil ou comercial. A empresa contratante deve fazer a retenção da contribuição previdenciária do pagamento feito à empresa prestadora de serviços, de que trata o art. 31 da Lei n. 8.212/91.

A responsabilidade subsidiária é um benefício de ordem. É o que a jurisprudência definiu como a existência de culpa *in eligendo*, de escolher a empresa inidônea, e culpa *in vigilando*, de não a fiscalizar pelo pagamento das verbas trabalhistas devidas ao empregado. Se não a fiscaliza e a prestadora dos serviços não paga verbas trabalhistas aos empregados, responderá a tomadora de forma subsidiária. Isso significa que deve ser exaurida a execução contra a empresa prestadora de serviços e seus sócios para depois responder a tomadora dos serviços.

Se a ação é proposta apenas contra o tomador e não contra a prestadora de serviços, o processo deve ser extinto sem julgamento de mérito, pois a responsabilidade do tomador é subsidiária, de ordem. Não havendo o responsável principal, não há o subsidiário.

Com as novas regras, passa-se a ter um parâmetro objetivo, fixado na lei, a respeito das empresas de terceirização, o que não existia anteriormente, pois não havia lei regulando o assunto e a jurisprudência dos tribunais é que analisava o tema e poderia ser divergente.

Não se aplica a responsabilidade subsidiária à empresa de vigilância e transporte de valores, pois o art. 19-B da Lei n. 6.019/74 dispõe que essa lei não se aplica a tais empresas, que são regidas pela Lei n. 14.967/2024. Esta lei não trata de responsabilidade subsidiária para empresas de vigilância e transporte de valores, aplicando-se a orientação do inciso IV da Súmula 331 do TST sobre a referida responsabilidade.

A responsabilidade subsidiária é mostrada, de certa forma, na fiança, no art. 827 do Código Civil: "o fiador demandado pelo pagamento da dívida tem direito a exigir, até a contestação da lide, que sejam primeiro executados os bens do devedor". O fiador que pagar integralmente a dívida fica sub-rogado nos direitos do credor (at. 831 do Código Civil).

A responsabilidade subsidiária é hipótese de responsabilidade sem débito.

Se a tomadora é beneficiada pela prestação de serviços do trabalhador, deve responder subsidiariamente, conforme a orientação do inciso IV da Súmula 331 do TST. O art. 182 do Código Civil mostra que, anulado o negócio jurídico, restituir-se-ão as partes ao estado em que antes dele se achavam, e, não sendo possível restituí-las, serão indenizadas pelo equivalente. Não é possível determinar o retorno do empregado ao *status quo ante*, porque não pode ser devolvida sua energia de trabalho. Assim, ele tem de receber de quem foi beneficiado pela prestação dos serviços.

Os arts. 186 e 927 do Código Civil estabelecem que aquele que, por ato ilícito, causar dano a outrem, fica obrigado a repará-lo.

A culpa é um ato violador do direito de outrem praticado com negligência, imprudência ou imperícia.

O não pagamento das verbas trabalhistas devidas ao empregado mostra a inidoneidade financeira da empresa prestadora de serviços. Isso indica que a tomadora dos serviços tem culpa *in eligendo* e *in vigilando*, pela escolha inadequada de empresa inidônea financeiramente e por não a fiscalizar quanto ao cumprimento das obrigações trabalhistas.

Vantuil Abdala afirmou que o fundamento do inciso IV da Súmula 331 do TST é a responsabilidade pelo fato de outrem, se:

> em legítimo contrato de prestação de serviços, a prestadora não tiver idoneidade econômico-financeira para satisfazer os haveres de seus empregados.
>
> [...]
>
> O princípio da proteção ao trabalhador e a teoria do risco explicam a preocupação de não deixar ao desabrigo o obreiro[1].

Para serem cobrados os direitos trabalhistas da empresa tomadora é preciso, porém, sua inclusão no polo passivo da ação, pois, num processo, quem não foi parte na fase de conhecimento não o pode ser na execução. Se a empresa for excluída do polo passivo e houver trânsito em julgado, não poderá ser parte na execução, pois a coisa julgada se dá entre as partes que figurarem no feito e não em relação a terceiros (art. 506 do CPC).

Com essa orientação, o verbete pretende aconselhar as pessoas que fazem terceirização para que contratem empresas idôneas, sob pena de, se o empregado ajuizar ação contra a empresa prestadora dos serviços e a tomadora, esta última ficar responsável subsidiariamente pelo pagamento de verbas trabalhistas, em decorrência da inidoneidade da prestadora dos serviços e da culpa *in eligendo* e *in vigilando*.

---

[1] Terceirização: atividade-fim e atividade-meio responsabilidade subsidiária da tomadora de serviços. *Revista LTr*, v. 60, p. 589, São Paulo: LTr, 1996.

Acertadamente, o TST falou em responsabilidade subsidiária, por se aplicar, analogicamente, o art. 455 da CLT, que não trata de responsabilidade solidária, pois a solidariedade não se presume, resultando da lei ou da vontade das partes (art. 265 do Código Civil).

O inciso IV da Súmula 331 do TST interpreta, portanto, corretamente o dispositivo consolidado ao se falar em responsabilidade subsidiária. O tomador dos serviços não é, portanto, solidário com o prestador dos serviços, segundo a orientação da Súmula 331 do TST. O tomador dos serviços somente responderá se o prestador dos serviços não pagar a dívida trabalhista ou se o seu patrimônio for insuficiente para o pagamento do débito.

A responsabilidade subsidiária só existe se o devedor principal não adimplir a obrigação. Nesse caso, o responsável subsidiário irá responder, desde que tenha participado da relação processual e tenha havido o trânsito em julgado da decisão.

O § 5º do art. 513 do CPC dispõe que o cumprimento da sentença não poderá ser promovido contra o fiador, o coobrigado ou o corresponsável que não tiver participado da fase de conhecimento.

O empregado deverá provar que prestou serviços para a empresa tomadora dos serviços, por se tratar de fato constitutivo do seu direito (art. 373, I, do CPC), caso tal fato seja negado.

Se o trabalho era realizado pelo empregado nas dependências do próprio prestador de serviços, não se pode falar em responsabilidade subsidiária do tomador. É o exemplo da empregada que lavava roupas para vários hospitais nas dependências da própria prestadora de serviços e não das tomadoras.

Aquele que pagou as verbas trabalhistas do real prestador dos serviços terá direito de regresso contra a prestadora, o que, aliás, se verifica no parágrafo único do art. 455 da CLT quanto ao empreiteiro principal e o subempreiteiro, o que pode também ser aplicado por analogia.

Na prática, o que se tem verificado é a propositura abusiva de ações contra o tomador dos serviços, sem que haja explicação para a inclusão daquele no polo passivo da ação, nem mesmo prova ou afirmação de que há inidoneidade financeira da prestadora dos serviços ou de que simplesmente desapareceu sem pagar seus empregados. Não admito a propositura de ações desse tipo quando inexista qualquer justificativa na petição inicial para tanto.

O TST entendeu que não há vedação a que o reclamante, de posse do título executivo oponível contra a empresa prestadora, real empregadora, acione a tomadora, pretendendo sua responsabilização subsidiária em ação autônoma (SBDI-1. 529.078/1999. 2, rel. Min. Maria Cristina Peduzzi).

Esclarece a Orientação Jurisprudencial 191 da SDI do TST que:

> diante da inexistência de previsão legal específica, o contrato de empreitada entre o dono da obra e o empreiteiro não enseja responsabilidade solidária ou subsidiária nas obrigações trabalhistas contraídas pelo empreiteiro, salvo se o dono da obra for uma empresa construtora ou incorporadora.

O fundamento é de que o dono da obra não tem objeto lucrativo com a obra. Mostra que falta lei para atribuir responsabilidade subsidiária ao dono da obra em razão de ter recebido a prestação dos serviços do empregado por meio de empresa terceirizada. O dono da obra não recebe a prestação dos serviços com objetivo econômico, mas de construção da obra.

Se não existe lei que estabeleça responsabilidade subsidiária, não se pode falar nessa responsabilidade em nenhuma hipótese, inclusive no caso do tomador dos serviços.

O art. 455 da CLT não estabelece responsabilidade subsidiária em relação ao dono da obra, mas do empreiteiro ou subempreiteiro.

A ressalva que a Orientação Jurisprudencial faz é porque a empresa construtora ou a incorporada exercem atividades econômicas e devem assumir os riscos de seu empreendimento.

Tratando-se de contrato lícito entre as partes, com o pagamento dos haveres trabalhistas dos empregados, não se poderá falar em responsabilidade solidária nem subsidiária da empresa tomadora. Cabe, portanto, ao tomador dos serviços verificar a idoneidade econômica da terceirizada e se os pagamentos dos trabalhadores que lhes prestam serviços por meio da empresa contratada foram feitos corretamente, para que não ocorram problemas.

Informa o inciso VI da Súmula 331 do TST que: "a responsabilidade subsidiária do tomador de serviços abrange todas as verbas decorrentes da condenação referentes ao período da prestação laboral".

A Súmula 331 do TST não fazia distinção em relação ao tipo de verba de natureza trabalhista.

A multa do § 8º do artigo 477 da CLT é um direito do trabalhador e também é alcançada pela responsabilidade subsidiária.

Multas normativas também são direitos do trabalhador. O art. 467 da CLT também, sendo responsável o tomador dos serviços quando incide em responsabilidade subsidiária.

Todas as obrigações trabalhistas não cumpridas pelo empregador estarão sujeitas à responsabilidade subsidiária do tomador dos serviços.

Indenização por dano moral tem natureza civil e não trabalhista. Não há responsabilidade subsidiária do tomador. Não existe também previsão legal para a referida hipótese.

A responsabilidade subsidiária deve ficar limitada ao tempo em que o empregado trabalhou para a tomadora dos serviços e não a outros períodos. Diz respeito ao período em que a tomadora se beneficiou da prestação de serviços e não de todo o período reclamado.

A empresa transportadora não tem responsabilidade subsidiária (ERR 586.2010.5.01.0044 SDI, *DEJT* 29-7-2022). O prestador de serviços não trabalha dentro do tomador dos serviços. Presta serviços. No mesmo sentido a decisão da SDI-1 do TST:

> Recurso de embargos em recurso de revista regido pela Lei n. 13.015/2014. Contrato de transporte de produtos farmacêuticos. Natureza comercial. Ausência de terceirização de serviços. Inaplicabilidade da Súmula n. 331 desta Corte. Esta Corte Superior firmou entendimento no sentido de que o contrato de transporte de cargas e/ou produtos, por possuir natureza puramente civil e comercial, e não de prestação de serviços, não se adequa à terceirização de mão de obra prevista na Súmula n. 331, IV, do TST, o que afasta a responsabilidade subsidiária ou solidária da empresa tomadora de serviços. Precedentes recentes desta Subseção e de Turmas deste Tribunal. Nesse cenário, diante da existência de contrato de transporte de produtos farmacêuticos, que ostenta natureza comercial, e não de terceirização de serviços nos moldes da Súmula n. 331, IV, do TST, e da ausência nos autos de indícios de fraude que possam macular a relação estabelecida entre a ré e a empresa com a qual contrata a atividade de transporte, ainda que por fundamento distinto, correta a decisão da Turma que excluiu da condenação a obrigação de não terceirizar a atividade de transporte de produtos farmacêuticos. Recurso de embargos não conhecido (E-RR-5-86.2010.5.01.0044, Subseção I Especializada em Dissídios Individuais, rel. Min. Claudio Mascarenhas Brandão, *DEJT* 29-7-2022).

> Recurso de embargos em recurso de revista. Interposição na vigência da Lei n. 13.467/2017. Contrato de transporte de cargas. Natureza comercial. Não verificação de contrariedade à Súmula n. 126 do TST. Ausência de terceirização de serviços. Inaplicabilidade da Súmula n. 331 desta Corte. Esta Subseção já firmou entendimento no sentido de, em regra, não ser viável o conhecimento do recurso de embargos por contrariedade a súmula de conteúdo processual, tendo em vista a sua função precípua de uniformização da

jurisprudência, conferida pelas Leis n. 11.496/2007 e n. 13.015/2014, razão pela qual o acolhimento da alegação de afronta ou má aplicação da Súmula n. 126 do TST trata-se de hipótese excepcional. Nesse cenário, observa-se que a hipótese mais evidente de contrariedade ao conteúdo da Súmula n. 126 desta Corte diz respeito aos casos em que a Turma, para afastar a conclusão a que chegou o Colegiado Regional, incursiona nos autos na busca de fatos para conhecer do recurso. *In casu*, o Tribunal Regional destacou que "a prestação de serviços do autor, enquanto contratado formalmente pela HORIZONTE EXPRESS, se deu exclusivamente em favor da AMBEV, no exercício da função de fiscalizar o transporte de produtos desta última". Concluiu que tal contratação resultou em fraude, pois visou atender necessidade que envolve atividade-fim da tomadora, o que é ilícito, razão pela qual reputou configurada a terceirização de serviços ligados à atividade-fim da AMBEV e reconheceu o liame empregatício diretamente com ela. A Egrégia Turma consignou ser "incontroverso que o reclamante fora contratado pela primeira reclamada para execução do serviço de transporte de mercadorias para a segunda reclamada, conforme registrado pelo acórdão regional: restou incontroversa que a prestação de serviços do autor, enquanto contratado formalmente pela HORIZONTE EXPRESS, se deu exclusivamente em favor da AMBEV, no exercício da função de fiscalizar o transporte de produtos desta última". E, com base nesse contexto fático, concluiu que a existência de contrato de transporte de cargas firmado entre as rés, por possuir natureza comercial e não de prestação de serviços, não evidencia a terceirização prevista na Súmula n. 331 do TST e não enseja a responsabilização subsidiária da segunda ré. Dessa forma, a Turma e o TRT, ambos baseados no mesmo contexto fático, apresentaram teses jurídicas diversas quanto à caracterização ou não de terceirização de serviços. Nesse contexto, não se verifica a excepcionalíssima hipótese de contrariedade à Súmula n. 126 desta Corte. Por outro lado, esta Corte Superior tem entendido que o contrato de transporte de cargas, por possuir natureza puramente civil e comercial, e não de prestação de serviços, não se adequa à terceirização de mão de obra prevista na Súmula n. 331, IV, do TST, o que afasta a responsabilidade subsidiária ou solidária da empresa tomadora de serviços. Precedentes recentes de sete Turmas deste Tribunal. Nesse cenário, diante da existência de contrato de transporte de cargas entre as rés, que ostenta natureza comercial, e não de terceirização de serviços nos moldes da Súmula n. 331, IV, do TST, irreparável a decisão da Turma que excluiu a responsabilidade da segunda ré. Recurso de embargos não conhecido (E-RR-103-80.2015.5.06.0101, Subseção I Especializada em Dissídios Individuais, rel. Min. Claudio Mascarenhas Brandão, *DEJT* 19-11-2021).

O TST entendeu que "a contratação dos serviços de transporte de mercadorias, por ostentar natureza comercial, não se enquadra na configuração jurídica de terceirização prevista na Súmula n. 331, IV, do TST e, por conseguinte, não enseja a responsabilização subsidiária das empresas tomadoras de serviços" (RRAg-0025331-72.2023.5.24.0005).

Se a prestação de serviços é feita para mais de um tomador, todos serão responsáveis de forma subsidiária. O TST entende que "**Terceirização**. Prestação de serviços a uma pluralidade de tomadores. Circunstância que não afasta a responsabilidade subsidiária" (RR-0010902-17.2022.5.03.0136).

Ônus da prova

O ônus da prova é de quem alega, por se tratar de fato constitutivo do seu direito (art. 818, I, da CLT). Assim, a falta de fiscalização deve ser provada pelo empregado, demonstrando falta de pagamento de verbas continuadas. O STF entendeu que:

> Agravo regimental em reclamação. 2. Direito do Trabalho. 3. Terceirização. Responsabilidade subsidiária da Administração Pública. 4. Violação ao decidido na ADC 16 e ao teor da Súmula Vinculante 10. 5. Impossibilidade de responsabilização automática da Administração Pública pelo inadimplemento das obrigações trabalhistas. Necessidade de comprovação inequívoca do seu comportamento reiteradamente negligente. 6. Agravo regimental provido para julgar procedente a reclamação e cassar o acórdão reclamado, no ponto em que reconheceu a responsabilidade subsidiária do reclamante pelo adimplemento da condenação sem a comprovação de culpa, determinando que outro seja proferido, nos termos da jurisprudência desta Corte (STF, 2ª Turma, Rcl-AgR 50298, j. 9.12.2022, rel. Min. Gilmar Mendes).

> 9. Recurso extraordinário parcialmente conhecido e, na parte admitida, julgado procedente para fixar a seguinte tese para casos semelhantes: "O inadimplemento dos encargos trabalhistas dos empregados do contratado não transfere automaticamente ao poder Público contratante a responsabilidade pelo seu pagamento, seja em caráter solidário ou subsidiária, nos termos do art. 71, § 1º, da Lei n. 8.666/93" (STF, RE 760.931, rel. Luiz Fux, *DJe* 12-9-2017, n. 206).

> Agravo regimental nos embargos de declaração na reclamação. 2. Direito do Trabalho. 3. Terceirização. Responsabilidade subsidiária da Administração Pública. Art. 71, § 1º, da Lei 8.666/1993. 4. Violação ao decidido na ADC 16 e ao teor da Súmula Vinculante 10. Configuração. Reclamação julgada

procedente. 5. Impossibilidade de responsabilização automática da Administração Pública pelo inadimplemento das obrigações trabalhistas. Necessidade de comprovação inequívoca do seu comportamento reiteradamente negligente. Ausência de fiscalização ou falta de documentos que a comprovem não são suficientes para caracterizar a responsabilização. 6. Inversão do ônus da prova em desfavor da Administração Pública. Impossibilidade. Precedentes de ambas as Turmas. 7. Interposição de recursos contra o ato reclamado não prejudica o julgamento da reclamação. Art. 988, § 6º, do CPC. 8. Argumentos incapazes de infirmar o julgado. 9. Negado provimento ao agravo regimental (Rcl 40.942 ED-AgR, 2ª Turma, Min. Gilmar Mendes, j. 15-12-2020).

Direito do Trabalho e Administrativo. Reclamação. Art. 71, § 1º, da Lei n. 8.666/1993. Responsabilidade subsidiária da Administração por dívidas trabalhistas em caso de terceirização. 1. O Supremo Tribunal Federal firmou, no julgamento do RE 760.931, Rel. p/ o acórdão Min. Luiz Fux, a seguinte tese: "O inadimplemento dos encargos trabalhistas dos empregados do contratado não transfere automaticamente ao Poder Público contratante a responsabilidade pelo seu pagamento, seja em caráter solidário ou subsidiário, nos termos do art. 71, § 1º, da Lei n. 8.666/93". 2. Nesse contexto, a responsabilização do ente público depende da demonstração de que ele possuía conhecimento da situação de ilegalidade e que, apesar disso, deixou de adotar as medidas necessárias para combatê-la. 3. No caso dos autos, a responsabilidade subsidiária do ente público encontra-se embasada exclusivamente na ausência de prova da fiscalização do contrato de terceirização. Desta forma, foi violada a tese jurídica firmada na ADC 16, Rel. Min. Cezar Peluso, à luz da interpretação que lhe foi dada no RE 760.931, Rel. p/ o acórdão Min. Luiz Fux. 4. Agravo interno desprovido (AgRg na Reclamação 26.514/RS, 1ª T., rel. Min. Luís Roberto Barroso, j. 20-2-2017, *DJe*-039 28-2-2018, public. 1º-3-2018).

O STF fixou a seguinte tese:

1. Não há responsabilidade subsidiária da Administração Pública por encargos trabalhistas gerados pelo inadimplemento de empresa prestadora de serviços contratada, se amparada exclusivamente na premissa da inversão do ônus da prova, remanescendo imprescindível a comprovação, pela parte autora, da efetiva existência de comportamento negligente ou nexo de causalidade entre o dano por ela invocado e a conduta comissiva ou omissiva do poder público. 2. Haverá comportamento negligente quando a Administração Pública permanecer inerte após o recebimento de notificação formal de que a empresa contratada está descumprindo suas obrigações trabalhistas,

enviada pelo trabalhador, sindicato, Ministério do Trabalho, Ministério Público, Defensoria Pública ou outro meio idôneo. 3. Constitui responsabilidade da Administração Pública garantir as condições de segurança, higiene e salubridade dos trabalhadores, quando o trabalho for realizado em suas dependências ou local previamente convencionado em contrato, nos termos do art. 5º-A, § 3º, da Lei n. 6.019/1974. 4. Nos contratos de terceirização, a Administração Pública deverá: (i) exigir da contratada a comprovação de capital social integralizado compatível com o número de empregados, na forma do art. 4º-B da Lei n. 6.019/1974; e (ii) adotar medidas para assegurar o cumprimento das obrigações trabalhistas pela contratada, na forma do art. 121, § 3º, da Lei n. 14.133/2021, tais como condicionar o pagamento à comprovação de quitação das obrigações trabalhistas do mês anterior (RE 1.298.647).

15.7 Conclusão

De certa forma, o texto da Súmula 331 do TST ficaria melhor se os itens I e III fossem fundidos num só, ressalvando, porém, as atividades das empresas de trabalho temporário e de vigilância, de conservação e limpeza, bem como as de serviços especializados ligados à atividade-meio do tomador, desde que inexistentes a pessoalidade e a subordinação direta.

Deveria, de preferência, a terceirização ser feita com firmas especializadas e idôneas, inclusive financeiramente, para evitar a formação do vínculo com a tomadora dos serviços e sua responsabilidade subsidiária pelos débitos trabalhistas.

Uma forma de melhorar a idoneidade das empresas terceirizadas é estabelecer um capital social mínimo para poderem operar, visando que os sócios respondem até esse limite pelas dívidas da sociedade.

Uma maneira de verificar a responsabilidade é se a empresa prestadora de serviços exigiu da tomadora de serviços a Certidão Negativa de Débitos Trabalhistas – CNDT.

A contratação entre a empresa terceirizante e a terceirizada deve ser feita de boa-fé, evitando-se burlar direitos trabalhistas e prejudicar o empregado.

Ainda que os serviços terceirizados coincidam com as necessidades permanentes da empresa tomadora, não há que se falar na formação do vínculo com esta quando inexista subordinação.

A previsão contratual de substituição de trabalhadores a pedido da contratante não demonstra pessoalidade ou subordinação, mas ausência de prestação de serviços exclusivos por parte do trabalhador.

16
A Lei de Terceirização

A Lei n. 13.429, de 31 de março de 2017, e a Lei n. 13.467/2017 deram nova redação e acrescentaram dispositivos à Lei n. 6.019/74. Esta passou a tratar não só do trabalho temporário, mas também da terceirização.

Considera-se prestação de serviços a terceiros a transferência feita pela contratante da execução de quaisquer de suas atividades, inclusive sua atividade principal, à pessoa jurídica de direito privado prestadora de serviços que possua capacidade econômica compatível com a sua execução (art. 4º-A da Lei n. 6.019/74). A empresa prestadora de serviços contrata, remunera e dirige o trabalho realizado por seus trabalhadores, ou subcontrata outras empresas para a realização desses serviços. Não se configura vínculo empregatício entre os trabalhadores, ou sócios das empresas prestadoras de serviços, qualquer que seja o seu ramo, e a empresa contratante. Não se fala mais em serviços determinados e específicos, como era a redação do art. 4º-A decorrente da Lei n. 13.429. A empresa prestadora de serviços a terceiros não poderá ser pessoa física, pois a lei exige que seja pessoa jurídica de direito privado. Não poderá também ser pessoa jurídica de direito público. A empresa prestadora não pode prestar serviços genéricos, mas específicos.

Capacidade econômica compatível com a execução do contrato é a idoneidade econômico/financeira da empresa prestadora de serviços, tendo ela recursos suficientes para pagar suas obrigações contratuais, inclusive as trabalhistas de seus empregados. Era o que ocorria com empresas de vigilância e de limpeza, que não tinham capital suficiente para custear obrigações trabalhistas de seus empregados.

A capacidade econômica da empresa prestadora de serviços a terceiros não é requisito para o funcionamento da empresa de prestação de serviços. São requisitos: inscrição no CNPJ, registro na Junta Comercial e capital social compatível (art. 4º-B da Lei n. 6.019/74).

Na terceirização de serviços multiprofissionais, a empresa não tem especialização em nada.

Considera-se prestação de serviços a terceiros a transferência feita pela contratante da execução de quaisquer de suas atividades, inclusive sua atividade principal, à pessoa jurídica de direito privado prestadora de serviços que possua capacidade econômica compatível com a sua execução (art. 4º-A da Lei n. 6.019/74). O dispositivo é claro em permitir a terceirização na atividade principal, isto é, na atividade-fim, o único problema é que a expressão serviços determinados e específicos tem conceito muito amplo e pode ser interpretada de forma subjetiva pelo intérprete da norma. Não poderá prestar serviços genéricos.

Não pode figurar como contratada a pessoa jurídica cujos titulares ou sócios tenham, nos últimos dezoito meses, prestado serviços à contratante na qualidade de empregado ou trabalhador sem vínculo empregatício, exceto se os referidos titulares ou sócios forem aposentados (art. 5º-C da Lei n. 6.019/74).

A empresa prestadora de serviços contrata, remunera e dirige o trabalho realizado por seus trabalhadores, ou subcontrata outras empresas para a realização desses serviços (§ 1º do art. 4º-A da Lei n. 6.019/74). O trabalhador é empregado da empresa prestadora de serviços. É esta quem lhe dá as ordens de serviço e que exerce o poder de direção sobre os seus empregados, embora estes prestem serviços no tomador dos serviços. A empresa prestadora de serviços pode subcontratar o serviço com outras empresas. Há, portanto, expressa autorização na lei para esse fim, como se faz na construção civil, em que há várias subempreitadas.

Não se configura vínculo empregatício entre os trabalhadores, ou sócios das empresas prestadoras de serviços, qualquer que seja o seu ramo, e a empresa contratante (§ 2º do art. 4º-A da Lei n. 6.019/74). A exceção diz respeito à existência de fraude, em que se aplicará o art. 9º da CLT. Se a subordinação direta se dá com o tomador de serviços, provavelmente ele será o verdadeiro empregador.

Contratante é a pessoa física ou jurídica que celebra contrato com empresa de prestação de serviços relacionados a quaisquer de suas atividades, inclusive sua atividade principal (art. 5º-A da Lei n. 6.019/74). Ao contrário da empresa prestadora de serviços, que tem de ser pessoa jurídica, o contratante pode ser pessoa física ou jurídica. O dispositivo também mostra a possibilidade de terceirização na atividade principal e não apenas na atividade-meio.

É vedada à contratante a utilização dos trabalhadores em atividades distintas daquelas que foram objeto do contrato com a empresa prestadora de serviços (§ 1º do art. 5º-A da Lei n. 6.019/74).

Os serviços contratados poderão ser executados nas instalações físicas da empresa contratante ou em outro local, de comum acordo entre as partes (§ 2º do art. 5º-A da Lei n. 6.019/74).

É responsabilidade da contratante garantir as condições de segurança, higiene e salubridade dos trabalhadores, quando o trabalho for realizado em suas dependências ou local previamente convencionado em contrato (§ 3º do art. 5º-A da Lei n. 6.019/74). A responsabilidade não é da empresa prestadora de serviços, mas da contratante, onde o serviço é prestado.

A contratante poderá estender ao trabalhador da empresa de prestação de serviços o mesmo atendimento médico, ambulatorial e de refeição destinado aos seus empregados, existente nas dependências da contratante, ou em local por ela designado (§ 4º do art. 5º-A da Lei n. 6.019/74). Trata-se de faculdade da contratante e não de obrigação.

São requisitos para o funcionamento da empresa de prestação de serviços a terceiros:

I – prova de inscrição no Cadastro Nacional da Pessoa Jurídica (CNPJ);

II – registro na Junta Comercial (art. 4º-B da Lei n. 6.019/74). O registro das empresas de terceirização será feito na Junta Comercial, o que significa que ficam elas sujeitas à falência.

O contrato de prestação de serviços conterá:

I – qualificação das partes;

II – especificação do serviço a ser prestado;

III – prazo para realização do serviço, quando for o caso;

IV – valor (art. 5º-B da Lei n. 6.019/74).

Deve a empresa de terceirização ter capital social compatível com o número de empregados, observando-se os seguintes parâmetros:

a) empresas com até dez empregados – capital mínimo de R$ 10.000,00;

b) empresas com mais de dez e até vinte empregados – capital mínimo de R$ 25.000,00;

c) empresas com mais de 20 e até 50 empregados – capital mínimo de R$ 45.000,00;

d) empresas com mais de 50 e até 100 empregados – capital mínimo de R$ 100.000,00;

e) empresas com mais de 100 empregados – capital mínimo de R$ 250.000,00 (art. 4º-B da Lei n. 6.019/74).

Isso não existia antes e evita que sejam criadas empresas que não têm patrimônio para responder por direitos trabalhistas de seus empregados, como ocorria com algumas que tinham sede alugada com apenas mesa e telefone e ainda eram estabelecidas em cidade com a menor alíquota do ISS.

Não se estabeleceu de forma expressa na Lei n. 6.019/74 que os trabalhadores da empresa prestadora de serviços terão o mesmo piso salarial dos da tomadora ou que seria aplicável a norma coletiva da tomadora aos primeiros. Haverá entendimento de que deve ser observado o piso salarial da tomadora para os trabalhadores da prestadora de serviços, por questão de isonomia, mas não há previsão legal nesse sentido e as empresas não são iguais, tanto que são enquadradas em categorias diversas. Provavelmente o TST irá aplicar a Orientação Jurisprudencial 383 da SBDI-1 do TST.

São asseguradas aos empregados da empresa prestadora de serviços a que se refere o art. 4º-A da Lei n. 6.019/74, quando e enquanto os serviços, que podem ser de qualquer uma das atividades da contratante, forem executados nas dependências da tomadora, as mesmas condições: I – relativas a: a) alimentação garantida aos empregados da contratante, quando oferecida em refeitórios; b) direito de utilizar os serviços de transporte; c) atendimento médico ou ambulatorial existente nas dependências da contratante ou local por ela designado; d) treinamento adequado, fornecido pela contratada, quando a atividade o exigir; II – sanitárias, de medidas de proteção à saúde e de segurança no trabalho e de instalações adequadas à prestação do serviço (art. 4º-C da Lei n. 6.019/74).

Nos contratos que impliquem mobilização de empregados da contratada em número igual ou superior a 20% dos empregados da contratante, esta poderá disponibilizar aos empregados da contratada os serviços de alimentação e atendimento ambulatorial em outros locais apropriados e com igual padrão de atendimento, com vistas a manter o pleno funcionamento dos serviços existentes. Trata-se de faculdade, pois a lei faz referência a que a empresa "poderá disponibilizar".

O empregado que for demitido não poderá prestar serviços para esta mesma empresa na qualidade de empregado de empresa prestadora de serviços antes do decurso de prazo de dezoito meses, contados a partir da demissão do empregado (art. 5º-D da Lei n. 6.019/74). Tal prazo é para evitar a substituição de empregados por terceirizados. O trabalhador que pede demissão não é atingido pelo prazo de 18 meses.

17
Contrato de Facção

O contrato de facção é o negócio jurídico entre uma pessoa e outra para fornecimento de produtos ou serviços prontos e acabados, em que não há interferência da primeira na produção.

A natureza jurídica do contrato de facção é híbrida, pois existe prestação de serviços e fornecimento de bens. Muitas vezes é utilizado para serviços de acabamento de roupas e aviamentos por parte da empresa contratada para produzir peças. Uma empresa fornece as peças cortadas e a outra faz o acabamento e costura.

O contrato de facção geralmente tem natureza civil, de prestação de serviços com fornecimento de mercadoria. Pode, dependendo do caso, ter natureza comercial.

O objetivo do contrato de facção não é o fornecimento de mão de obra para se falar em terceirização de mão de obra.

Tem sido muito utilizado o contrato de facção para confeccionar roupas. Uma empresa grande de roupas, muitas vezes sediada nos Shoppings Centers, contrata outra para produzir roupas que serão vendidas na primeira, sob a marca desta.

Geralmente, o contrato de facção não é desenvolvido nas dependências da empresa que tem a marca e pede para fazer a produção do bem.

Há casos em que a empresa apenas adquire os produtos de outra e os revende, pois se trata de uma empresa do comércio varejista. Não está entre suas atribuições fazer ajustes e serviços de acabamento. A empresa faz apenas a revenda dos produtos adquiridos da contratante.

Se não existe exclusividade na confecção por parte da contratada, pois esta presta serviços para outras empresas, não se pode falar em responsabilidade.

A solidariedade é prevista em lei ou decorre da vontade das partes (art. 265 do Código Civil). Não há lei ou vontade das partes atribuindo solidariedade ao contrato de facção.

Não há que se falar em fiscalização por parte da contratante em relação aos empregados da contratada, pois não se trata de prestação de serviços em sentido estrito. Mesmo que haja fiscalização do produto, não se pode falar em responsabilidade subsidiária. Logo, não se pode falar em responsabilidade subsidiária e na aplicação do inciso IV da Súmula 331 do TST.

A jurisprudência do TST tem entendido que não há responsabilidade em casos de contratos de facção:

> Agravo de instrumento em recurso de revista. Responsabilidade subsidiária. Contrato de facção. O contrato de facção consiste no negócio jurídico interempresarial, de natureza fundamentalmente mercantil, em que uma das partes, após o recebimento da matéria-prima, se obriga a confeccionar e fornecer os produtos acabados para ulterior comercialização pela contratante. O entendimento desta Corte Superior é no sentido de que no contrato típico de facção – desde que atenda os requisitos acima referidos, sem desvio de finalidade – não se há de falar em responsabilidade subsidiária da empresa contratante pelos créditos trabalhistas dos empregados da empresa faccionária. Todavia, é possível a condenação quando se evidenciar a descaracterização dessa modalidade contratual. A exclusividade na prestação dos serviços para a empresa contratante pode ser um indício de fraude, assim como a interferência na forma de trabalho dos empregados da contratada. No caso, o Tribunal Regional, soberano na apreciação do conjunto fático-probatório dos autos, registrou que as empresas reclamadas firmaram entre si um contrato de facção limitado à compra e venda de peças de roupas, sem ingerência da empresa contratante nas atividades da empresa contratada, inexistindo exclusividade na prestação dos serviços que revele a descaracterização do contrato de facção. Assim, conclusão em sentido contrário, como pretende a reclamante, demandaria o reexame de fatos e provas, procedimento vedado nesta instância extraordinária, nos termos da Súmula n. 126 do TST. Agravo de instrumento a que se nega provimento (TST, 7ª T., AIRR 1463-68.2011.5.09.0663, rel. Min. Cláudio Mascarenhas Brandão, *DEJT* 13-6-2014).

> Agravo de instrumento. Rito sumaríssimo. Responsabilidade subsidiária. Contrato de facção. Tratando-se de contrato de facção, e estando evidenciada a ausência de exclusividade ou ingerência na administração da

prestação de serviços, não há falar em responsabilização subsidiária, ainda que haja uma fiscalização da qualidade dos produtos. Precedentes do TST (TST, 8ª T., AIRR 2093-59.2011.5.12.0011, rel. Desemb. Conv. João Pedro Silvestrin, *DEJT* 13-6-2014).

Responsabilidade subsidiária. Contrato de facção. Inaplicabilidade da Súmula n. 331, item IV, do TST. A responsabilidade subsidiária prevista na Súmula n. 331, item IV, desta Corte somente tem lugar quando se trata de terceirização lícita de mão de obra, hipótese em que deve o tomador de serviços responder em decorrência das culpas *in vigilando* e/ou *in eligendo* na contratação da empresa interposta, que se torna inadimplente quanto ao pagamento dos créditos trabalhistas devidos ao empregado. Nos contratos de facção, no entanto, não existe contratação de mão de obra, uma vez que a contratada se compromete a entregar à contratante um produto final, acabado, produzido por seus empregados, sob sua responsabilidade e controle. Assim, a "empresa tomadora dos serviços", por não ter nenhum controle sobre a produção da contratada, isenta-se de qualquer responsabilidade pelos contratos trabalhistas firmados com os empregados da empresa de facção, os quais não estão subordinados juridicamente à contratante. No caso, o Regional consignou que não se configurou a alegada ingerência nos serviços da empresa prestadora por parte da segunda reclamada, concluindo que "ainda que a primeira ré produzisse produtos exclusivamente em prol da segunda, essa opção ficou a cargo da própria empresa, que, a despeito da relação de dependência que criou para si, continuou a existir autonomamente, como se vê dos respectivos contratos sociais, sem sofrer qualquer tipo de ingerência por parte da segunda ré (o que, mais uma vez, não foi provado pela reclamante)". Assim, para chegar à conclusão diversa, seria necessário o reexame do conteúdo fático dos autos, procedimento inviável nesta fase do processo, nos termos da Súmula n. 126 do TST. Inaplicável o disposto na Súmula n. 331, item IV, do TST. Agravo de instrumento desprovido (TST, 2ª T., AIRR37600-18.2009.5.01.0283, rel. Min. José Roberto Freire Pimenta, *DEJT* 13-6-2014).

Recurso de revista. Contrato de facção. Inaplicabilidade da Súmula 331, IV, do TST. A jurisprudência atual desta Corte é no sentido de que não se aplica aos contratos de facção o entendimento contido na Súmula 331, IV, do TST, nas hipóteses em que haja o fornecimento de produtos por um empresário ao outro, a fim de que este deles se utilize em sua atividade produtiva e, portanto, se ausente a presença das figuras do prestador e do tomador dos serviços. As provas dos autos demonstram claramente a existência de simples relação comercial entre ambas as reclamadas, haja vista que não há nos autos nenhuma prova de fiscalização e orientação da segunda reclamada sobre as atividades desempenhadas pelo reclamante, bem como ante a inexistência de prestação exclusiva por exigência da contratante. Dessa forma, evidencia-se típico contrato de facção a afastar a responsabilidade subsidiária. Recurso de revista conhecido e provido (TST, 7ª T., RR 3432-80.2011.5.12.0002, rel. Min. Delaíde Miranda Arantes, *DEJT* 30-5-2014).

Contrato de facção. Responsabilidade subsidiária. Inexistência. O contrato de facção destina-se ao fornecimento de produtos por um empresário a outro, a fim de que deles se utilize em sua atividade econômica. O referido ajuste, ao contrário da terceirização a que alude a Súmula n. 331, IV, do TST, não visa à obtenção da mão de obra imprescindível à realização de atividades-meio de uma das partes da avença, mas tão somente da matéria-prima necessária à exploração do seu objeto social, motivo pelo qual, aquele que adquire os bens em comento não pode ser responsabilizado subsidiariamente pelos créditos trabalhistas devidos aos empregados de seu parceiro comercial. No caso dos autos, as reclamadas firmaram contrato de prestação de serviços de confecção de calçados, por meio de contrato de facção, no qual a segunda reclamada repassava modelagem e amostras para serem confeccionadas pela primeira reclamada, sem exclusividade, e a fiscalização operada pela segunda reclamada se dava com vistas à observância da qualidade da produção, não se dirigindo diretamente aos empregados da linha de produção. Portanto, tal atitude não configura, por si só, ingerência, sendo perfeitamente aceitável que a empresa contratante tenha interesse no controle da qualidade dos produtos que seriam adquiridos. Assim, constata-se que a reclamante se encontrava subordinada, exclusivamente, à primeira reclamada. Inaplicável ao caso dos autos o disposto na Súmula n. 331, IV, do TST, por inexistir terceirização de serviços na hipótese. Recurso de revista conhecido e provido (TST, 7ª T., RR 240-22.2010.5.04.0383, rel. Min. Luiz Philippe Vieira de Mello Filho, *DEJT* 23-5-2014).

Recurso de revista. Responsabilidade subsidiária. Contrato de facção. Trata-se, na hipótese, de contrato de facção, de natureza civil, no qual a indústria contrata empresa para o fornecimento de produtos prontos e acabados, não para o fornecimento de mão de obra, com intermediação de empresa prestadora de serviços, conforme o quadro fático delineado no acórdão regional. Nesse contexto, a hipótese vertente não tem semelhança com a preconizada na Súmula n. 331, IV, do TST. Recurso de revista de que não se conhece (TST, 1ª T., RR 1531-16.2012.5.12.0011, rel. Min. Walmir Oliveira da Costa, j. 29-4-2015, *DEJT* 4-5-2015).

No caso abaixo, a Hering contratou uma empresa para fazer os serviços de acabamentos em roupas. Não havia ingerência da Hering sobre a Stinghen, muito menos esta prestava serviços com exclusividade:

> Agravo de instrumento. Recurso de revista. Contrato de facção. Responsabilidade subsidiária. Inocorrência. 1. Inadmissível recurso de revista interposto contra acórdão de Tribunal Regional do Trabalho proferido em conformidade com a iterativa, notória e atual jurisprudência do Tribunal Superior do Trabalho (Súmula n. 333 do TST). 2. O "contrato de facção" consiste em ajuste de natureza híbrida em que há, a um só tempo, prestação de serviços e fornecimento de bens. Trata-se de avença que tem por objeto a execução de serviços de acabamento, incluídos aí os eventuais aviamentos, pela parte contratada, em peças entregues pela parte contratante. 3. Não há, nesse contexto, espaço para virtual caracterização quer de culpa *in vigilando* quer de culpa *in eligendo* – pressupostos de imputação de responsabilidade subsidiária –, desde que as atividades da empresa contratada desenvolvam-se de forma absolutamente independente, sem qualquer ingerência da empresa contratante. 4. O TRT de origem, após analisar o conjunto fático probatório, concluiu que a empresa de facção atuava com autonomia econômica e administrativa, sem ingerência por parte dos contratantes, o que afasta a responsabilidade subsidiária da tomadora de serviços. Entendimento em conformidade com a jurisprudência assente do Tribunal Superior do Trabalho. 5. Agravo de instrumento a que se nega provimento (TST, 4ª T., AIRR 1945-34.2011.5.12.0048, rel. Min. João Oreste Dalazen, j. 11-9-2013, *DEJT* 27-9-2013).

Em caso em que a Adidas contratou a empresa Sigma para acabamento de roupas, não havia ingerência da primeira na segunda. O TRT da 3ª Região entendeu que as eventuais determinações dadas pela Adidas aos empregados da Sigma são próprias do contrato de facção, pois visavam a garantir a qualidade do produto final fornecido e o bom nome da marca. O TST entendeu que a matéria era de fatos e provas e não conheceu do recurso de revista:

> Recurso de revista. Contrato de facção ou ajuste empresarial similar. Possibilidade de enquadramento nas figuras justrabalhistas de "grupo econômico por subordinação e/ou coordenação" ou "terceirização trabalhista". Necessidade de exame consistente da matéria fática dos autos. Soberania da "instância ordinária" (1º e 2º graus) neste exame. Inviabilidade de revolvimento de fatos e provas via recurso de revista (súmula 126/TST). Não obstante os ajustes empresariais privados, como contrato de facção ou pactuação con-

gênere, possam ser enquadrados nas figuras justrabalhistas existentes (grupo econômico por coordenação ou subordinação e terceirização trabalhista, por exemplo), com os efeitos responsabilizatórios correlatos, podendo também, ao revés, ser enquadrados fora desses parâmetros responsabilizatórios (dependendo da efetiva situação fática), é imprescindível a tal enquadramento o circunstanciado exame dos fatos e provas da causa – conduta inerente à primeira e segunda instâncias judiciais e não permitida ao TST pelo caminho do Recurso de Revista (Súmula 126/TST). Recurso de revista não conhecido (TST, 3ª T., RR 2297-28.2012.5.03.0041, rel. Min. Mauricio Godinho Delgado, j. 30-10-2013, *DEJT* 8-11-2013).

Na situação abaixo, o TST reconheceu a responsabilidade solidária:

Agravo de instrumento em recurso de revista. Responsabilidade solidária. Contrato de facção. Descaracterização. Intermediação ilícita de mão de obra. O contrato de facção consiste no negócio jurídico interempresarial, de natureza fundamentalmente mercantil, em que uma das partes, após o recebimento da matéria-prima, se obriga a confeccionar e fornecer os produtos acabados para ulterior comercialização pela contratante. O entendimento desta Corte Superior é no sentido de que no contrato típico de facção – desde que atenda os requisitos acima referidos, sem desvio de finalidade – não se há de falar em responsabilidade da empresa contratante pelos créditos trabalhistas dos empregados da empresa faccionária. Todavia, é possível a condenação quando se evidenciar a descaracterização dessa modalidade contratual. A exclusividade na prestação dos serviços para a empresa contratante pode ser indício de fraude, assim como a interferência na forma de trabalho dos empregados da contratada. No caso em apreço, o Tribunal Regional, soberano na apreciação do conjunto fático-probatório dos autos, registrou que a atividade da recorrente não se limitava à mera fiscalização da fabricação dos produtos encomendados e que havia ingerência sobre as demais reclamadas, nas diretrizes para implantação de plano de ação para correção de irregularidades com os padrões de saúde e segurança, observância de normas de emprego do grupo Adidas, bem como para adequações internas. Vale dizer, o quadro fático delineado no acórdão regional reflete a existência de terceirização ilícita da atividade-fim da reclamada (diante do desvirtuamento do contrato de facção), o que caracteriza burla à legislação trabalhista, nos termos do artigo 9º da CLT. Tal constatação permite, com fulcro no artigo 942 do Código Civil, a responsabilização solidária dos coautores. Precedentes. Agravo de instrumento a que se nega provimento (TST, 7ª T., AIRR 269-53.2013.5.03.0041, rel. Min. Cláudio Mascarenhas Brandão, *DEJT* 23-5-2014).

18

A Terceirização na Administração Pública

18.1 Introdução

O objetivo deste capítulo não é tratar da Administração Pública, nem de regras de Direito Administrativo, apenas mostrar que é possível, como de fato vem sendo feito, a terceirização na Administração Pública, como forma plenamente lícita de contratação de terceiros, de acordo com os preceitos legais que irei apontar.

A autorização da terceirização para o serviço público poderia gerar, num primeiro momento, casos de corrupção, principalmente pelo fato de inexistir concurso público. Só que não se pode esquecer que haverá, entretanto, concorrência pública para a contratação dos serviços. O Estado, todavia, beneficia-se também da terceirização, ao destinar atividade que não lhe é essencial a outras pessoas mais competentes na prestação de serviços, podendo fazê-la por um custo menor, sendo até mesmo uma forma de diminuir o déficit estatal, racionalizando sua estrutura.

O Estado já terceiriza coleta de lixo e transporte público, além de outras atividades que estão sendo desempenhadas mediante o sistema de concessão ou de permissão.

A terceirização na Administração Pública ocorre, também, na medição de consumo de água, de gás, de energia elétrica, na distribuição de contas e assistência técnica ao consumidor nas referidas áreas.

Verifica-se até mesmo a terceirização da frota de veículos da Administração Pública. Pode-se contratar um sistema de radiotáxi, uma central para alugar veículo. Em certos casos, isso já foi feito, dada a manutenção dispendiosa dos veículos públicos.

Hoje fala-se, também, em terceirização de presídios, como já existe nos Estados Unidos, em que se delega essa atividade à iniciativa privada. O que tem de ser visto é que o Estado, ao fazer terceirização, reduzirá a burocracia estatal, procurando desenvolver apenas a atividade em que é especializado, deixando atividades secundárias nas mãos do particular, que é mais eficiente.

Mostra também uma forma de realocação de receitas para o cumprimento das reais responsabilidades, do Estado, com a diminuição de custos. O Estado acompanhará a terceirização mediante contrato de gestão com o terceirizado, de modo a fiscalizá-lo e verificar se o serviço está sendo feito corretamente e em prol da comunidade.

Não poderá, porém, a Administração Pública terceirizar serviços que lhe são peculiares, como os de justiça, segurança pública, fiscalização, diplomacia etc.

O § 7º do art. 10 do Decreto-Lei n. 200, de 25 de fevereiro de 1967, permitia que:

> para melhor desincumbir-se das tarefas de planejamento, coordenação, supervisão e controle, e com o objetivo de impedir o crescimento desmesurado da máquina administrativa, a Administração procurará desobrigar-se da realização material de tarefas executivas, recorrendo, sempre que possível, à execução indireta, mediante contrato, desde que exista, na área, iniciativa privada suficientemente desenvolvida e capacitada a desempenhar os encargos de execução.

Tal preceito revela que a contratação de empresas pela Administração Pública para prestação de serviços é plenamente válida.

A Administração Pública pode contratar serviços de conservação, transporte e assemelhados, pois assim o permite a Lei n. 5.645, de 10 de dezembro de 1970, referindo-se apenas à Administração direta e autárquica (arts. 1º e 3º), não abrangendo as empresas públicas e sociedades de economia mista.

O § 2º do art. 2º da Lei n. 5.845, de 6 de dezembro de 1972, vedava:

> a contratação, ou respectiva prorrogação, de serviços, a qualquer título e sob qualquer forma, inclusive com empresas privadas, na modalidade prevista no § 7º do art. 10 do Decreto-Lei n. 200, de 25-2-1967, bem como a utilização de colaboradores eventuais, retribuídos mediante recibo, para a execução de atividades compreendidas no Grupo Serviços Auxiliares.

O Decreto-Lei n. 2.300, de 21 de novembro de 1986, permitia, nos arts. 5º, 9º e 22, que fosse feita a contratação de terceiros para execução de obras ou serviços públicos, o que vem a ser uma faculdade da Administração Pública. Foi o Decreto--Lei n. 2.300 revogado pelo art. 126 da Lei n. 8.666/93 (hoje, Lei n. 14.133/2021).

Como a Lei Complementar n. 82, de 27 de março de 1995, limita os gastos com servidores a 60% da receita, a terceirização representava uma forma de continuidade da prestação de serviços, não pelo funcionário, mas por empresa terceirizada.

Para o Estado é muito mais fácil contratar empresas terceirizadas do que empregados, pois não precisa limitar seus gastos com funcionários a 60% da receita.

O § 1º do art. 18 da Lei Complementar n. 101, de 4-5-2000, admite a terceirização no serviço público, pois menciona que "os valores dos contratos de terceirização de mão de obra que se referem à substituição de servidores e empregados públicos serão contabilizados como 'Outras Despesas de Pessoal'". Isso mostra que a lei permite a terceirização.

O parágrafo único do art. 64 da Lei n. 9.995/2000 prevê:

> Art. 64. O disposto no § 1º do art. 18 da Lei Complementar n. 101, de 2000, aplica-se exclusivamente para fins de cálculo do limite da despesa total com pessoal, independentemente da legalidade ou validade dos contratos.
>
> Parágrafo único. Não se considera como substituição de servidores e empregados públicos, para efeito do *caput*, os contratos de terceirização relativos a execução indireta de atividades que, simultaneamente:
>
> I – sejam acessórias, instrumentais ou complementares aos assuntos que constituem área de competência legal do órgão ou entidade;
>
> II – não sejam inerentes a categorias funcionais abrangidas por plano de cargos do quadro de pessoal do órgão ou entidade, salvo expressa disposição legal em contrário, ou quando se tratar de cargo ou categoria extinto, total ou parcialmente.

Não há dúvida de que a terceirização de serviços pode ser feita na Administração Pública. Entretanto, não se pode fazer a terceirização de mão de obra na Administração Pública, pois isso favoreceria o nepotismo e as nomeações políticas, ferindo a exigência de concurso público.

A terceirização na Administração Pública foi feita para evitar o crescimento significativo da contratação de servidores públicos. Objetivava-se especialização para certos serviços que não eram inerentes ao Estado e preço mais baixo na contratação.

O governo gasta com o terceirizado mais do que com o servidor público. Às vezes até o dobro.

O terceirizado não tem o mesmo comprometimento que o funcionário público tem com o serviço público.

18.2 O inciso II da Súmula 331 do TST

O entendimento inicial de parte da jurisprudência era no sentido da formação do vínculo empregatício diretamente com a Administração Pública, caso houvesse fraude na terceirização ou inidoneidade da prestadora dos serviços, principalmente em relação às empresas públicas e sociedades de economia mista, pois a Lei n. 5.645/70 só se referia à Administração direta e autárquica.

A Súmula 214 do TFR, dizia que: "a prestação de serviço em caráter continuado, em atividades de natureza permanente, com subordinação, observância de horário e normas da repartição, mesmo em grupo-tarefa, configura relação empregatícia".

Declara atualmente o inciso II do art. 37 da Constituição que a investidura em cargo ou emprego público depende de aprovação prévia em concurso público de provas ou de provas e títulos.

A Administração Pública direta, indireta ou fundacional, que inclui as fundações, as autarquias, as empresas públicas que explorem atividades econômicas e as sociedades de economia mista, que podem ter empregos públicos, ficam sujeitas à regra do concurso público, como já decidiu o STF:

> A acessibilidade aos cargos públicos a todos os brasileiros, nos termos da Lei e mediante concurso público é princípio constitucional explícito, desde 1934, art. 168. Embora cronicamente sofismado, mercê de expedientes destinados a iludir a regra, não só reafirmado pela Constituição, como ampliado, para alcançar os empregos públicos, art. 37, I e II. Pela vigente ordem constitucional, em regra, o acesso aos empregos públicos opera-se mediante concurso público, que pode não ser de igual conteúdo, mas há de ser público. As autarquias, empresas públicas ou sociedades de economia mista estão sujeitas à regra, que envolve a administração direta, indireta ou fundacional, de qualquer dos poderes da União, dos Estados, do Distrito Federal e dos Municípios. Sociedade de economia mista destinada à exploração de atividade econômica está igualmente sujeita a esse princípio, que não colide com o expresso no art. 173, § 1º. Exceções ao princípio, se existem, estão na

própria Constituição (STF, MS 21.322-1/DF, Ac. TP, rel. Min. Paulo Brossard, j. 3-12-1992, *LTr* 57-09/1.092).

As subsidiárias do Estado também devem, para admitir empregados, fazer concurso público, em razão até mesmo de o inciso XX do art. 37 da Constituição estar incluso no capítulo da Administração Pública, além de a regra geral ser o concurso público. O concurso, portanto, é exigido para empresas públicas, sociedades de economia mista, fundações e autarquias.

O Tribunal de Contas da União tem entendido pela impossibilidade de terceirização de atividades típicas de cargos permanentes em virtude dos Decretos n. 71.236/72 e 74.448/74 (que foi revogado) e da Lei n. 5.645/70 (procs. TC 225.096/93-5, TC 475.054/97-4, TC 000384/90-9).

O Banco do Brasil verificou, entretanto, a dificuldade na admissão de concurso público para serviços de limpeza, pois não se exigiria escolaridade, podendo ser aprovadas quaisquer pessoas, até mesmo as com curso superior, que estariam buscando uma forma de ingresso no banco para ascenderem a cargo superior, deixando desatendida a tarefa para as quais foram contratadas: a limpeza.

Ressalte-se que o § 2º do art. 37 da Constituição mostra que a não observância dos requisitos previstos no inciso II do mesmo artigo, entre os quais a necessidade de concurso público, implica a nulidade do ato e a punição da autoridade responsável, nos termos da lei.

Permite o inciso XXI do art. 37 da Constituição a contratação de serviços de terceiros pela Administração Pública, desde que haja lei específica prevendo licitação e regras para os contratos com aquela. O art. 175 da citada norma permite que o Estado tanto preste serviços diretamente como por meio de terceiros, mediante concessão ou permissão, sempre, porém, por intermédio de licitação.

Não gera, portanto, vínculo de emprego a prestação de serviços do trabalhador para a Administração direta, indireta ou de empresas estatais.

Há argumentos de que haveria diferenciação de pessoas que estão em situações iguais, como os prestadores de serviços das empresas privadas, que teriam direito ao reconhecimento do vínculo empregatício com a empresa tomadora dos serviços, assim como os da Administração Pública, caso fosse ela a tomadora dos serviços, tendo por fundamento o princípio da igualdade, insculpido no art. 5º da Constituição.

Pode-se dizer, todavia, que, apesar de a prestação de serviços ser, de certa forma, a mesma, a interpretação sistemática da Constituição, feita também ao inciso II do art. 37 da Lei Maior, mostra a expressa exigência de que os servidores públicos devem prestar concurso público, inclusive na Administração indireta e em empresas estatais.

O prestador de serviços que, porém, não fez concurso público, não pode ser considerado como empregado público, diante do texto expresso da Norma Ápice, como interpreta corretamente o inciso II da Súmula 331 do TST. Assim, estando a Administração Pública sujeita ao princípio da legalidade, que mostra a necessidade da existência do concurso público, não se poderá falar em vínculo de emprego com aquela.

Ninguém pode alegar o desconhecimento da lei, principalmente da Constituição, quando versa sobre a necessidade de concurso público para a admissão no serviço público (art. 37, II). O referido artigo exige concurso público não só para o cargo, mas também para emprego público, ou seja, para o regime da CLT, tanto na Administração Pública direta, como na indireta ou fundacional.

O requisito *concurso público* é, portanto, essencial à validade do negócio jurídico (arts. 104, 107 e 166, IV, do Código Civil). Trata-se de garantia da própria sociedade, pois o interesse público sobrepaira sobre o privado, como se observa do art. 8º da CLT. O negócio jurídico não pode ser contrário à forma prevista em lei (art. 104 do Código Civil), pois não tem validade o ato que deixar de revestir a forma especial, determinada em lei (art. 107 do Código Civil).

Nulo é o negócio jurídico que não revestir a forma prescrita em lei (art. 166, IV, do Código Civil), como no caso da exigência de concurso para se ingressar no serviço público. É também o que ocorre quando for preterida alguma solenidade que a lei considere essencial para sua validade (art. 166, V), pois é nulo o negócio jurídico que omite a forma da lei (*actus corruit omissa forma legis*).

A Administração Pública está adstrita ao princípio da legalidade, devendo observar a regra constitucional. O princípio da primazia da realidade não pode prevalecer diante da regra de ordem pública contida no inciso II do art. 37 da Constituição.

A norma constitucional está acima das regras ordinárias da CLT e dos princípios do Direito do Trabalho, que só são aplicados em caso de lacuna da lei (art. 8º da CLT). O objetivo, portanto, do concurso público é evitar escopos politiqueiros, perseguições eleitoreiras em razão da conveniência política.

Se a Administração Pública estava proibida de contratar pessoas sem concurso público, o trabalhador também deveria ter conhecimento de que, para ser admitido, deveria prestar concurso, pois não pode alegar a ignorância da lei (art. 3º da Lei de Introdução).

Não fica, portanto, configurado o vínculo de emprego com a Administração Pública direta ou indireta caso não haja concurso público. Pergunta-se: algum direito seria devido ao trabalhador?

Há os que entendem que, se não há vínculo, não deve ser paga qualquer verba ao trabalhador.

A segunda corrente prega que devem ser pagos apenas os salários, pois não pode o tomador enriquecer-se às custas do primeiro. O empregado não pode voltar à situação anterior, pois não lhe pode ser devolvida a energia de trabalho.

A terceira corrente entende que devem ser pagos os salários e verbas rescisórias, pois aplicar-se-ia o art. 182 do Código Civil. Anulado o negócio jurídico e não podendo as partes retornar ao *status quo ante*, em razão da impossibilidade da devolução da energia despendida pelo trabalhador, a Administração deveria indenizar o obreiro no equivalente ao valor das verbas rescisórias que lhe seriam devidas caso fosse considerado empregado.

Filio-me à primeira corrente, que parece ser a minoritária na jurisprudência. A falta de concurso tanto é ilegal para a Administração como para o trabalhador, que deveria saber de sua necessidade, pois não pode ignorar a lei (art. 3º da Lei de Introdução).

A Administração Pública está adstrita ao princípio da legalidade, devendo observar a regra constitucional. Não se trata de interpretar o contrato realidade, mas a norma constitucional, que está acima das regras ordinárias da CLT e dos princípios de Direito do Trabalho. Não se observa o princípio do *in dubio pro misero*, pois em matéria de prova vige o ônus da prova.

Mandando-se pagar as verbas trabalhistas, porém sem anotação na CTPS do trabalhador, não se estaria reconhecendo o vínculo de emprego, embora, contraditoriamente, se estivesse determinando o pagamento de verbas rescisórias. Se o trabalhador não é empregado, a Justiça do Trabalho não é, portanto, competente para analisar tal postulação.

Quando, *v. g.*, não se reconhece o vínculo de emprego, pois a empresa alega que o trabalhador era autônomo, não se manda pagar os dias trabalhados ou as verbas rescisórias. Logo, na relação com a Administração também não se poderia fazê-lo.

A Súmula 363 do TST esclareceu que:

> a contratação de servidor público, após a CF/88, sem prévia aprovação em concurso público, encontra óbice em seu art. 37, II, e § 2º, somente lhe conferindo direito ao pagamento da contraprestação pactuada, em relação ao

número de horas trabalhadas, respeitado o valor da hora do salário mínimo, e dos valores referentes aos depósitos do FGTS.

O fundamento da exigência do FGTS sobre o salário está no art. 19-A da Lei n. 8.036, que dispõe ser devido o depósito da contribuição na conta vinculada do trabalhador cujo contrato de trabalho seja declarado nulo por falta de concurso público, quando mantido o direito ao salário.

18.3 Responsabilidade da Administração

Rezava o art. 71 da Lei n. 8.666/93: "O contratado é responsável pelos encargos trabalhistas, previdenciários, fiscais e comerciais resultantes da execução do contrato".

A redação original do § 1º do art. 71 da Lei n. 8.666/93 dispunha que:

> a inadimplência do contratado, com referência aos encargos estabelecidos neste artigo não transfere à Administração Pública a responsabilidade por seu pagamento, nem poderá onerar o objeto do contrato ou restringir a regularização e o uso das obras e edificações, inclusive perante o Registro de Imóveis.

A referida redação dizia respeito à responsabilidade pelos encargos trabalhistas, previdenciários e outros resultantes da execução do contrato, que ficariam a cargo da empresa contratada. Assim, a inadimplência do contratado por encargos trabalhistas e previdenciários não poderia ser transferida para a Administração Pública, que, portanto, não era responsável solidária ou subsidiária pelo pagamento de encargos trabalhistas e previdenciários.

A Lei n. 9.032, de 28 de abril de 1995, deu nova redação ao § 1º do art. 71 da Lei n. 8.666/93, que estava assim redigido:

> a inadimplência do contratado com referência aos encargos trabalhistas, fiscais e comerciais não transfere à Administração Pública a responsabilidade por seu pagamento, nem poderá onerar o objeto do contrato ou restringir a regularização e o uso das obras e edificações, inclusive perante o registro de imóveis.

O § 1º do art. 71 da Lei n. 8.666 determinava que não existia responsabilidade da Administração Pública pelos encargos trabalhistas. Não traz nenhuma exceção. Se a norma não trata de exceção, não pode o intérprete fazê-lo.

Afirma Marçal Justen Filho que:

> também fica expressamente ressalvada a inexistência de responsabilidade da Administração Pública por encargos e dívidas pessoais do contratado. A Administração Pública não se transforma em devedora solidária ou subsidiária perante os credores do contratado. Mesmo quando as dívidas se originarem de operação necessária à execução do contrato, o contratado permanecerá como único devedor perante terceiros.
>
> Qualquer litígio entre o particular e terceiros resolve-se no estrito âmbito entre eles, sem acarretar sacrifício da posse da Administra Pública[1].

Determina o § 6º do art. 37 da Constituição que:

> as pessoas jurídicas de direito público e as de direito privado prestadoras de serviços públicos responderão pelos danos que seus agentes, nessa qualidade, causarem a terceiros, assegurado o direito de regresso contra o responsável nos casos de dolo e culpa.

Trata-se, portanto, de responsabilidade objetiva prevista na própria Lei Maior[2].

O dispositivo constitucional não faz distinção quanto ao tipo de responsabilidade, se civil ou trabalhista.

Trata o § 6º do art. 37 da Constituição de responsabilidade objetiva prevista na própria Lei Maior (RE 178.806-2, rel. Min. Carlos Velloso, j. 8-11-1994, *BDA*, n. 4, abril, 1996, p. 234). Diz respeito, porém, a qualquer dano. O agente é tanto a pessoa física como a jurídica.

O TST, contudo, não disse que o § 1º do art. 71 da Lei n. 8.666 é inconstitucional, por violar o § 6º do art. 37 da Constituição.

Aplica-se o referido § 6º do art. 37 da Constituição quando a Administração Pública é prestadora de serviço público ou por delegação a particular. Na terceirização, a Administração Pública é tomadora do serviço.

Empresas de prestação de serviços de limpeza ou de vigilância não são empresas privadas que prestam serviços públicos, mas serviços privados. Logo, o § 6º do art. 37 da Constituição não se aplica a tais empresas.

---

[1] *Comentários à lei de licitações e contratos administrativos*. 3. ed. São Paulo: Aide, 1994, p. 566.
[2] O STF entendeu da mesma forma (RE 178.806-2, rel. Min. Carlos Velloso, j. 8-11-1994, *BDA*, n. 4, abril, 1996, p. 234).

As empresas privadas que prestam serviços públicos são, por exemplo, as que recolhem o lixo ou fazem varrição na cidade, em razão de que nesses casos está sendo prestado um serviço público, embora por empresa privada.

Para a contratação irregular já existe a previsão do § 2º do art. 37 da Constituição, que determina que a não observância de concurso público implica a nulidade do ato e a punição da autoridade responsável, nos termos da lei.

A Resolução n. 96/2000 do TST, de 11 de setembro de 2000, deu nova redação ao inciso IV da Súmula 331 do TST, estando assim redigido:

> o inadimplemento das obrigações trabalhistas, por parte do empregador, implica na responsabilidade subsidiária do tomador dos serviços, quanto àquelas obrigações, inclusive quanto aos órgãos da administração direta, das autarquias, das fundações públicas, das empresas públicas e das sociedades de economia mista, desde que hajam participado da relação processual e constem também do título executivo judicial (art. 71 da Lei n. 8.666/93).

Verifica-se da nova redação que foi acrescentada a expressão inclusive quanto aos órgãos da Administração direta, das autarquias, das fundações públicas, das empresas públicas e das sociedades de economia mista, além do que foi incluído o art. 71 da Lei n. 8.666/93.

A redação do inciso foi decorrente de Incidente de Uniformização de Jurisprudência suscitado no Processo TST-IUJ-RR-297.751/96, sendo a decisão unânime. Entretanto, não foram indicados os precedentes do verbete. Da resolução não consta que houve a declaração da inconstitucionalidade do art. 71 da Lei n. 8.666 ou de seus parágrafos.

Julgou o TST que o § 1º do art. 71 da Lei n. 8.666/93 trata de responsabilidade direta da Administração Pública, em razão da culpa *in eligendo* e *in vigilando* (TST, 2ª T., RR 523.658/98.0, rel. Min. Vantuil Abdala, j. 6-12-2000, *LTr* 65-05/590).

O STF assim entendeu:

> Responsabilidade contratual. Subsidiária. Contrato com a administração pública. Inadimplência negocial do outro contraente. Transferência consequente e automática dos seus encargos trabalhistas, fiscais e comerciais, resultantes da execução do contrato, à administração. Impossibilidade jurídica. Consequência proibida pelo art. 71, § 1º, da Lei Federal n. 8.666/93. Constitucionalidade reconhecida dessa norma. Ação direta de constitucionalidade julgada, nesse sentido, procedente. Voto vencido. É constitucional a norma inscrita no art. 71, § 1º, da Lei Federal n. 8.666, de 26 de junho de

1993, com a redação dada pela Lei n. 9.032, de 1995 (STF, ADC 16, Pleno, rel. Min. Cezar Peluso, j. 24-11-2010, *DJe* 17 e 8-9-2011, *RTJ* 219, p. 11).

O Min. Cesar Peluzo disse no voto que:

> Então esse dispositivo é constitucional. Mas isso não significa que eventual omissão da administração pública na obrigação de fiscalizar as obrigações do contratado não gere responsabilidade à administração. É outra matéria, são outros fatos... isso não impedirá que a Justiça do Trabalho recorra a outros princípios constitucionais e, invocando fatos da causa, reconheça a responsabilidade de administração, não pela mera inadimplência, mas por outros fatos.

O Ministro ainda declarou que "não impedirá o TST de reconhecer a responsabilidade, com base nos fatos de cada causa", pois o "STF não pode impedir o TST de, à base de outras normas, dependendo das causas, reconhecer a responsabilidade do Poder Público".

O Min. Gilmar Mendes afirmou que foi o que o TST de alguma forma tentou explicitar ao não declarar inconstitucionalidade da lei e resgatar a ideia da Súmula, mas que "haja essa culpa *in vigilando* é fundamental".

Nos debates, o Min. Cesar Peluzo asseverou que:

> A norma é sábia, ela diz que o mero inadimplemento não transfere a responsabilidade, mas a inadimplência da obrigação da administração é que lhe traz como consequência uma responsabilidade que a Justiça do Trabalho eventualmente pode reconhecer, independentemente da constitucionalidade da lei.

O STF declarou a constitucionalidade do § 1º do art. 71 da Lei n. 8.666/93 (ADC 16, rel. Min. Cezar Peluso, j. 24-11-2010). Entretanto, admitiu que, nos casos em que restar demonstrada a culpa *in vigilando* do ente público, será possível a sua responsabilização pelos encargos devidos ao trabalhador, já que, nesta situação, a Administração Pública responderá pela falta de cuidado.

Só se pode negar vigência a um dispositivo legal declarando-se a sua inconstitucionalidade. Não foi declarada a inconstitucionalidade do § 1º do art. 71 da Lei n. 8.666/93. Ao contrário, foi declarada sua constitucionalidade. Logo, ele é plenamente aplicável.

Já entendeu o STF que:

> I – Controle da constitucionalidade: reserva de plenário e quórum qualificado (Constituição, art. 97): aplicação não apenas à declaração em via princi-

pal, quanto à declaração incidente de inconstitucionalidade, para a qual, aliás, foram inicialmente estabelecidas as exigências;

II – Controle de constitucionalidade: reputa-se declaratório de inconstitucionalidade o acórdão que – embora sem o explicitar – afasta a incidência da norma ordinária pertinente à lide para decidi-la sob critérios diversos alegadamente extraídos da Constituição (RE 240.096/RJ, RE 432597 – AgR/SP e AI 473.019 – AgR/SP, rel. Min. Sepúlveda Pertence, *RTJ* 869/756-757).

Somente o contratado será responsável pelos encargos trabalhistas, previdenciários, fiscais e comerciais resultantes da execução do contrato (art. 121 da Lei n. 14.133/2021).

A inadimplência do contratado em relação aos encargos trabalhistas, fiscais e comerciais não transferirá à Administração a responsabilidade pelo seu pagamento e não poderá onerar o objeto do contrato nem restringir a regularização e o uso das obras e das edificações, inclusive perante o registro de imóveis, ressalvada a hipótese prevista no § 2º deste artigo (§ 1º do art. 121 da Lei n. 14.133/2021).

A Lei n. 14.133/2021 revogou a Lei n. 8.666/93.

A inadimplência do contratado quanto aos encargos trabalhistas, fiscais e comerciais não transfere à empresa pública ou à sociedade de economia mista a responsabilidade por seu pagamento, nem poderá onerar o objeto do contrato ou restringir a regularização e o uso das obras e edificações, inclusive perante o Registro de Imóveis (§ 1º do art. 77 da Lei n. 13.303/2016). Essa regra é específica para empresa pública que explore atividade econômica e sociedade de economia mista.

Age a Administração Pública de acordo com o princípio da legalidade administrativa (art. 37 da Constituição). Observa o procedimento de licitação (art. 37, XXI, da Constituição) na contratação de prestadores de serviços.

A Administração Pública direta não visa ao lucro.

Não existe culpa *in eligendo* da Administração Pública em razão da necessidade de ser feita licitação para a contratação do prestador de serviço. Em outros casos, deverá ser demonstrada a culpa da Administração Pública. A culpa não se presume. Deve ser provada por quem a alega. Presume-se a legalidade dos atos da Administração Pública.

A Administração Pública vai ter responsabilidade subsidiária nos casos de prova de culpa *in vigilando*, o que deverá ser demonstrado pelo empregado.

O inciso X do art. 18 da Lei n. 14.133 mostra o dever de fiscalização da Administração Pública em relação ao contratado.

A Administração indicará um gestor do contrato, que será responsável pelo acompanhamento e pela fiscalização da sua execução, procedendo ao registro das ocorrências e adotando as providências necessárias ao seu fiel cumprimento, tendo por parâmetro os resultados previstos no contrato. O art. 11 do Decreto n. 9.507/2018 mostra a existência do gestor para fiscalizar a prestadora de serviços.

O ente público deve fiscalizar o contratado para que ele pague as obrigações trabalhistas e previdenciárias aos seus empregados. Do contrário, não deve pagar ao contratado o valor da sua fatura, exigindo que ele demonstre que está quite com suas obrigações trabalhistas e previdenciárias.

A execução do contrato deverá ser acompanhada e fiscalizada por um ou mais fiscais do contrato, representantes da Administração especialmente designados conforme requisitos estabelecidos no art. 7º da Lei n. 14.133, ou pelos respectivos substitutos, permitida a contratação de terceiros para assisti-los e subsidiá-los com informações pertinentes a essa atribuição (art. 117 da Lei n. 14.133). O fiscal do contrato anotará em registro próprio todas as ocorrências relacionadas à execução do contrato, determinando o que for necessário para a regularização das faltas ou dos defeitos observados (art. 117, § 1º).

A Administração Pública pode responder por ação ou omissão, ao causar prejuízo a outrem (art. 186 do Código Civil), mas não em outros casos. Esclarece atualmente o inciso V da Súmula 331 do TST:

> Os entes integrantes da Administração Pública direta e indireta respondem subsidiariamente, nas mesmas condições do item IV, caso evidenciada a sua conduta culposa no cumprimento das obrigações da Lei n. 8.666, de 21-6-1993, especialmente na fiscalização do cumprimento das obrigações contratuais e legais da prestadora de serviço como empregadora. A aludida responsabilidade não decorre de mero inadimplemento das obrigações trabalhistas assumidas pela empresa regularmente contratada.

Tinha o § 2º do art. 71 da Lei n. 8.666/93 a seguinte redação: "A administração poderá exigir, também, seguro para garantia de pessoas e bens, devendo essa exigência constar do edital da licitação ou do convite".

O citado parágrafo foi modificado pela Lei n. 9.032, de 28-4-1995, tendo atualmente a seguinte redação: "A Administração Pública responde, solidariamente com o contratado, pelos encargos previdenciários resultantes da execução do contrato nos termos do art. 31 da Lei n. 8.212, de 24 de julho de 1991".

A partir de 29 de abril de 1995, a Administração Pública passou a ter responsabilidade solidária sobre os encargos previdenciários em relação aos contratos celebrados com as contratadas. Assim, tinha de exigir do contratado a comprovação dos recolhimentos previdenciários para não ficar responsável pelo pagamento das contribuições previdenciárias.

O art. 31 da Lei n. 8.212 foi, porém, modificado pela Lei n. 9.711/98, não mais tratando de responsabilidade solidária, mas de hipótese de retenção de 11% sobre o faturamento da empresa contratada. Está, portanto, revogado tacitamente o § 2º do art. 71 da Lei n. 8.666/93, pois o art. 31 da Lei n. 8.212 não mais versa sobre solidariedade.

A lei é expressa em determinar que a responsabilidade solidária ocorre "nos termos do artigo 31 da Lei n. 8.212/91". A Lei n. 8.666 foi revogada pela Lei n. 14.133. Assim, não há mais responsabilidade solidária entre a Administração Pública e a empresa contratada por encargos previdenciários decorrentes da execução do contrato.

Somente o contratado será responsável pelos encargos trabalhistas, previdenciários, fiscais e comerciais resultantes da execução do contrato (art. 121 da Lei n. 14.133/2021). A inadimplência do contratado em relação aos encargos trabalhistas, fiscais e comerciais não transferirá à Administração a responsabilidade pelo seu pagamento e não poderá onerar o objeto do contrato nem restringir a regularização e o uso das obras e das edificações, inclusive perante o registro de imóveis, ressalvada a hipótese prevista no § 2º do art. 121 da Lei n. 14.133/2021 (§ 1º do art. 121 da Lei n. 14.133/2021).

Exclusivamente nas contratações de serviços contínuos com regime de dedicação exclusiva de mão de obra, a Administração responderá solidariamente pelos encargos previdenciários e subsidiariamente pelos encargos trabalhistas se comprovada falha na fiscalização do cumprimento das obrigações do contratado (§ 2º do art. 121 da Lei n. 14.133/2021).

Serviços contínuos com regime de dedicação exclusiva de mão de obra: aqueles cujo modelo de execução contratual exige, entre outros requisitos, que:

a) os empregados do contratado fiquem à disposição nas dependências do contratante para a prestação dos serviços;

b) o contratado não compartilhe os recursos humanos e materiais disponíveis de uma contratação para execução simultânea de outros contratos;

c) o contratado possibilite a fiscalização pelo contratante quanto à distribuição, controle e supervisão dos recursos humanos alocados aos seus contratos (art. 6º, XVI, da Lei n. 14.133/2021).

Nas contratações de serviços com regime de dedicação exclusiva de mão de obra, o contratado deverá apresentar, quando solicitado pela Administração, sob pena de multa, comprovação do cumprimento das obrigações trabalhistas e com o Fundo de Garantia do Tempo de Serviço (FGTS) em relação aos empregados diretamente envolvidos na execução do contrato, em especial quanto ao:

I – registro de ponto;

II – recibo de pagamento de salários, adicionais, horas extras, repouso semanal remunerado e décimo terceiro salário;

III – comprovante de depósito do FGTS;

IV – recibo de concessão e pagamento de férias e do respectivo adicional;

V – recibo de quitação de obrigações trabalhistas e previdenciárias dos empregados dispensados até a data da extinção do contrato;

VI – recibo de pagamento de vale-transporte e vale-alimentação, na forma prevista em norma coletiva (art. 50 da Lei n. 14.133/2021).

Nas contratações de serviços contínuos com regime de dedicação exclusiva de mão de obra, para assegurar o cumprimento de obrigações trabalhistas pelo contratado, a Administração, mediante disposição em edital ou em contrato, poderá, entre outras medidas:

I – exigir caução, fiança bancária ou contratação de seguro-garantia com cobertura para verbas rescisórias inadimplidas;

II – condicionar o pagamento à comprovação de quitação das obrigações trabalhistas vencidas relativas ao contrato;

III – efetuar o depósito de valores em conta vinculada;

IV – em caso de inadimplemento, efetuar diretamente o pagamento das verbas trabalhistas, que serão deduzidas do pagamento devido ao contratado;

V – estabelecer que os valores destinados a férias, décimo terceiro salário, ausências legais e verbas rescisórias dos empregados do contratado que participarem da execução dos serviços contratados serão pagos pelo contratante ao contratado somente na ocorrência do fato gerador (§ 3º do art. 121 da Lei n. 14.133/2021).

O Decreto n. 9.507/2018, no art. 3º, prevê que não serão objeto de execução indireta na administração pública federal direta, autárquica e fundacional os serviços:

I – que envolvam a tomada de decisão ou posicionamento institucional nas áreas de planejamento, coordenação, supervisão e controle;

II – que sejam considerados estratégicos para o órgão ou a entidade, cuja terceirização possa colocar em risco o controle de processos e de conhecimentos e tecnologias;

III – que estejam relacionados ao poder de polícia, de regulação, de outorga de serviços públicos e de aplicação de sanção; e

IV – que sejam inerentes às categorias funcionais abrangidas pelo plano de cargos do órgão ou da entidade, exceto disposição legal em contrário ou quando se tratar de cargo extinto, total ou parcialmente, no âmbito do quadro geral de pessoal.

O STF entende que não há responsabilidade do ente público pelas obrigações trabalhistas (RE 760.931/DF, rel. desig. Min. Luiz Fux, j. 28-3-2017, *DJe* 12-9-2017). O STF decidiu por seis votos a cinco que não há responsabilidade do ente público pelas obrigações trabalhistas. Foi fixada a tese: "O inadimplemento dos encargos trabalhistas dos empregados do contratado não transfere automaticamente ao Poder Público contratante a responsabilidade pelo seu pagamento, seja em caráter solidário ou subsidiário, nos termos do art. 71, § 1º, da Lei n. 8.666/93". No seu voto, o Ministro Luiz Fux dá a entender sobre a possibilidade de terceirização na atividade-fim, pois é uma situação mundial.

A responsabilidade subsidiária prevista no § 5º do art. 5º-A da Lei n. 6.019/74 não revogou o § 1º do art. 71 da Lei n. 8.666/93, pois não tratou da Administração Pública. Regra específica de responsabilidade para a Administração Pública está no § 1º do art. 71 da Lei n. 8.666/93. A lei geral não revoga a especial (§ 2º do art. 2º da Lei de Introdução às Normas do Direito Brasileiro).

Somente o contratado será responsável pelos encargos trabalhistas, previdenciários, fiscais e comerciais resultantes da execução do contrato (art. 121 da Lei n. 14.133).

A inadimplência do contratado em relação aos encargos trabalhistas, fiscais e comerciais não transferirá à Administração a responsabilidade pelo seu pagamento e não poderá onerar o objeto do contrato nem restringir a regularização e o uso das obras e das edificações, inclusive perante o registro de imóveis (§ 1º do art. 121 da Lei n. 14.133).

Exclusivamente nas contratações de serviços contínuos com regime de dedicação exclusiva de mão de obra, a Administração responderá solidariamente pelos encargos previdenciários e subsidiariamente pelos encargos trabalhistas se comprovada falha na fiscalização do cumprimento das obrigações do contratado (§ 2º do art. 121 da Lei n. 14.133/2021). Serviços contínuos com regime de dedicação exclusiva de mão de obra são os que o modelo de execução contratual exige, entre outros requisitos, que os empregados do contratado fiquem à disposição nas dependências do contratante para a prestação dos serviços (art. 6º da Lei n. 14.133). Serviços contínuos em regime de dedicação exclusiva de mão de obra podem ser vigilância, limpeza e conservação, fornecimento de motoristas e secretárias.

O contratado responsável pelos encargos trabalhistas, fiscais e comerciais resultantes da execução do contrato (art. 77 da Lei n. 13.303/2016). A inadimplência do contratado quanto aos encargos trabalhistas, fiscais e comerciais não transfere à empresa pública ou à sociedade de economia mista a responsabilidade por seu pagamento, nem poderá onerar o objeto do contrato ou restringir a regularização e o uso das obras e edificações, inclusive perante o Registro de Imóveis (§ 1º do art. 77).

Na contratação do trabalhador feita antes de 5 de outubro de 1988 pela Administração Pública, não se exige concurso público, pois a Constituição anterior não o previa. A Orientação Jurisprudencial 321 da SBDI-1 do TST não exige que os serviços sejam especializados, mas faz referência a trabalho temporário (Lei n. 6.019/74) e segurança e transporte de valores (Lei n. 14.967/2024). Dá a entender que nos demais casos a contratação é ilegal, se for feita por empresa interposta.

18.4 Licitações e contratos

A Lei n. 14.133/2021 trata de licitações. Entretanto, pela nova lei, que tratou de regular o inciso XXI do art. 37 da Constituição, instituindo normas para licitações e contratos com a Administração Pública, é possível também verificar a licitude da contratação de serviços pela última.

Serviço é todo bem imaterial colocado à disposição da pessoa, como demolição, conserto, instalação, montagem, operação, conservação, reparação, adaptação, manutenção, transporte, locação de bens, publicidade, seguro ou trabalhos técnicos profissionais.

Os serviços indicados são meramente exemplificativos e não taxativos, pois a lei emprega a expressão "tais como". É, portanto, lícita a contratação de tais serviços com a Administração Pública, mostrando que esta pode contratar serviços de terceiros.

A terceirização na Administração Pública é feita na forma de execução indireta de obras e serviços, como de empreitada por preço global e empreitada por preço unitário.

Consideram-se serviços contínuos com regime de dedicação exclusiva de mão de obra aqueles cujo modelo de execução contratual exige, entre outros requisitos, que os empregados do contratado fiquem à disposição nas dependências do contratante para a prestação dos serviços (art. 6º, XVI, *a*, da Lei n. 14.133).

191

18.5 Contratação temporária de servidores

A Administração Pública também pode contratar serviços temporários, na forma da Lei n. 8.745, de 9 de deze mbro de 1993, que regula a contratação temporária de servidores pela Administração Pública federal, conforme o inciso IX do art. 37 da Constituição.

A referida lei permite o ingresso de pessoas, nos quadros funcionais de entidades da Administração Pública federal, sem o requisito do concurso público, para atender à necessidade temporária de excepcional interesse público, em casos de calamidade pública, combate a surtos endêmicos, recenseamentos; admissão de professor substituto e professor visitante; admissão de professor e pesquisador visitantes estrangeiros; atividades especiais nas organizações das Forças Armadas para atender à área industrial ou encargos temporários e serviços de Engenharia (arts. 1º e 2º).

18.6 Concessão e permissão

A terceirização na Administração Pública pode ser feita mediante concessão e permissão, em que a Administração vai contratar terceiros para lhe prestar serviços.

Em 13 de fevereiro de 1995, foi editada a Lei n. 8.987, que trata do regime de concessão e permissão da prestação de serviços públicos, regulando o art. 175 da Constituição.

Concessão é o contrato administrativo em que a Administração Pública delega a outrem a execução de um serviço, obra pública, ou cede o uso de um bem público, para que o execute por sua conta e risco, no prazo e condições estabelecidas, mediante tarifa paga pelo usuário ou outra forma de remuneração.

O inciso II do art. 2º da Lei n. 8.987 define concessão de serviço público como a delegação de sua prestação, feita pelo poder concedente, mediante licitação, na modalidade de concorrência, ou diálogo competitivo, a pessoa jurídica ou consórcio de empresas que demonstre capacidade para seu desempenho, por sua conta e risco e por prazo determinado.

Concessão de serviço público precedida da execução de obra é a construção total ou parcial, conservação, reforma, ampliação ou melhoramento de quaisquer obras de interesse público, delegada pelo poder concedente, mediante licitação, na modalidade de concorrência, a pessoa jurídica ou consórcio de empresas que demonstre capacidade para sua realização, por sua conta e risco, de forma que o investimento da concessionária seja remunerado e amortizado mediante a exploração do serviço ou da obra por prazo determinado (art. 2º, III).

A concessão de obra pública é um contrato administrativo em que a Administração transfere a outrem a execução da obra pública, o que será feito por sua conta e risco, com pagamento feito pelos benefícios da obra ou em razão da exploração dos serviços ou utilidades proporcionadas pela obra.

Admite-se a subconcessão, nos termos previstos no contrato de concessão, desde que expressamente autorizada pelo poder concedente (art. 26). A outorga de subconcessão será precedida de concorrência (art. 26, § 1º). O § 2º dispõe que "o subconcessionário se sub-rogará em todos os direitos e obrigações da subconcedente dentro dos limites da subconcessão".

A subconcessão é uma espécie de contrato acessório, que se vincula ao contrato de concessão. É, portanto, um contrato administrativo e não um contrato de direito privado. Um exemplo seria o de uma empresa de ônibus com vinte linhas que resolve fazer subconcessão de três dessas linhas.

O § 1º do art. 25 da norma em comento permite à concessionária contratar com terceiros o desenvolvimento de atividades inerentes, acessórias ou complementares ao serviço concedido, bem como a implementação de projetos associados. É o caso da contratação de serviços de limpeza, vigilância, obras, reparos etc.

Os contratos celebrados entre a concessionária e os terceiros reger-se-ão pelo direito privado, não se estabelecendo qualquer relação jurídica entre os terceiros e o poder concedente (§ 2º do art. 25 da Lei n. 8.987). Tais contratos não são contratos administrativos, mas contratos de direito privado. Não há exigência de autorização da Administração para celebração do contrato, mas o concessionário é que irá responder pela adequada prestação do serviço perante o poder concedente. Não se exige, também, a licitação para a subcontratação.

A transferência da concessão ou do controle societário da concessionária não poderá ser feita sem prévia anuência do poder concedente. Caso isso ocorra, implicará a caducidade da concessão. Para fins de obtenção da anuência para a transferência, o pretendente deverá:

I – atender às exigências de capacidade técnica, idoneidade financeira e regularidade jurídica e fiscal necessárias à assunção do serviço;

II – comprometer-se a cumprir todas as cláusulas do contrato em vigor (§ 1º do art. 27 da Lei n. 8.987).

O parágrafo único do art. 31 estabelece que as contratações, inclusive de mão de obra, feitas pela concessionária serão regidas pelas disposições de direito privado e pela legislação trabalhista, não se estabelecendo qualquer relação entre os terceiros contratados pela concessionária e o poder concedente.

A permissão é um ato administrativo unilateral, discricionário, precário, gratuito ou oneroso, em que a Administração Pública delega ao particular a execução de um serviço público ou a utilização de um bem público.

O objeto da permissão, segundo o art. 175 da Constituição, é a execução de um serviço público ou a utilização privativa de um bem público, sendo esta última hipótese a permissão de uso. Será sempre feito por meio de licitação.

A permissão não tem natureza contratual, não é um contrato administrativo, mas um ato administrativo. Por ser a permissão unilateral, discricionária e precária, não há direito do particular contra a Administração Pública. O contrato de concessão tem de ter prazo determinado e, portanto, não é precário (art. 23, I, da Lei n. 8.987).

O inciso IV do art. 2º da Lei n. 8.987 define permissão de serviço público como a delegação, a título precário, mediante licitação, da prestação de serviços públicos feita pelo poder concedente à pessoa física ou jurídica que demonstre capacidade para seu desempenho, por sua conta e risco.

Pode-se entender como autorização de serviço público o ato administrativo discricionário e unilateral em que há delegação do Poder Público ao particular da exploração, a título precário, de serviço público.

O inciso XII do art. 21 da Constituição estabelece que compete à União explorar, diretamente ou mediante autorização, concessão ou permissão, vários tipos de serviços, de radiodifusão, energia elétrica, transporte ferroviário e aquaviário. Isso evidencia que a terceirização de tais serviços é permitida, mediante concessão, permissão ou autorização.

18.7 Outras hipóteses de contratação de terceiros

A Administração Pública vem se socorrendo da terceirização como forma de privatização.

A terceirização da saúde tem previsão na própria Constituição. Permite o art. 197 da Lei Maior que a execução das ações e serviços de saúde seja feita tanto diretamente pelo Poder Público, como mediante a contratação de terceiros, inclusive por pessoa física ou jurídica de direito privado.

O art. 198 indica que as ações e serviços públicos de saúde integram uma rede regionalizada e hierarquizada e constituem um sistema único, organizado conforme várias diretrizes, entre as quais a descentralização, com direção única em cada esfera de governo.

O § 1º do art. 199 da Lei Maior dispõe que:

> as instituições privadas poderão participar de forma complementar do sistema único de saúde, segundo diretrizes deste, mediante contrato de direito público ou convênio, tendo preferência as entidades filantrópicas e as sem fins lucrativos.

Assim, os serviços podem ser delegados ao particular, como forma de atender à determinação constitucional da descentralização das ações e serviços públicos de saúde. Entretanto, essa delegação será feita de forma complementar ao sistema de saúde governamental. Pode haver a terceirização de serviços de saúde, como de hemocentros, exames médicos, consultas, patologia clínica, serviços de laboratórios etc. O que não pode ser delegada é a gestão total do serviço de saúde ao particular.

Os arts. 24 e 26 da Lei n. 8.080/90 rezam que a participação complementar será feita quando não houver disponibilidade do Sistema Unificado de Saúde para a cobertura assistencial à população de uma determinada área. A participação complementar será realizada mediante contrato ou convênio, observadas as regras de direito público (Lei n. 14.133). O convênio é feito com outras pessoas jurídicas de direito público, como a União, Estados, Distrito Federal e Municípios, autarquias e fundações e também instituições privadas.

O ensino também poderá ser ministrado pela iniciativa privada. O art. 209 da Lei Magna dispõe que "o ensino é livre à iniciativa privada", desde que sejam cumpridas as normas gerais da educação nacional, além de autorização e avaliação de qualidade pelo Poder Público.

As cooperativas também têm sido utilizadas na terceirização das atividades do setor público, seja como forma de privatização, como ocorre na Argentina, seja até mesmo na área de saúde, como aconteceu no Município de São Paulo com o Plano de Assistência à Saúde (PAS).

O art. 204 da Constituição estabelece regras sobre assistência social. O inciso I dispõe sobre a descentralização político-administrativa, cabendo a coordenação e as normas gerais à esfera federal e a coordenação e a execução dos respectivos programas às esferas estadual e municipal, bem como a entidades beneficentes e de assistência social. Isso mostra que a assistência social não é atividade exclusiva do Estado, podendo ser delegada a particulares: as entidades beneficentes e de assistência social.

18.8 Conclusão

A Administração Pública está adstrita ao princípio da legalidade (art. 37 da Constituição), só podendo fazer aquilo que a lei determina e não aquilo que a lei não proíbe. Assim, as formas de terceirização na Administração Pública deverão estar respaldadas na lei, sob pena de ilegalidade do ato e responsabilidade do servidor que o praticou.

# 19

Terceirização Lícita e Ilícita

19.1 Introdução

Não existe norma vedando a contratação de serviços por terceiros.

De modo geral, são dois os limites da terceirização:

a) os constitucionais;

b) os legais.

O inciso III do art. 3º da Constituição consagra a dignidade da pessoa humana no âmbito constitucional. Entretanto, essa regra precisa ser interpretada sistematicamente com o art. 170 da Constituição, que prevê o princípio da livre iniciativa, mostrando serem lícitos quaisquer serviços, como se observa no Código Civil, ao tratar da prestação de serviços (arts. 593 a 609) e da empreitada (arts. 610 a 626), até mesmo porque os prestadores de serviços pagam impostos, como o ISS (Lei Complementar n. 116/2003).

O lucro não pode ser considerado antissocial, pois é inerente à atividade econômica e decorrente do capitalismo. Ao obter lucro, a empresa cria empregos. A norma que trata do representante comercial autônomo, Lei n. 4.886, de 9 de dezembro de 1965, prevê uma atividade lícita e determina que o representante comercial fica obrigado a fornecer ao representado informações detalhadas do andamento dos negócios a seu cargo, não se entendendo que esse procedimento represente subordinação, mas verificação da representação, de modo a expandir os negócios do representado e promover seus produtos (art. 28).

Esses fatos mostram que nem sempre "a contratação de trabalhadores por empresa interposta é ilegal, formando-se o vínculo diretamente com o tomador dos serviços" (inciso I da Súmula 331 do TST), salvo na existência de fraude, caso em que se poderá falar que o vínculo de emprego se forma diretamente com o tomador dos serviços, aplicando-se o art. 9º da CLT.

Os processos de terceirização que estamos enfrentando talvez nada mais sejam do que o retorno a sistemas de locação de serviços e de empreitada do Direito Civil, embora sob outros rótulos, diante da necessidade de competitividade interna e externa e das crises econômicas que proliferam nos nossos tempos.

19.2 Distinção

É preciso, entretanto, estabelecer a distinção entre terceirização lícita e ilícita ou terceirização legal e ilegal, para complementar o raciocínio da Súmula 331 do TST.

A terceirização legal ou lícita é a que observa os preceitos legais relativos aos direitos dos trabalhadores, não pretendendo fraudá-los, distanciando-se da existência da relação de emprego. A terceirização ilegal ou ilícita é a que se refere à locação permanente de mão de obra, que pode dar ensejo a fraudes e a prejuízos aos trabalhadores.

19.3 Hipóteses da terceirização lícita

A terceirização é lícita, pois toda espécie de serviço ou trabalho lícito, material ou imaterial, pode ser contratado mediante retribuição (art. 594 do Código Civil).

A terceirização ilícita busca apenas o menor preço.

É lícita a terceirização feita por meio de trabalho temporário (Lei n. 6.019/74), desde que não sejam excedidos os 180 dias de prestação de serviços pelo funcionário na empresa tomadora; em relação a vigilantes (Lei n. 14.967/2024); de serviços de limpeza; da empreitada (arts. 610 a 626 do Código Civil); da subempreitada (art. 455 da CLT); da prestação de serviços (arts. 593 a 609 do Código Civil); das empresas definidas na lista de serviços submetidos ao ISS, conforme Lei Complementar n. 116/2003, pois tais empresas pagam, inclusive, impostos; em relação ao representante comercial autônomo (Lei n. 4.886/65); na compensação de cheques, feita por empresa especializada e desde não haja subordinação e pessoalidade do trabalhador com o tomador de serviços; do estagiário, de modo a lhe propiciar a complementação do estudo mediante a interveniência obrigatória da instituição de ensino (Lei n. 11.788/2008); e às cooperativas (Lei n. 12.690/2012), desde que não exista subordinação.

A Lei n. 9.472, de 16 de julho de 1997, dispõe sobre a organização dos serviços de telecomunicações, a criação e o funcionamento de um órgão regulador e outros aspectos institucionais. Permite o inciso II do art. 94 a concessionária: "contratar com terceiros o desenvolvimento de atividades inerentes, acessórias ou complementares ao serviço, bem como a implementação de projetos associados".

O serviço de instalação e manutenção de telefones é feito fora do âmbito da empresa de telecomunicações e com material fornecido pela prestadora de serviços.

O correspondente bancário não pode ter suas instalações semelhantes à da instituição contratante, inclusive logomarca e configuração arquitetônica.

A Lei n. 11.442/2007 permite a contratação de terceiros para o transporte rodoviário de cargas.

O art. 129 da Lei n. 11.196/2005 admite a contratação de pessoa jurídica para a prestação de serviços intelectuais, inclusive os de natureza científica, artística ou cultural.

É também forma lícita de terceirização a de trabalho em domicílio, desde que feito sob a forma de contratação de autônomos. Não é só na contratação de costureiras, marceneiros, confeiteiras ou cozinheiras que se tem a terceirização lícita, mas também em outros tipos de profissões, desde que haja efetiva autonomia do prestador dos serviços. A contratação de trabalhador avulso também é lícita, desde que exista a intermediação obrigatória do sindicato da categoria profissional.

Indiretamente, porém, o próprio TST admite como lícita a prestação de serviços médicos por empresa conveniada, para efeito de abono de faltas dos trabalhadores (Súmula 282 do TST). A Convenção n. 161 da OIT foi aprovada pelo Decreto Legislativo n. 86, de 14 de dezembro de 1989, sendo promulgada pelo Decreto n. 127, de 23 de maio de 1991.

Tal Convenção, que trata dos serviços de saúde do trabalho, em seu art. 7º, permite que os referidos serviços sejam organizados para uma só ou para várias empresas, o que também mostra que as empresas que cuidam de assistência médica têm sua atividade considerada lícita, inclusive pela referida Convenção. A subempreitada também vem a ser uma forma de terceirização lícita, pois é prevista, a *contrario sensu*, no art. 455 da CLT.

A terceirização lícita seria admitida apenas na atividade-meio. A terceirização ilícita na atividade-fim, segundo o entendimento da jurisprudência do TST. O STF passou a entender possível a terceirização na atividade-fim da empresa.

19.4 Requisitos

Para que a terceirização seja plenamente válida no âmbito empresarial, não podem existir elementos pertinentes à relação de emprego no trabalho do terceirizado, principalmente o elemento subordinação. O terceirizante não poderá ser considerado superior hierárquico do terceirizado, não poderá haver controle de horário e o trabalho não poderá ser pessoal, do próprio terceirizado, mas realizado por intermédio de outras pessoas. Deve haver total autonomia do terceirizado, ou seja, independência, inclusive quanto a seus empregados. Na verdade, a terceirização implica a parceria entre empresas, com divisão de serviços e assunção de responsabilidades próprias de cada parte.

Da mesma forma, os empregados da empresa terceirizada não deverão ter nenhuma subordinação com a terceirizante, nem poderão estar sujeitos a seu poder de direção, caso contrário existirá vínculo de emprego. Aqui há que se distinguir a subordinação jurídica e a técnica, pois a subordinação jurídica se dá com a empresa prestadora de serviços, que admite, demite, transfere, dá ordens, e a técnica pode ficar evidenciada com o tomador, que dá as ordens técnicas de como pretende que o serviço seja realizado, principalmente quando o é nas dependências do tomador. Os prestadores de serviço da empresa terceirizada não estarão, porém, sujeitos à prova, pois são especialistas no que irão fazer.

Se o serviço do trabalhador é essencial à atividade da empresa, pode a terceirização ser ilícita se provadas a subordinação e pessoalidade com o tomador dos serviços.

Algumas regras, contudo, podem ser enunciadas para se determinar a licitude da terceirização, como:

a) idoneidade econômica da terceirizada;

b) assunção de riscos pela terceirizada;

c) especialização nos serviços a serem prestados;

d) direção dos serviços pela própria empresa terceirizada;

e) utilização do serviço, principalmente em relação à atividade-meio da empresa que terceiriza serviços, evitando-se a terceirização da atividade-fim;

f) necessidade extraordinária e temporária de serviços.

A empresa prestadora de serviços terá trabalhadores permanentes, embora prestando serviços para tomadores diversos, enquanto na empresa tomadora a mão de obra extra será utilizada apenas quando necessária. O verdadeiro terceirizado, porém, será aquele que efetivamente assume as obrigações trabalhistas de sua atividade, pouco importando se seus trabalhadores exerçam atividade fora da sede de seu empregador.

Não seria possível, à primeira vista, se falar na terceirização de todo o quadro de vendas da empresa, passando todos os seus empregados a ser autônomos, porque poderia ensejar fraudes. Em certa oportunidade verifiquei, em um processo, que todo o departamento de vendas da empresa foi terceirizado.

As testemunhas, até da empresa, disseram que os vendedores eram estabelecidos sob a forma de microempresa, o supervisor e o gerente também. Isso não é terceirização, pois havia obrigatoriedade de comparecimento a reuniões, cumprimento de certas determinações, que indicavam subordinação, além de que quem prestava os serviços era a pessoa física e não a microempresa.

Da mesma forma, não se poderia entender a terceirização de *office boys* ou secretárias como legal desde que a necessidade de tais atividades fosse permanente na empresa e existisse a subordinação direta com o tomador dos serviços, devendo, assim, haver contrato de trabalho. Em relação a recepcionistas, só poderá haver a terceirização se as pessoas forem contratadas para um evento específico ou se a subordinação não se formar com o tomador dos serviços.

O mesmo se pode dizer em relação à contratação de telefonistas. Se a necessidade de tais profissionais for permanente na empresa, não será possível a terceirização, pois estará constatada a habitualidade na prestação de serviços e as ordens serão recebidas do terceirizador, o que evidenciará a subordinação. Assim, deve-se evitar a terceirização de serviços se a empresa terceirizante apresenta a mesma atividade ou atividade necessária permanente, o que não demandaria, num primeiro plano, a terceirização, sendo esta lícita se as atividades empreendidas pela empresa contratante forem distintas das da empresa contratada.

Se o terceirizado vai trabalhar no mesmo local, fazendo os mesmos serviços, no mesmo horário de trabalho, prestando serviços com exclusividade ao suposto terceirizador, sendo que a empresa terceirizada nem mesmo tem estabelecimento próprio, não se pode pensar, evidentemente, em terceirização, mas em contrato de trabalho.

Se o empregador tem por objetivo unicamente reduzir despesas e encargos sociais ou até os salários de seus funcionários, fazendo terceirização ilegal, inexistirá a terceirização, pois será vedado o *leasing* de mão de obra.

Deve-se evitar a terceirização com pessoas físicas que exercem individualmente suas atividades, inclusive ex-empregado que passe a trabalhar em sua residência, o que poderia dar ensejo à existência de contrato de trabalho em domicílio (art. 6º da CLT), desde que presente a subordinação. O mesmo pode-se dizer em relação à repetição das mesmas empresas prestadoras dos serviços ou sempre dos mesmos trabalhadores prestando serviços na tomadora, desde que evidenciada a subordinação.

Deve-se dar preferência para o terceirizado que seja pessoa jurídica, pois o contrato de trabalho forma-se, apenas, com pessoa física (art. 3º da CLT). O próprio ex-funcionário da empresa não deve, de preferência, ser contratado para a prestação dos serviços terceirizados, mesmo rotulando-o na empresa de autônomo, podendo tal rótulo ser aplicado se os serviços não forem prestados no próprio local de trabalho, não houver exclusividade nem subordinação nos serviços prestados ao terceirizante.

O fato de ser o terceirizado rotulado de autônomo, tendo inscrição na Prefeitura do Município e na Secretaria da Receita Federal, ou ser constituído sob a forma de empresa, não implicará a plena constituição da terceirização se continuarem a existir os elementos subordinação e pessoalidade na prestação dos serviços.

O terceirizado também não deveria ser contratado como microempresa ou como autônomo, hipóteses reveladoras da continuidade do vínculo empregatício se o terceirizado já trabalhou como empregado na empresa, principalmente se persistir o elemento subordinação.

Os serviços prestados pelo terceirizado não devem ser feitos exclusivamente ao terceirizante, o que pode demonstrar certo grau de dependência do primeiro em relação ao segundo, caracterizando a subordinação.

Descrição demasiada de como o terceiro manejará seu pessoal evidencia a subordinação ao terceirizante, porque o contratado seria controlado e não empresário-parceiro. Os contratos entre as partes não devem ser reajustados de acordo com índices de correção do salário, pois isso denotaria a natureza salarial do pagamento.

O fato de o empregado comprar as ferramentas de trabalho ou as máquinas do empregador também não irá descaracterizar o contrato de trabalho se persistir o elemento subordinação. Se a empresa determina como o serviço deve ser feito ao terceirizado, pode haver um indício de subordinação, já que o prestador vai receber ordens sobre o que e como fazer.

É necessário lembrar do princípio da primazia da realidade na relação havida entre as partes, prevalecendo a realidade dos fatos sobre a forma empregada. Pouco importa o *nomen iuris* utilizado ou a roupagem dada à situação, mas sim as condições de fato, estando evidenciada a relação de emprego se forem observados os requisitos constantes do art. 3º da CLT.

Caso evidenciadas a subordinação e a prestação dos serviços nas condições descritas, a jurisprudência tem entendido pela configuração da relação de emprego:

> Trabalhador demitido que adquire a ferramenta de trabalho anteriormente fornecida pelo empregador e continua na mesma atividade exercendo os mesmos serviços, para a mesma empresa, através de outra, pertencente ao mesmo grupo com subordinação, dependência econômica e pessoalidade, configura o vínculo empregatício (TRT 6ª Região, RO 788/86, Ac. 3ª T., rel. Juiz Adalberto Guerra Filho, j. 6-7-1987, *LTr* 52-7/838).

> Necessitando para o desenvolvimento de sua atividade de vendedores, a reclamada, embora já os tivesse admitido a seu serviço, os orientou ou deles exigiu a constituição de firma, para que em nome dessa continuassem a prestar-lhe os serviços de vendas. Essa providência ou transformação de empregados em sócios de uma sociedade para, sem qualquer alteração no *modus faciendi*, continuar a prestação de serviços, constitui-se na ilegalidade declarada em primeiro grau (TRT 9ª Região, RO 2593/90, Ac. 3ª T. 4.708/91, rel. Juiz Euclides Alcides Rocha, j. 19-6-1991, *LTr* 57-05/576).

> Irrelevante ter o empregado constituído pessoa jurídica para continuar prestando os mesmos serviços ao empregador, no mesmo local, na mesma condição, com móveis, telefone e empregados pagos pela reclamada, porque a situação caracteriza a continuidade do vínculo empregatício (TRT 9ª Região, RO 871/82, Ac. 1.606/83, rel. Juiz George Christofis, j. 12-7-1983, *LTr* 48-7/860).

> A constituição de pessoa jurídica e posterior contrato de representação comercial, por si só, não fazem prova do trabalho autônomo. Muitas vezes é difícil distinguir entre o trabalho subordinado e o autônomo, pela presença da zona gris. Entretanto, quando ausente a livre iniciativa e presente a condução de mero colaborador da atividade empresária, desponta a relação de emprego. Provada a subordinação, pessoalidade e demais requisitos do art. 3º da CLT, reconhece-se a relação de emprego. O aspecto formal, consubstanciado no contrato social e no de representação comercial, não pode se sobrepor ao "contrato realidade", como é considerado o contrato de trabalho. Por isso, atos fraudulentos, que tenham por escopo mascarar a relação de emprego, são tidos como nulos a teor do art. 9º da CLT. Presentes os requisitos do trabalho subordinado, reconhece-se o vínculo empregatício, com a baixa dos autos ao Juízo de origem para julgamento do mérito. Provimento do Recurso do empregado (TRT 9ª Região, RO 5.175/90, Ac. 2ª T. 0172/92, rel. Juiz José Montenegro Antero, *DJPR* 31-1-1992, p. 43).

> Bancário. Serviço de atendimento ao cliente. Terceirização ilícita. Pertence à categoria bancária pessoa contratada por empresa interposta para a execução de serviços relacionados diretamente com o atendimento de pessoal de clientes na agência, sobretudo em se tratando de atividades de suporte à gerência, em que a reclamante desempenha tarefas afetas ao contato pessoal com os clientes, abertura de contas, captação e agendamento de visitas. É ilícita a terceirização efetivada, ensejando a responsabilidade solidária dos coautores envolvidos na prática de atos ilícitos trabalhistas, a teor do parágrafo único do art. 942 do CC/2002. Sentença mantida (TRT 15ª R, RO 00352.2005.131.15.00-2, 6ª T., juiz Edison dos Santos Pellegrini, *DJ* SP 10-3-2006).
>
> [...] Terceirização. Intermediação de mão de obra por meio de cooperativas. Ilicitude. A terceirização é essencialmente ilícita, sendo raros os casos em que a sua efetivação se opera dentro dos rigores legislativos, sobretudo se a tomadora de serviços vale-se da contratação de cooperativas de trabalho não especializadas, verdadeiras empresas interpostas para o arregimento de mão de obra, em franca atividade ilegal, conforme prevê o inciso I da Súmula 331 do c. TST (TRT 10ª R, RO 00664.2005.001.10.00-3, 1ª T., juiz Pedro Luis Vicentin Foltran, *DJU* 3 17-2-2006).

Não se pode, porém, generalizar as situações, dizendo que sempre haverá fraude ou simulação na terceirização, mas que a fraude e a simulação deverão ser provadas, sob pena de ter por regular e lícito o contrato de terceirização.

É possível fazer uma síntese de que a terceirização ilícita implica a locação permanente de serviços, o fornecimento de mão de obra mais barata, com redução de salário e desvirtuamento da relação de emprego, e também a escolha de parceiros inadequados, quando inidôneos financeiramente.

Já na terceirização lícita, nota-se que a empresa dedica-se a um número menor de atividades, há menor desperdício no processo de produção e desconcentração da mão de obra, o que importa, muitas vezes, até condição vital de sobrevivência para a empresa, com a diminuição de custos, porém inexiste relação de emprego, visto que o elemento subordinação não está presente.

19.5 Conclusão

O Min. Almir Pazzianotto Pinto, quando era Ministro do Trabalho do governo José Sarney, mediante a Mensagem n. 472, de 21-8-1986, enviou o Projeto de Lei n. 8.174/86, que foi encaminhado à Câmara dos Deputados. O referido projeto foi retirado de pauta pelo governo, para melhores estudos. Entretanto, as regras legais já existentes são suficientes para disciplinar a terceirização, sendo que eventuais abusos na área trabalhista poderão ser sancionados com a aplicação do art. 9º da CLT, ou seja, desde que não existam abusos, a terceirização será lícita e não será necessária a aplicação de nenhuma punição.

A Lei n. 13.429/2017 não pode impedir a terceirização, sob pena de deixarem de ser criadas novas empresas, novos empregos etc.

Na prática, o que se tem verificado é que as empresas terceirizadas continuam existindo e o serviço persiste sendo prestado. A legislação, porém, não poderá ser impeditiva da terceirização.

Outra forma estimuladora da terceirização foi a Lei n. 8.906, de 4 de julho de 1994, que trata do novo estatuto dos advogados e das normas aplicáveis à Ordem dos Advogados do Brasil. Foi estabelecido que o advogado empregado tem jornada de quatro horas e módulo de vinte horas semanais, salvo se houver dedicação exclusiva ou se, mediante acordo ou convenção coletiva, se estabelecer outra jornada de trabalho (art. 20). Estabeleceu-se que os honorários de advogado são do próprio advogado (art. 23), inclusive do advogado empregado (art. 21). A jornada de trabalho menor, bem como o pagamento de honorários de advogado ao próprio causídico, estimulam a contratação de advogados autônomos e a terceirização dos departamentos jurídicos, inclusive de sindicatos.

Nem sempre, porém, será fácil distinguir a verdadeira terceirização, a terceirização lícita ou legal, da terceirização fraudulenta, ilícita ou ilegal, tarefa destinada ao Poder Judiciário trabalhista, que terá de dirimir a questão.

20

A Terceirização e a Fiscalização Trabalhista

20.1 Introdução

Em sentido amplo, a palavra "fiscalizar" corresponde a examinar, inspecionar, sindicar, censurar. Em sentido estrito, ou seja, para o Direito do Trabalho, tem o sentido de verificar a observância da norma legal e orientação em sua aplicação.

O fiscal do trabalho, porém, não tem apenas a função de aplicador de multas ou de fiel cumpridor das leis, mas também a de orientador, visando a mostrar às empresas como a lei deve ser aplicada, principalmente em se tratando de legislação recente. Na verdade, o fiscal do trabalho vai mostrar às empresas os erros cometidos, para que se enquadrem na legislação trabalhista, inclusive quanto à medicina e segurança do trabalho.

Normalmente, o fiscal do trabalho também tem como função verificar as condições de trabalho que ainda não foram regulamentadas pela legislação, mas que posteriormente possam ser objeto dessa regulamentação. O fiscal terá por função principal orientar as empresas na aplicação das leis trabalhistas e, se elas não forem cumpridas, multar os infratores, tendo livre acesso às dependências da empresa.

Os aspectos mencionados trazem uma relação da fiscalização trabalhista com a terceirização, pois pode haver problemas trabalhistas em relação à empresa terceirizante, se não forem tomados certos cuidados.

20.2 A terceirização e a fiscalização trabalhista

O Ministério do Trabalho estava preocupado com a onda de terceirizações e de fraudes que estavam ocorrendo. Resolveu, para tanto, editar a Instrução Normativa n. 7, de 21 de fevereiro de 1990.

A Instrução Normativa n. 7/90 foi revogada pela Instrução Normativa n. 3, de 1º-9-1997, que passou a tratar da fiscalização do trabalho nas empresas de prestação de serviços a terceiros e empresas de trabalho temporário.

Considera contratante "a pessoa física ou jurídica, de direito público ou privado, que celebrar contrato com empresas de prestação de serviços a terceiros". Esclarece que a contratante deve desenvolver e ter finalidades diversas das exercidas pela contratada, o que, à primeira vista, parece correto, pois, se a empresa tomadora tem a mesma atividade da empresa prestadora de serviços, pode haver fraude, que, contudo, deve ser provada.

Entretanto, a norma administrativa não poderia exigir um requisito não previsto em lei, pois a atividade das empresas é livre, além de que a Administração Pública está adstrita ao princípio da legalidade (art. 37 da Constituição). A empresa contratante não poderá, porém, manter o trabalhador da prestadora de serviços em atividade diversa daquela para a qual foi contratado.

A fiscalização trabalhista considera que há vínculo de emprego entre o trabalhador e a tomadora de serviços se a atividade da contratante faz parte das atividades essenciais ou normais desta última. A empresa contratante deve desenvolver atividades e ter finalidade diversa das exercidas pela contratada e, em consequência, não pode manter trabalhador em atividade diversa daquela para a qual foi contratado o serviço. Haveria vínculo de emprego direto com a empresa contratante e o trabalhador colocado a sua disposição, o que acarreta a lavratura de auto de infração por parte do fiscal do trabalho quanto à falta de anotação da CTPS do obreiro.

Verifica-se que a terceirização pode trazer outra consequência às empresas, no campo da inspeção do trabalho, que é a autuação, em que a empresa será multada, principalmente, por falta de registro de empregados.

O ideal é que os terceirizados mantenham cópia do registro de empregados ou dos contratos de trabalho no local da prestação de serviços; exames médicos admissional e periódico; quadro de horário de seus funcionários dentro da empresa tomadora de serviços, bem como os respectivos cartões de ponto, que serão anotados no local da prestação dos serviços, inclusive de trabalhadores que prestam serviço externo, visando distingui-los dos empregados da tomadora de serviços; constituam CIPA; forneçam EPI's, observando as normas de segurança e medicina

A Terceirização e a Fiscalização Trabalhista

do trabalho no local da prestação de serviços, evitando, assim, a autuação pelo Ministério do Trabalho quanto à não observância da legislação trabalhista. O terceirizante deve deixar à vista da fiscalização o contrato de prestação de serviços firmado com o terceiro, para mostrar a regularidade de tal procedimento.

Recomenda-se também ao próprio terceirizante que fiscalize a empresa terceirizada, pois poderá assumir as obrigações trabalhistas desta caso ela não pague corretamente a seus empregados, ou venha a fraudar os direitos dos obreiros. Deve, inclusive, o terceirizante certificar-se de que a atividade do terceirizado é regular, de que os empregados do terceirizado são registrados, de que recebem as verbas trabalhistas pertinentes, podendo exigir do terceirizado que os documentos atinentes aos empregados fiquem em sua empresa para eventual verificação da fiscalização trabalhista.

O terceirizante pode estabelecer no contrato de prestação de serviços que o terceiro, para o pagamento de sua remuneração, comprove os recolhimentos devidos de contribuição previdenciária, FGTS, Cofins, PIS, Imposto de renda na fonte, recibo de pagamento dos funcionários e outras verbas trabalhistas, sob pena de não liberar ao terceirizado o pagamento dos serviços prestados.

Tal procedimento evita que o terceirizante, posteriormente, seja responsabilizado por débitos fiscais, trabalhistas ou previdenciários do terceirizado. Isso já ocorre, por exemplo, na construção civil, em que se exige a comprovação dos pagamentos das contribuições previdenciárias e do ISS, por exemplo, sem a qual, posteriormente, não se conseguirá o "habite-se" para a construção; e também com as empresas de limpeza, de trabalho temporário ou de vigilância.

Para os fins de custeio da Seguridade Social, considera-se cessão de mão de obra a colocação, à disposição do contratante, em suas dependências ou nas de terceiros, de segurados que realizem serviços contínuos, relacionados ou não com a atividade-fim da empresa, quaisquer que sejam a natureza e forma de contratação (§ 3º do art. 31 da Lei n. 8.212/91).

O § 5º do art. 31 da Lei n. 8.212 estabelece hipótese que a lei deveria estender às obrigações trabalhistas: o cedente de mão de obra deverá elaborar folhas de pagamento distintas para cada contratante de serviço.

Determinou o art. 31 da Lei n. 8.212, na redação da Lei n. 9.711, de 20-11-1998, que a empresa contratante de serviços executados mediante cessão de mão de obra, inclusive em regime de trabalho temporário, deverá reter 11% do valor bruto da nota fiscal ou fatura de prestação de serviços. Não existe mais a responsabilidade solidária entre a tomadora e a empresa de limpeza, de vigilância, de trabalho temporário etc., mas a obrigação da retenção de 11%.

São consideradas cessão de mão de obra, para efeito da retenção, as empresas de:

a) limpeza, conservação e zeladoria;

b) vigilância e segurança;

c) empreitada de mão de obra;

d) contratação de trabalho temporário na forma da Lei n. 6.019/74 e outras que forem estabelecidas no regulamento, que atualmente é o Decreto n. 3.048/99.

A fiscalização do trabalho poderá exigir da empresa tomadora ou cliente a apresentação do contrato firmado com a empresa de trabalho temporário, e, desta última o contrato firmado com o trabalhador, bem como a comprovação do respectivo recolhimento das contribuições previdenciárias (art. 15 da Lei n. 6.019/74).

O descumprimento do disposto da Lei n. 6.019/74 sujeita a empresa infratora ao pagamento de multa (art. 19-A da Lei n. 6.019/74). Isso diz respeito tanto ao trabalho temporário, como à terceirização, pois a Lei n. 6.019 passou a tratar de ambas. A fiscalização, a autuação e o processo de imposição das multas reger-se-ão pelo Título VII da Consolidação das Leis do Trabalho (arts. 626 a 642).

20.3 Ministério Público do Trabalho

Ao Ministério Público do Trabalho cabe a defesa da ordem jurídica, do regime democrático e dos interesses sociais e individuais indisponíveis (art. 127 da Constituição).

Indica o inciso III do art. 129 da Constituição que são funções do Ministério Público do Trabalho promover o inquérito civil público e a ação civil pública, visando proteger os interesses difusos e coletivos. Determina o inciso III do art. 83 da Lei Complementar n. 75/93 que o Ministério Público do Trabalho pode promover a ação civil pública no âmbito da Justiça do Trabalho, para a defesa de interesses coletivos, quando desrespeitados os direitos sociais constitucionalmente garantidos. Não é, portanto, em qualquer caso, mas apenas se forem descumpridos os direitos sociais previstos na Constituição.

Nos casos em que se discute vínculo de emprego, compreendendo a terceirização, o Ministério Público do Trabalho não tem legitimidade para propor ação civil pública contra as empresas que desrespeitam a legislação trabalhista, pois a questão é individual e não coletiva, nem diz respeito a direitos difusos.

Tem o Ministério Público do Trabalho legitimidade para apresentar o inquérito civil público e a ação civil pública para verificar se o ente público vem realizando concursos públicos para a admissão de funcionários (art. 37, II, da Constituição), mas não para questão pertinente a direitos individuais, ainda que plúrimos, por compreender prova específica para cada trabalhador. Alguns trabalhadores podem ser realmente empregados e outros não. A questão exige prova específica e individual para cada caso.

Há jurisprudência indicando que o Ministério Público não pode atuar quando a questão compreender situação personalíssima do trabalhador.

> A Lei Complementar n. 75 regulamentou a atuação do Ministério Público do Trabalho via ação civil pública. A ação ajuizada em 12/91, pretérita à existência da lei, produz a ilegitimidade do Ministério Público. Não cabe a propositura de ação civil pública com intuito reparatório e para demonstrar a existência de pessoalidade e subordinação na órbita das relações de trabalho, eis que interesses individuais e determinados ou determináveis. O Ministério Público não tem legitimidade para defender interesses relacionados a direitos que não sejam difusos ou coletivos, em especial por não tratar-se de cumprimento de obrigação de fazer preexistente (TST, RR 261242/96.4, rel. Min. Antônio Fábio Ribeiro, *DJ* de 9-4-1999).

> Condenação imposta sob fundamento de serem os serviços terceirizados permanentes e indispensáveis à consecução dos objetos da empresa. Prova pericial apta a ensejar seguro critério de separação das atividades principais (atividade-fim) e indelegáveis das atividades de apoio (atividade-meio) terceirizadas. Exegese do art. 3º da CLT. Se, em tese, é possível terceirizar todos os serviços delegados a terceiros na recorrente – inexiste evidência ostensiva de fraude à legislação tutelar – constitui violência e manifesta interferência em sua autonomia de gestão obrigá-la, genericamente, a contratar empregados diretamente para tais tarefas, a par da imposição de contratação direta dos trabalhadores, para todos os postos de trabalho existentes na planta industrial e junto ao terminal de Rio Grande, implicar no desmonte de toda a estrutura econômica e de mercado de trabalho ali consolidada, com a falência das dezenas de pequenas empresas prestadoras dos serviços e imediata dispensa de centenas de trabalhadores. Invocação ao art. 8º da CLT. Improcedência da ação. Recurso provido (TRT 4ª Região, 1ª T., RO 00807.010/93-6, rel. Juíza Carmen Camino, *DOE* RS de 10-4-2000).

21
Conclusões

Não se pode negar que a terceirização vem a ser uma forma de modernização das relações trabalhistas, pois em certos países verifica-se que uma das formas de a empresa obter competitividade é por meio da flexibilização dos direitos trabalhistas. O Direito do Trabalho deve enxergar essa realidade, sob pena de deixar de haver evolução e desenvolvimento do país, ficando assim em total descompasso com outros países que até então eram subdesenvolvidos. A terceirização da mão de obra pode implicar, inclusive, a própria sobrevivência da empresa, em virtude da necessidade da diminuição de custos operacionais.

Os abusos devem ser coibidos e as fraudes não podem ser toleradas por ninguém, mormente pelo Poder Judiciário. Mesmo sendo lícitas as atividades descritas na Lei n. 6.019 e na Lei n. 14.967 se houver fraude, a jurisprudência inclina-se a coibir os abusos cometidos, inclusive dizendo que o vínculo forma-se com a empresa tomadora dos serviços, naquele caso. Pode-se aplicar a teoria do abuso de direito às empresas que constituírem empresas distintas, com os mesmos sócios, apenas para não pagar determinados direitos trabalhistas a seus funcionários, o que irá atrair a aplicação do art. 9º da CLT.

Há, porém, a possibilidade de se entregar a terceiros certas atividades da empresa, as quais não constituam sua atividade-fim, a não ser que haja fraude e mascaramento de verdadeira relação de emprego, com o objetivo de desvirtuar, impedir ou fraudar os dispositivos trabalhistas (art. 9º da CLT). O contrato de trabalho é contrato realidade, em que prima a realidade fática sobre a forma.

Se se pretender terceirizar serviços da empresa com o intuito de burlar as disposições trabalhistas, é evidente que se atrairá a aplicação do art. 9º da CLT e também da Súmula 331, sendo que o vínculo de emprego se dará com o tomador dos serviços – aquele que terceirizou os serviços. Não são, portanto, só as hipóteses previstas nas Leis n. 6.019 (trabalho temporário) e 14.967 (vigilância e segurança) que são lícitas, mas todas as demais, desde que não se tente impedir a aplicação dos preceitos trabalhistas.

Daí o cuidado que se deve ter não só na elaboração dos contratos de prestação de serviços com terceiro, na verificação da realidade fática, como também na subordinação existente entre as partes. Se o terceirizado presta serviços não só para uma empresa, mas também para outras, não tendo subordinação com a primeira, não ocorrerá o vínculo empregatício.

Do contrário, a economia pretendida com a terceirização acabará onerando muito mais a empresa, caso se consiga provar a existência da relação de emprego. Seria também recomendável que a empresa prestadora de serviços mantivesse na empresa-cliente cópias das fichas de registro de seus empregados, bem como exames médicos ou outros documentos relacionados com seus funcionários, de modo que, se houver visita do fiscal do trabalho, possa mostrar que seus funcionários são registrados e que não tem por objetivo cometer nenhuma fraude contra os obreiros ou prejudicá-los, indicando que tem atividade plenamente lícita e regularizada.

O terceirizado, entretanto, não deveria ser contratado como microempresa ou como autônomo, hipóteses reveladoras da continuidade do vínculo empregatício, se permanecer a subordinação do ex-funcionário. Os serviços prestados pelo terceirizado não devem ser prestados exclusivamente ao terceirizante, o que pode demonstrar certo grau de dependência do primeiro em relação ao segundo, caracterizando a subordinação.

Descrição demasiada de como o terceiro manejará seu pessoal evidencia a subordinação ao terceirizante, porque o contratado seria controlado e não empresário parceiro. Os contratos entre as partes não devem ser reajustados de acordo com índices de correção do salário, pois isso denotaria a natureza salarial do pagamento.

Caso se pretenda terceirizar serviços com intuito de burlar as disposições trabalhistas, é evidente que será atraída a aplicação do art. 9º da CLT e também da Súmula 331 do TST, já que o vínculo de emprego irá se formar diretamente com o tomador dos serviços – aquele que terceirizou a prestação de serviços.

A verdadeira terceirização deve ser entendida como parceria, cooperação, entre o prestador de serviços e o tomador desses serviços. As partes envolvidas são verdadeiros parceiros comerciais, que têm inter-relação e coparticipação para atingir um fim comum: produção de bens e serviços para o mercado. Seria o caso, então, de se falar em "parceirização", desde que o parceiro seja pessoa idônea financeiramente e não existam os elementos tipificadores da relação de emprego. Não se confunde, portanto, a verdadeira terceirização com a intermediação ilícita de mão de obra. O objetivo da terceirização não é terceirizar pessoas, mas serviços.

O empresário não deve se preocupar apenas com custo, mas também com a qualidade do serviço e com a segurança da relação jurídica, evitando problemas trabalhistas no futuro.

Certos cuidados a empresa tomadora de serviços deve ter, como somente liberar o pagamento à empresa terceirizada após verificada a quitação dos encargos sociais e trabalhistas da mão de obra utilizada, pois a idoneidade da empresa terceirizada acaba com os indícios de fraude. A terceirizante deve procurar fazer contratos com pessoas jurídicas e não com "empresas de papel", pois o vínculo de emprego se forma com a pessoa física e não com a pessoa jurídica, visto que inexiste empregado pessoa jurídica.

É possível a terceirização na atividade-fim da empresa. O que não é proibido, é permitido. Na prática, essa terceirização já é realizada pela indústria automobilística desde 1950 e, atualmente, na própria linha de montagem, sem que ninguém tenha dito que é ilícita. Entretanto, a Súmula 331 do TST só considera lícita a terceirização na atividade-meio. Indiretamente, portanto, proíbe a terceirização na atividade-fim da empresa, daí o cuidado que se deve tomar nesse caso.

Deve-se evitar, também, que os serviços sejam terceirizados para empresa do próprio grupo econômico da terceirizante, pois no caso do inadimplemento quanto a valores há solidariedade para efeitos trabalhistas (§ 2º do art. 2º da CLT) e previdenciários (art. 30, IX, da Lei n. 8.212). O vínculo continuará sendo com o grupo, pois o empregador é o grupo econômico (§ 2º do art. 2º da CLT).

O TST está atento à dinâmica da relação trabalhista e à modernidade das relações empresariais que atingem o mundo contemporâneo. É claro que o verbete n. 331 do TST também se preocupa com os abusos cometidos pelas empresas, daí se dizer sobre a formação do vínculo empregatício diretamente com a empresa tomadora dos serviços ou sua responsabilidade subsidiária pelos direitos do trabalhador. Dessa forma, a burla à legislação trabalhista também será coibida, com base no art. 9º da CLT, que continua a ser aplicado.

As fraudes sempre existiram e continuarão a existir. O que se proíbe é a intermediação ilícita da mão de obra, como o é o *marchandage*, a exploração do homem pelo próprio homem, com o objetivo de fraudar os direitos do trabalhador.

Mesmo o sindicato detém importante papel para acabar com as fraudes, tanto na fiscalização da terceirização, visando resguardar os direitos dos trabalhadores, como também na própria flexibilização desses direitos, que poderá ser feita, inclusive, para pior, como a que ocasiona a perda da carteira assinada, ou para melhor, com o trabalhador constituindo sua própria empresa e sendo patrão. O sindicato deve também se preocupar com a manutenção e criação de novas empresas, pois só assim é que serão mantidos ou criados novos empregos.

Hoje em dia, deve haver maior preocupação com a garantia ao trabalho do que com o emprego, objetivando-se a ocupação da pessoa e evitando-se o desemprego. O emprego vem se tornando um bem escasso. O próprio art. 6º da Constituição determina que é o trabalho um direito social, e não o emprego. O art. 193 da mesma norma também menciona que a ordem social tem como base o primado do trabalho. O art. 170 dispõe que a ordem econômica é fundada na valorização do trabalho humano.

A terceirização não é a única alternativa diante da globalização, das inovações tecnológicas e de outras circunstâncias que causam desemprego. É, porém, uma das hipóteses para se tentar minorar a falta de postos de trabalho.

Não pode ser vista a terceirização como sacrifício de qualidade, apenas para reduzir custos. Terceirizar por terceirizar, apenas porque é moda, pode trazer resultados negativos para a empresa.

Entendo que não há necessidade de lei que preveja regras sobre terceirização, pois é possível a utilização das normas já em vigor, principalmente diante de fraude. A lei poderia estabelecer que o salário e os direitos do trabalhador devem ser iguais entre os empregados da tomadora e da prestadora de serviços, como ocorre no trabalho temporário (art. 12, *a*, da Lei n. 6.019/74) ou a norma coletiva poderia prever isso, como se fez na Volkswagen. A Lei n. 13.429/2017 não pode impedir a terceirização, sob pena de deixarem de ser criadas novas empresas e novos empregos, cerceando o direito à livre iniciativa.

A economia deve estar a serviço do homem e não o homem a serviço da economia. Não foi, na verdade, o Direito que criou a terceirização, mas a Administração de Empresas.

Não me parece que a Lei n. 13.429/2017 é ruim. Ela traz os aspectos principais que precisavam ser estabelecidos, como capital mínimo, responsabilidade subsidiária, mesma remuneração da empresa tomadora do trabalho temporário etc. Pode ser aperfeiçoada pelo outro projeto que está para ser votado no Senado. Pode trazer maior segurança jurídica, pois é a lei que estabeleceu regras sobre terceirização e não a jurisprudência. É uma regra objetiva.

As fraudes na terceirização sempre existiram, mas têm de ser combatidas e não podem ser toleradas. É preciso ministrar o remédio para que o doente melhore, mas não para matar o doente a fim de acabar com a doença, eliminando a terceirização como um todo, pois a terceirização é uma realidade mundial.

Epidemia deve ser combatida e controlada. O controle da terceirização tem de ser feito pela lei, sendo punidos os casos de fraude (art. 9º da CLT).

Não me parece que a lei de terceirização vai eliminar postos de trabalho. Os empregos podem ser criados nas empresas prestadoras de serviços.

Tarefa difícil vai ter o juiz, que, diante apenas da prova dos autos, sem ter vivenciado a situação, terá de decidir, até mesmo com base em prova contraditória testemunhal existente no processo, se a terceirização é lícita ou ilícita, reconhecendo ou não o vínculo de emprego. Entretanto, o magistrado do trabalho tem de ser sensível às transformações decorrentes da evolução da tecnologia, adaptando a estrutura jurídica existente a essas inovações.

Como afirma Georges Ripert, quando o Direito ignora a realidade, a realidade se vinga e ignora o Direito.

A realidade está aí, que é a utilização da terceirização em outros países, inclusive na atividade principal, diminuindo o número de empregos num país que tem custo do trabalho maior e empregando trabalhadores em outro país com custo do trabalho menor.

Referências

AJURICABA, José. Terceirização: a solução jurídica japonesa. *Revista LTr* 58-02/141.

ALMEIDA, Amador Paes de. A terceirização no Direito do Trabalho: limites legais e fraude à lei. In: CARDONE, Marly A.; SILVA, Floriano Vaz da. (Orgs.). *Terceirização no direito do trabalho e na economia*. São Paulo: LTr, 1993.

ALMEIDA, Isis de. *O regime de trabalho temporário*. São Paulo: Saraiva, 1977.

ANDRADE, Jorge Pereira. *Contratos de franquia e leasing*. São Paulo: Atlas, 1993.

ANDRADE, José Maria de Souza. Reflexões sobre o Enunciado jurisprudencial de n. 239, do TST. *Revista LTr*, v. 54, p. 2-200, 1990.

BARAÚNA, Augusto Cezar Ferreira de. *A terceirização à luz do direito do trabalho*. Leme: Editora de Direito, 1997.

BARBOSA, Rui. *Oração aos moços*. Rio de Janeiro: Ediouro, 1997.

BARROS, Alice Monteiro de. A terceirização e a jurisprudência. In: CARDONE, Marly A.; SILVA, Floriano Vaz da. (Orgs.). *Terceirização no direito do trabalho e na economia*. São Paulo: LTr, 1993.

BRITO, Armando de. O contrato realidade e a terceirização. *Revista LTr* 58-02/135.

BRUN, A.; GALLAND, H. *Droit du travail*. Paris: Sirey, 1958.

BULGARELLI, Waldirio. *Contratos mercantis*. 2. ed. São Paulo: Atlas, 1981.

CALDERA, Rafael. Discurso: *Anais do XI Congresso Internacional de Direito do Trabalho e Seguridade Social*. Caracas, 1985. v. 1.

CALDERA, Rafael. *Derecho del trabajo*. 6. ed. Buenos Aires: El Ateneo, 1972.

CARDONE, Marly. A terceirização e seus reflexos no direito do trabalho. *Revista de Direito do Trabalho*, n. 80. São Paulo: Revista dos Tribunais, 1992.

CAVALCANTE JÚNIOR, Ophir. *A terceirização das relações laborais*. São Paulo: LTr, 1996.

CESARINO JR., Antonio F. *Direito social*. São Paulo: LTr, 1980.

CHAVES, Antonio. *Lições de direito civil*: direito das obrigações. São Paulo: Revista do Tribunais, 1977. v. 4.

CHERTO, Marcelo. O *franchising* e o contrato. *Revista do Advogado AASP*, n. 3, dez. 1989.

COMPARATO, Fabio Konder. Franquia e concessão de venda no Brasil: da consagração ao repúdio. *RDM*, n. 18.

COSTA, Walmir Oliveira da. Terceirização no direito do trabalho e fraude à lei. *Revista Anamatra*, n. 20, Brasília, jul./ago./set. 1994.

DELGADO, Maurício Godinho. *Introdução ao direito do trabalho*. São Paulo: LTr, 1995.

FERRAIUOLO, Roberto. Os empresários e a terceirização. In: CARDONE, Marly A.; SILVA, Floriano Vaz da. (Orgs.). *Terceirização no direito do trabalho e na economia*. São Paulo: LTr, 1993.

FERREIRA, Waldemar. *História do direito brasileiro*. São Paulo: Saraiva, 1962.

GIOSA, Lívio A. *Terceirização*: uma abordagem estratégica. 5. ed. São Paulo: Pioneira, 2003.

GOMES, Orlando. *Contratos*. 7. ed. Rio de Janeiro: Forense, 1979.

GOMES, Orlando. *Contratos*. 2. ed. Rio de Janeiro: Forense, 1966.

GOMES, Orlando; GOTTSCHALK, Elson. *Curso de direito do trabalho*. 13. ed. Rio de Janeiro: Forense, 1990.

GONÇALVES, Emílio. *Vigias e vigilantes no direito do trabalho*. 2. ed. São Paulo: LTr, 1992.

JUSTEN FILHO, Marçal. *Comentários à lei de licitações e contratos administrativos*. 3. ed. São Paulo: Aide, 1994.

KALUME, Pedro de Alcântara. Terceirização. *LTr* 58-03/284.

LAMARCA, Antonio. Terceirização. *Repertório IOB de Jurisprudência*. n. 5, texto 2/7287, mar. 1993.

LEIRIA, Jerônimo Souto. *Terceirização*. 5. ed. Porto Alegre: Sagra, 1992.

LEIRIA, Jerônimo; SOUTO, Carlos Fernando. *Terceirização passo a passo*: o caminho para a administração pública e privada. Porto Alegre: Sagra, 1992.

LEITE, Roberto Cintra. Franchising *na criação de novos negócios*. São Paulo: Atlas, 1990.

MAGANO, Octávio Bueno. *Manual de direito do trabalho*: direito individual do trabalho. 2. ed. São Paulo: LTr, 1986, v. 2.

MAGANO, Octávio Bueno. *Política do trabalho*. São Paulo: LTr, 1992.

MAGANO, Octávio Bueno. terceirização e a lei. *Política do trabalho*. São Paulo: LTr, 1995. v. 2.

MAGANO, Octávio Bueno. Alcance e limites da terceirização no direito do trabalho. In: PINTO, José Augusto Rodrigues (Coord.). *Noções atuais de direito do trabalho*: estudos em homenagem a Elson Gottschalk. São Paulo: LTr, 1995.

MAMEDE, Gladstone. Em defesa da terceirização. *Supl. Trabalhista LTr* 136.194.

MARANHÃO, Délio. *Direito do trabalho*. 14. ed. Rio de Janeiro: FGV, 1987.

MARTINS, Fran. *Contratos e obrigações comerciais*. 6. ed. Rio de Janeiro: Forense, 1981.

MARTINS, Fran. *Contratos e obrigações comerciais*. Rio de Janeiro: Forense, 1984.

MARTINS, Sergio Pinto. *Direito do trabalho*. 41. ed. São Paulo: Saraiva, 2025.

MARTINS, Sergio Pinto. *Franchising* ou contrato de trabalho? *Repertório IOB de Jurisprudência* n. 9, texto 2/4.990, 1991.

MARTINS, Sergio Pinto. Terceirização. *Jornal Magistratura & Trabalho*, n. 5, jan./fev. 1993.

MARTINS, Sergio Pinto. A terceirização e o En. 331 do TST. *Orientador Trabalhista Mapa Fiscal* – Suplemento de Legislação, Jurisprudência e Doutrina, n. 5, maio 1994.

MARTINS, Sergio Pinto. A terceirização e suas implicações no direito do trabalho. *Orientador Trabalhista Mapa Fiscal* – Suplemento de Legislação, Jurisprudência e Doutrina, n. 11, nov. 1992.

MARTINS, Sergio Pinto. Os serviços de processamento de dados e o En. 239 do TST. *Orientador Trabalhista Mapa Fiscal* – Suplemento de Legislação, Jurisprudência e Doutrina, n. 11, nov. 1994.

MARTINS, Sergio Pinto. *Flexibilização das condições de trabalho*. 7. ed. São Paulo: Foco, 2025.

MARTINS, Sergio Pinto. *Cooperativas de trabalho*. 8. ed. São Paulo: Foco, 2025.

MELLO FILHO, José Celso de. *Constituição Federal anotada*. 2. ed. São Paulo: Saraiva, 1986.

MERCADAL, Barthélemy; JANIR, Philipe. *Les contrats de coopération inter--entreprises*. Paris: Lefrevebre, 1974.

NASCIMENTO, Amauri Mascaro. *Curso de direito do trabalho*. 7. ed. São Paulo: Saraiva, 1989.

NASCIMENTO, Amauri Mascaro. *Iniciação ao direito do trabalho*. 14. ed. São Paulo: LTr, 1989.

NASCIMENTO, Amauri Mascaro. Subcontratação ou terceirização. *Repertório IOB de Jurisprudência*. São Paulo, n. 23, texto 2/8.263, 1993.

NOGUEIRA, Ruy Barbosa; NOGUEIRA, Paulo Roberto Cabral. *Direito tributário aplicado e comparado*. Rio de Janeiro: Forense, 1977. v. 2.

PASTORE, José. *Flexibilização do trabalho e contratação coletiva*. São Paulo: LTr, 1994.

POLONIO, Wilson Alves. *Terceirização*: aspectos legais, trabalhistas e tributários. São Paulo: Atlas, 2000.

PRUNES, José Luiz Ferreira. *Terceirização do trabalho*. Curitiba: Juruá, 1995.

QUEIROZ, Carlos Alberto Ramos Soares de. *Terceirização*: contratos. São Paulo: STS, 2000.

QUEIROZ, Carlos Alberto Ramos Soares de. *Como implantar a terceirização*. São Paulo: STS, 1999.

QUEIROZ, Carlos Alberto Ramos Soares de. *Manual da terceirização*. São Paulo: STS, 1992.

REQUIÃO, Rubens. Contrato de franquia comercial ou de concessão de vendas. *RT*, n. 513, jul. 1978.

ROBORTELLA, Luiz Carlos Amorim. Terceirização – aspectos jurídicos – responsabilidades – direito comparado. *LTr* 58-08/938.

ROBORTELLA, Luiz Carlos Amorim. *O moderno direito do trabalho*. São Paulo: LTr, 1994.

ROCHA, Euclides Alcides. O En. 331 do TST – Terceirização – locação de mão de obra. *Revista do TST*, São Paulo: LTr, p. 116, 1994.

ROMANOSCHI, Paulo Otto. *Terceirizar sem planejar, pode falhar*. São Paulo: Maltese, 1994.

ROMITA, Arion Sayão. Exteriorização de serviços. Reação da fiscalização do trabalho e da jurisprudência dos tribunais. Apreciação crítica. *Repertório IOB de Jurisprudência*, n. 5, texto 2/7.288, mar. 1993.

ROMITA, Arion Sayão. A terceirização e o direito do trabalho. *Sindicalismo, economia, estado democrático, estudos*. São Paulo: LTr, 1993.

RUSSOMANO, Mozart Victor. *Comentários à CLT*. 13. ed. Rio de Janeiro: Forense, 1990. v. 1.

SANTOS, Argeu Egydio dos. Terceirização e seus efeitos. In: CARDONE, Marly A.; SILVA, Floriano Vaz da. (Orgs.). *Terceirização no direito do trabalho e na economia*. São Paulo: LTr, 1993.

SARATT, Newton. et al. *Quarteirização*: redefinindo a terceirização. Porto Alegre: Badejo, 2000.

SILVA, Ciro Pereira da. *A terceirização responsável*. São Paulo: LTr, 1997.

SILVEIRA, Newton. O contrato de *franchising* e a transferência de tecnologia. *Revista do Advogado AASP*, São Paulo, n. 3, p. 23, dez. 1989.

SIMÃO FILHO, Adalberto. Franchising: aspectos jurídicos e contratuais. São Paulo: Atlas, 1993.

SITRÂNGULO, Cid José. A negociação coletiva e a terceirização. In: CARDONE, Marly A.; SILVA, Floriano Vaz da. (Orgs.). *Terceirização no direito do trabalho e na economia*. São Paulo: LTr, 1993.

SUGEMO, Kazuo. *Japanese labor law*. Seatle & London: University of Washington Press, 1992.

SÜSSEKIND, Arnaldo. O Enunciado n. 256: mão de obra contratada e empresas de prestação de serviços. *Revista LTr* 51-3/276.

SÜSSEKIND, Arnaldo; MARANHÃO, Délio; VIANNA, Jóse Segadas. *Instituições de direito do trabalho*. 11. ed. São Paulo: LTr, 1991. v. 1.

TRINDADE, Washington Luiz. Os caminhos da terceirização. *Jornal Trabalhista*, Brasília, ano IX, n. 416.

VERÇOSA, Haroldo Malheiros Duclerc. O direito e a *terceirização* da economia. In: CARDONE, Marly A.; SILVA, Floriano Vaz da. (Orgs.). *Terceirização no direito do trabalho e na economia*. São Paulo: LTr, 1993.

VERDIER, Jean Maurice. *Droit du travail*. Paris: Dalloz, 1986.

VIDAL NETO, Pedro. Aspectos jurídicos da terceirização. *Revista de Direito do Trabalho*, n. 80, São Paulo: Revista dos Tribunais, dez. 1992.

Índice Alfabético-Remissivo

(Os números referem-se aos itens.)

A

Administração de empresas, 6
Administração Pública, 17
Alemanha, 4.1.2
Áreas terceirizadas, 6.3
Argentina, 4.1.3
Assistência técnica, 8.2.5
Atividade-fim, 33
Atividade-meio, 15.3

C

Classificação, 3.4
Colômbia, 4.1.4
Conceito, 3,1
Concessão e permissão, 17.6
Contrato de facção, 17
Contratação temporária de servidores, 18.5
Contrato de fornecimento, 8.2.2
Contrato de trabalho, 9.3
   aspectos comuns, 9.4
   caracterização, 9.3.6
   de servidores, 18.5
   requisitos, 9.3.5
Concessão e permissão, 18.6
Concessão mercantil, 50

Consórcio, 8.2.4
Cooperativa, 10
  caracterização, 10.7
  classificação, 10.5
  denominação social, 10.4
  responsabilidade, 10.6
  terceirização, 10.8

D

Denominação, 2
Direito Civil, 7
Direito Comercial, 8.
Direito estrangeiro, 17
Direito internacional, 4.2

E

Empreitada, 7.2
Empresas prestadoras de serviços, 14
Empresas de processamento de dados, 13
  análise de cada caso, 13.2
  enquadramento sindical, 13.3
  princípio da igualdade, 13.4
  princípio da legalidade, 13.5
Empresas de limpeza, 123
Empresas de vigilância, 12
Engineering, 8.2.1
Enquadramento sindical, 105
Espanha, 4.1.5

F

Fiscalização trabalhista, 19
Flexibilização das normas trabalhistas, 5
França, 4.1.6
Franchising, 9
  contrato inominado, 9.2.7
  discutido na Justiça do Trabalho, 9.5
  e terceirização, 9.2.13
  lineamentos básicos, 9.2.8
  modalidades, 9.2.12

H

Histórico, 1

Índice Alfabético-Remissivo

I
Igualdade salarial, 15.4
Implementação da terceirização, 6.4
Itália, 4.1.7

J
Japão, 4.1.8

L
Licitações, 18.4

M
México, 4.1.9
Ministério Público do Trabalho, 20.3

N
Natureza jurídica, 3.3

O
OIT, 4.2

P
Paraguai, 4.1.10
Parceria, 7.4
Peru, 4.1.11
Prestação de serviços, 7.3
Princípio da igualdade, 107
Princípio de legalidade, 109

R
Representação comercial autônoma, 8.2.6
Responsabilidade da Administração, 18.3
Responsabilidade na contratação, 8.3
Responsabilidade solidária, 15.5
Responsabilidade subsidiária, 15.6

S
Solidariedade ativa, 15.5.3.1
Solidariedade no Direito do Trabalho, 15.5.4
Solidariedade passiva, 15.53.2
Súmulas, 239, 257, 331, 15

227

T
Terceirização e a fiscalização trabalhista, 20
Terceirização na Administração Pública, 18
    contratação temporária de servidores, 18.5
Terceirização lícita e ilícita, 19
    distinção, 19.2
    hipóteses de terceirização lícita, 19.3
    requisitos, 19.4
Trabalho temporário, 11, 15.2
Tigres Asiáticos, 4.1.12

U
Uruguai, 4.1.13

V
Vantagens e desvantagens, 6.2
Venezuela, 4.1.14